"十三五"普通高等教育规划教材

微观经济学

主　编　朱雪芹　陈　菲　刘素丹
副主编　敬艳丽　李巧玲　汪　琴

中国财经出版传媒集团
中国财政经济出版社

图书在版编目（CIP）数据

微观经济学/朱雪芹，陈菲，刘素丹主编．—北京：中国财政经济出版社，2019.1
“十三五”普通高等教育规划教材
ISBN 978－7－5095－8712－6

Ⅰ．①微…　Ⅱ．①朱…②陈…③刘…　Ⅲ．①微观经济学－高等学校－教材
Ⅳ．①F016

中国版本图书馆 CIP 数据核字（2018）第 274065 号

责任编辑：蔡　宾　田明晖　　　　责任校对：胡永立
封面设计：陈宇琰

中国财政经济出版社出版
URL：http：//www.cfeph.cn
E－mail：cfeph@cfeph.cn

社址：北京市海淀区阜成路甲 28 号　邮政编码：100142
营销中心电话：010－88191537
三河市宏图印务有限公司印刷　各地新华书店经销
787×1092 毫米　16 开　14.75 印张　340 000 字
2019 年 1 月第 1 版　2019 年 1 月河北第 1 次印刷
定价：38.00 元
ISBN 978－7－5095－8712－6
（图书出现印装问题，本社负责调换）
本社质量投诉电话：010－88190744
打击盗版举报热线：010－88191661　QQ：2242791300

前言

本书是一本适合应用型人才培养使用的初级微观经济学教材。经济学不仅对我们了解企业、家庭、国家和世界经济的运行大有裨益，而且对于个人理财、职业规划等都有帮助。生活中经常用到经济学的思维和方法。

本书编写过程中，力求结构合理，内容完善，概念描述准确，坚持“易读、易学、易懂”的写作思路，复杂的原理用通俗的语言表达。为培养学生的经济学思维养成，精选大量案例，扩展学习视野，增强教材的可读性与启发性，加深对抽象经济理论的理解。每章结尾配有思考与练习题，有助于学生自练自学及对经济学原理的学深悟透。

全书由朱雪芹教授统筹总编，具体编写分工如下：陈菲老师完成第一至第四章的编写工作，第五章和第七章由刘素丹老师编写，第六章和第八章由敬艳丽老师编写，第九章和第十章由汪琴老师编写，第十一章和第十二章由李巧玲老师编写。本书作为新联学院国际经济与贸易专业省级综合改革试点项目的阶段性成果，在编写过程中得到华北水利水电大学和新联学院的大力支持，同时中国财政经济出版社的编辑对本书的顺利出版做了大量工作，在此一并致谢。

本书参阅了大量国内外文献，谨向文献作者深表谢意！由于编写水平有限，不当和疏漏之处，敬请同行和读者批评指正。

编者

2018 年 10 月

目录

第一章

导　　论

【学习目标】

◆ 了解经济学的思维方式，理解理性选择的基本内涵；

◆ 了解经济学的研究对象、学科特征，掌握微观经济学的基本研究方法。

【本章脉络图】

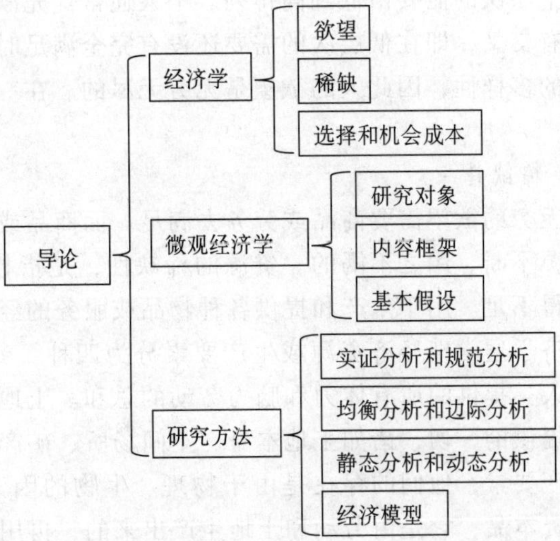

社会科学是用来帮助人们思考人类社会自身所面对的问题的科学，而经济学则提供了一种方法和视角。在我们的生活中，不一定每个人都学过经济学的知识，但都时时刻刻在接触经济问题，基本上也能按照一定的经济规律采取行动。经济学这门学科就是希

望通过对日常生活中人的经济行为及其形成的各种经济现象进行深入描述和分析，探讨其行为背后的思维逻辑，归纳其规律，更好的指导人的行为。

第一节

经济学概述

一、经济学的定义

关于经济学的定义，目前还不存在一个被所有经济学家都一致接受的定义，但不同的定义都包括以下三个方面的内容：无限的欲望、资源的稀缺性以及由此产生的选择。一种比较流行的定义是：经济学是研究各种稀缺资源在可供选择的用途中如何进行配置的科学。

（一）欲望

欲望是指人们的需要，它是一种缺乏与不满足的感觉以及求得满足的愿望。欲望是有不同层次的，按照心理学家马斯洛的解释，欲望可分为下列层次：

第一，基本的生理需要，即生存的需要，如饮食等，这是最低层次的需要。

第二，安全和保障的需要，如免受伤害、免受剥夺、生活上的保障等。

第三，归属感与爱的需要，如所属社会阶层的认同感等。

第四，尊重的需要，这既包括得到别人的尊重，也包括尊重别人。

第五，自我实现的需要，这既包括个人潜力的实现，也包括对理想社会的追求。

这五个层次的需要由低到高排列。个人通常优先满足低层次的需要，但不同层次的需要也会有交叉，即在低层次的需要还没有完全满足时就产生高层次的需要。由于人类需要层次的多样性，因此人的欲望是无穷无尽的。在一种欲望得到满足后，新的欲望就会产生。

（二）稀缺性

人们无穷的欲望需要商品或劳务去满足。而商品或劳务的提供都需要投入资源，资源不是源源不断、用之不竭的。资源的稀缺性，是指相对于人们无穷无尽的欲望而言，资源总显得不足。用于生产和提供各种物品或服务的经济资源叫作投入或生产要素。现代西方经济学通常把经济资源或生产要素分为四种：劳动、土地、资本和企业家才能。劳动是由人类提供的所有体力和脑力劳动的总和。土地是一切自然资源的统称，它包括由大自然提供的一切，诸如土地本身、空间场所、矿产、森林等。土地和劳动通常被称为初级生产要素，他们的存在是由于物理、生物的因素，而不是由于经济的因素。资本，也叫资本品，它是由劳动和土地生产出来的，再用于生产过程的生产要素，包括机器、设备、厂房、原料和存货等。资本，与前述初级生产资料不同，它既是一种投入品，同时又是经济社会的产出品。企业家才能是使其他经济资源组织起来，并使之具有活力的另一种生产要素。它包括组织、经营、管理、创新、风险承担等活动。

人们在稀缺资源的多种用途中，根据需要的轻重缓急，找出最为有利的资源配置方法，所以，经济学研究的一个基本问题就是资源配置问题。稀缺是经济学产生的基础，正是资源稀缺性和欲望无限性之间的矛盾引起了人类的各种各样的经济活动，并产生大量的经济问题。归纳起来，人们在经济活动中所面临的经济问题主要有以下三个方面：

1. 生产什么

面对稀缺的资源，人们要根据轻重缓急来权衡，确定生产什么物品，生产多少，何时生产，以满足迫切需要。

2. 怎样生产

每种生产要素一般都有多种用途，各种生产要素之间也存在着一定的技术替代关系。例如，同一种产品，即可采用多用劳动、少用资本的生产方法，也可采用多用资本、少用劳动的生产方法。这里有一个生产效率的问题，即如何组织生产，使生产要素能够最有效率地被使用的问题。这又涉及两个方面的考虑，一是从生产技术角度考虑技术可行性问题；二是以各种生产要素的相对价格为基础，从生产成本出发考虑经济的合理性问题。

3. 为谁生产

生产出来的产品和劳务归谁享用、享用多少。也就是说产出物在人们之间如何分配的问题，包括根据什么分配，分配多少等。

以这三大问题为基本问题的资源有效配置问题就构成了经济学求解的基本问题。在经济学里有两种基本的配置资源的方式：一种是通过市场和价格。即通过市场价格的调节来决定生产什么、如何生产和为谁生产。在市场经济体制下，价格机制是协调、指挥经济活动的杠杆。资源根据市场价格信号的变化。从价格较低的部门向价格较高的部门转移。这样就实现了资源从经济效益低的部门向经济效益高的部门的转移，从而实现经济资源的有效配置。另一种是直接借助于政府的管理和干预。即政府根据社会需要与资源情况及经济社会发展目标，通过科学的制定经济计划，进而实现资源配置的最佳状态。在现实中，许多国家都是两种配置方式不同程度的结合。

（三）选择

相对于人类无休止的欲望而言，资源总是相对不足的。由于资源稀缺性的存在，使得人们必须考虑如何使用有限的相对稀缺的生产资源来满足无限多样化的需要，这就产生了选择。理性选择是指人们在信息充分的前提下以自利为出发点做出符合成本收益原则的选择。理性就是一个行为人在最大化某个目标。

1. 消费者最大化效用

对于消费者来说，它的理性行为就是最大化自己的效用，或者说满意程度。一谈到效用，传统的经济学通常将效用与消费者获得的消费品数量或者钱的数量挂钩，这只是一种抽象而已，这种抽象对于研究绝大多数的行为非常有帮助，但并不是说人们除了物质利益以外就没有其他需求。

2. 企业最大化利润

在经济学里，我们研究的企业通常都被假定为追求利润最大化，与简化的假定消费者追求效用最大化的道理一样，假定企业追求利润最大化，也只是个可行的简化。当然企业的目标是很多元的，但企业的很多目标最终仍然与利润有关，因此将利润最大化作为企业行为的基本假定是可行的。

3. 政府最大化什么？

政府目标是最为复杂的。在大多数问题的讨论中，政府被简化成了一个追求社会福利的理性行为人。当然，现实中的政府可能也会采取一些其他的行为目标。例如，由一个特定的政党执政的政府，他可能更倾向于该政党所代表的社会群体的利益。又如，由于政府部门的工作人员本身都有自己的目标，于是政府的行为可能也会倾向于特定政府部门的利益。但是不管怎样，只要政府的目标能够得到刻画，那么经济学通常也假设政府是理性的。

（四）机会成本

无穷的欲望、资源的稀缺性以及由此产生的选择引出了经济学中一个重要的概念：机会成本。使用一种资源的机会成本是指把该资源投入某一特定用途以后所放弃的在其他用途中所能获得的最大利益。只要资源是稀缺的，并且只要人们对于稀缺资源的使用进行选择，就必然会产生机会成本。

【案例】

上网玩游戏的机会成本

对于我们在课余时间是否可以上网玩游戏，经济学可以给出特殊的参考答案。假定研究生平均每年比本科生多挣1万元，一个人有30年时间用来工作那么研究生一辈子比本科生多挣30万元。假设一个本科生比别人多读100小时的书，可以考上研究生。那么，这额外努力的一小时可以值3 000元。如果上网玩游戏一小时得到的乐趣不值3 000元。那么上网玩游戏就是非理性选择。

个人与企业在既定的资源下进行选择同样会产生机会成本。一个人将既定的收入用于购买某种消费品和用于某一项投资，就不能同时将这笔收入用于购买另一种消费品或另一项投资。一个企业将其所拥有的既定资源用于某种产品的生产，就不能同时将这些资源用于生产其他产品。机会成本产生于任一种选择行为。例如，人们对于时间的选择也存在着机会成本，一个人将一段时间用于从事某一种活动，就不能同时将这一段时间用于从事另一项活动。

第二节

经济学与微观经济学

经济学按照研究对象不同，分为微观经济学和宏观经济学。

在宏观经济学里，经济学家主要研究经济是如何增长的，还有失业、通货膨胀等经济问题是如何产生的。与宏观经济学更多的研究那些加总的问题有所不同，微观经济学主要研究消费者行为、企业行为、市场结构这些内容。那么微观经济学的研究对象是什么？研究内容之间有什么联系？

一、微观经济学的研究对象

微观经济学以单个经济单位的经济行为作为研究对象。单个经济单位包括单个消费者、单个生产者以及单个产品市场。

微观经济学对个体经济单位的研究，是在三个逐步深入的层次上进行的。第一个层次是分析单个消费者和单个生产者的经济行为。分析单个消费者如何进行最优的消费决策以获得最大的效用，单个生产者如何进行最优的生产决策以获得最大的利润。第二个层次是分析单个市场均衡的决定，这个单个市场均衡价格的决定，是作为单个市场中所有的消费者和所有的生产者最优经济行为的共同作用的结果而出现的。第三个层次是分析所有单个市场均衡价格的同时决定，这种决定是作为所有单个市场相互影响相互作用的结果而出现的。

微观经济理论所涉及的经济变量都是个量，正因如此，它才被称为微观经济学或个量分析。由此，我们可以了解微观经济学：①研究对象是单个经济单位的经济行为；②解决的问题是资源配置；③中心理论是价格理论；④研究方法是个量分析。微观经济学是以单个经济单位为研究对象，通过研究单个经济单位的经济行为和相应的经济变量单项数值的决定来说明价格机制如何解决社会的资源配置问题的经济理论。

二、微观经济学的内容

微观经济学内容包括：供求理论、消费者行为理论、生产者行为理论、产品市场理论、厂商理论、要素市场理论、一般均衡理论、福利经济学、市场失灵及微观经济政策，它们之间的相互关系如图 1－1 所示。

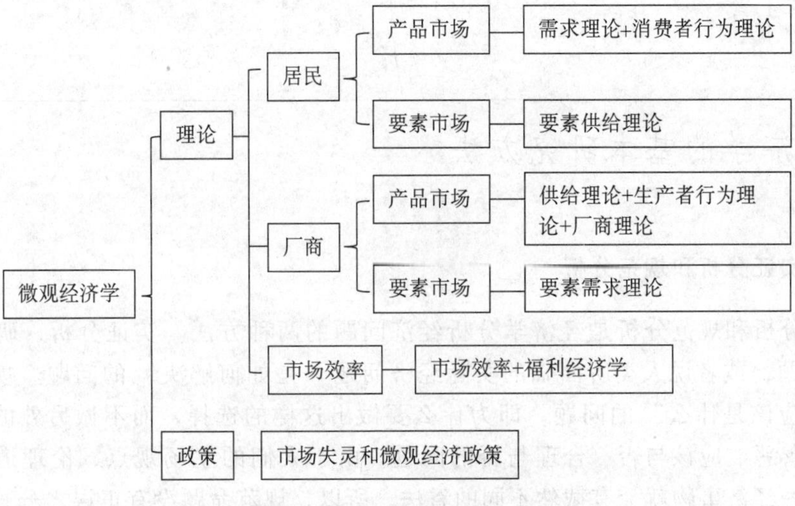

图 1－1 微观经济学内容

三、微观经济学的基本假设条件

微观经济学理论的建立是以一系列的假设条件为前提的。在微观经济分析中，根据所研究的问题和所要建立的模型不同，这些假设条件也不同。但是在众多的假设条件中，至少存在着两个基本的假设条件。

1. 理性人假设

我这个假设也被称为“经济人”假设。理性人是对经济生活中一般的人的抽象。其本性被假设为是利己的。理性人在一切经济活动中的行为都是合乎理性的。都是以利己为动机，力图以最小的经济代价，去获得自身最大的经济利益。在微观经济学中，理性人假设起着十分重要的作用，正因为每个消费者和生产者都是以利己为目的的理性人，他们自觉按照利益最大化的原则行事，既能把最大化作为目标，又知道怎么实现最大化，所以，价格的调节才能使整个社会的资源配置达到高效。

经济学家在研究人类的理性行为的时候，并不否认人类行为中的一部分有可能真的是不理性的，但是对于那些真的属于不理性的行为，我们也不必苛求用经济学去解释它。迄今为止，经济学并不认为自己可以解释所有现象，有一些非理性行为只能通过心理学去解释。

2. 完全信息假设

这一假设条件的主要含义是指市场上每一个从事经济活动的个体都对有关的经济情况具有完备且对称的信息。例如，每一个消费者都能够充分的了解每一种商品的性能和特点，准确的判断一定商品给自己满足程度，掌握商品价格在不同时期的变化等从而能够确定最优的商品购买量。又如，每一个生产者都能准确地掌握产量和生产要素投入量之间的技术数量关系，了解商品价格和要素价格的变化，以及在每一个商品价格水平上消费者对产品的需求量等，从而能够做出最优的生产决策。

如此假设条件并非合乎现实。经济学的研究范式就是给定假设，简化关系，放宽假设，逼近现实。这也正是从简单到复杂、从理想到现实的分析方法的精髓所在。

第三节

微观经济学的基本研究方法

一、实证分析和规范分析

实证分析和规范分析是经济学分析经济问题的两种方法。实证分析，研究“是什么”的问题，或者说人类所面临的实际经济问题“是如何解决”的问题。规范分析研究的是“应该是什么”的问题，即为什么要做出这样的选择，而不做另外的选择，它涉及是非善恶、应该与否、合理与否的问题。由于人们的立场观点、伦理道德标准不同，对同一经济事物就会有截然不同的看法，所以，规范命题没有正误之分，不同的人对于同一问题会得出不同的结论。

微观经济学中实证分析占重要的地位。微观经济学在对个体经济单位的行为做出若干假定的基础上，对影响个体经济单位行为的因素加以解释、说明或做出预测，这种分析不带有任何价值判断，因而属于实证分析。

【专栏】

经济学家的主要工作

经济学家的主要工作通常不外乎这样几个方面：

(1) 发现事实。对于这个世界，我们其实并不了解。比如说，到现在，经济学家也不太清楚西方式的民主制度是不是经济持续发展的必要条件？经济学家在发展理论之前，首先要做的工作就是了解历史和现实是怎样的，当一个现象被总结出来，并且当大家都觉得重要的时候，经济学家才将这些现象作为研究的对象。

(2) 解释现象。在总结了那些重要的现象之后，经济学家便着手解释那些“特征性事实”，这便是经济学的理论工作。经济学理论实际上就是一种“逻辑”，为了让理论清楚而易于理解，经济学家非常重视抽象。为了将理论的焦点集中在一些最为关键的经济学机制上，经济学家常常需要“假设其他条件不变”。

(3) 检验理论。经济学家有时会用推理的方法得到一些理论，那么这些理论是否正确呢？如果经济学家对同样两个变量的关系得到了不一样的理论结论，哪一个理论是正确的，或者哪一个理论更重要呢？为此，还要通过观察、实验和统计分析来检验理论。如果既有的理论不能得到有力的证据支持，那么就说明现有的理论还不能充分的解释世界。

在上述三个方面的工作中，第一和第三方面的工作被称为实证研究，而第二方面的工作被称为理论研究，对于经济学来说，来自现实世界的观察、直觉是非常重要的，读者在学习经济学的时候，也应该多问问自己，在数学和图形的背后蕴含着什么样的思想。

在经济学家中，也有一些人的研究更接近于数学研究，使得经济学家不同于数学家的是，经济学在发展自己的分析工具的时候，通常都是为了解决特定的经济学问题，重大的理论发展和工具创新，都直接或间接的来自于现实中的需要，可以说，科学的发展和现实的需要在经济学里有着完美的结合。

资料来源：陈钊、陆铭编著.《微观经济学》。

二、均衡分析和边际分析

均衡一词借鉴于物理学，原意是指物体由于受力大小相同方向相反相互抵消后处于的静止或匀速直线运动状态。在经济分析中，均衡是指这样一种状态，各个经济决策者（消费者、厂商等）所做出的决策正好相容，并且在外界条件不变的情况下，每个人都不会愿意再调整自己的决策，从而不再改变其行为。

均衡分析方法，就是假定外界因素是已知的和固定不变的，然后再研究因变量达到均衡时应具备的条件。在现实中，外界条件不断在发生变化，均衡可能是转瞬即逝的一刻，也可能永远也达不到。但在均衡分析中，我们只考察达到均衡时的情况。在均衡状态下，当事人的决策对个人来说，已使自身利益最大化，或达到最优。那么这种最优是如何达到的呢？这就要通过边际分析来实现。所谓边际分析，是指分析自变量每增加一单位会如何影响和决定因变量的量值变化。经济学中有很多编辑概念，如微观经济学中的边际收益、边际成本、边际效用、边际替代率、边际生产力等。现代西方经济学的产生与发展，是与边际分析方法的广泛应用分不开的。正是边际分析方法的深入应用，在20世纪30年代才建立了完整的微观经济学体系。

三、静态分析和动态分析

在均衡分析中，一般假定自变量是已知的和既定的，来考察因变量达到均衡状态的条件和在均衡状态下的情况，这种分析又被称为静态分析。

如果自变量中的一部分和全部发生了变化，那么，重新考虑同一问题会有两种不同的方法：一种是比较静态分析，另一种就是动态分析。比较静态分析就是先对变化之后的自变量作一次静态分析，然后分析比较自变量变化前后因变量达到均衡状态的不同情况，但不考察从原均衡到新均衡状态的中间变化过程。动态分析则对经济变动的实际过程进行分析，其中包括分析有关变量在一定时间过程中的变动，这些经济变量在变动过程中的相互影响和彼此制约的关系，以及它们在每一时点上变动的速率等。动态分析考察时间因素的影响，并把经济现象的变化当作一个连续的过程来看。

四、经济模型

经济学是一门研究社会的科学，人类社会的复杂性使得经济学到目前为止仍然无法像自然科学那样精确。假设，用最简化的方式表达最深刻的思想。为了简洁地将一些变量之间的关系，作为规律表现出来，经济学家常常像物理学家一样给出一些假设，然后得到一个模型。

很多经济学家喜欢用地图的例子来解释模型的意义。地图就是一个现实世界的模型，当你去一个陌生的城市旅游的时候，你肯定希望了解这个城市的景点在哪里？怎么去？如果给你两个选择，一个是这个城市的卫星照片，一个是标明了景点位置、交通路线、甚至饭店和旅行社位置的地图，相信没有人会选择卫星照片。原因很简单，虽然卫星照片很真实，但它能够提供给我们的有用信息非常少，而一张地图虽然与现实有一定的距离，甚至一些街道、商店的大小和周围的比例都不是真实的，但这并不影响我们准确的了解有价值的信息，同样道理，对于一个模型来说，重要的不是他多么简化，而是在简化过程中是不是损失了非常重要的信息，好的经济学模型是用最简化的方式表达最深刻的思想。在经济学理论里，有一些模型是高度简化的，如果你因此而批评这些理论是错的，那你就错了。

简化的模型是理解世界的基准，它的假设前提也非常严格。例如，在本书的大多数篇幅里，我们都假设市场是完善的，竞争是充分的，这当然是非常严格的假定，在这些假定的基础上，我们能够说明市场机制是最为有效的配置资源的机制，这当然也会与现实有些距离。从基准模型出发，我们修改一些假设条件，就能够使模型可以很好地解释现实。

本章小结

经济学是研究一个经济社会如何做出选择，将稀缺的资源进行有效配置，以最大限度满足人们需要的科学。正是由于资源的稀缺性和人们欲望的无限性，产生了经济学研究中的基本问题：生产什么、如何生产、为谁生产。市场和计划是配置资源的两种方式，而现代社会都是二者兼而有之的混合经济。

经济学按照研究对象不同分为微观经济学和宏观经济学两大部分。微观经济学的研究对象为单个经济单位，通过研究消费者、生产者、市场等单个经济单位的决策行为来说明价格机制是如何解决资源配置问题的。微观经济学理论的建立基于完全理性和完全信息等基本前提假设。

微观经济学的研究方法主要有实证分析和规范分析、均衡分析和边际分析、静态分析和动态分析，另外还可以建立经济模型对某一经济问题进行研究分析。

思考与练习

一、名词解释

经济学　机会成本　资源配置　经济模型　均衡分析　边际分析　比较静态分析

二、判断题

1. 只有在社会主义国家才存在稀缺问题。（　）
2. 稀缺问题之所以产生，是因为人们想要的多于我们所拥有的。（　）
3. 任何不对其索取价格的物品都是自由取用物品。（　）
4. 稀缺物品一定有一个直接以货币支付的价格。（　）
5. 最大厂商常常是最有效率的，这一事实不符合收益递减规律。（　）
6. 生产可能性边界上各种物品组合中，只有一种是有效率的。（　）
7. 如果你得到两张免费的奥运会参观券，它们可以看作是自由取用物。（　）
8. 如果某种资源免费供应时社会成员所需要的多于现有的，那么，这种资源就是稀缺的。（　）
9. 说一种理论是实证的，并不意味着它必然是正确的。（　）
10. 经济学家既采用理论分析，又采用实证分析。（　）

三、选择题

1. 经济问题强调在竞争性目的之间做出选择，这意味着必须牺牲某些选择，一种行为的机会成本是：（　）

A. 所放弃的各种选择的价值之总和

B. 必须牺牲的次佳选择

C. 所采取的行为的价值减去次佳选择的价值后的余额

D. 你今天所做的加上你明天所做的

2. 作为生产要素的资本，不包括：(　　)

A. 工厂　　B. 机器

C. 存货　　D. 货币

3. 对经济学家来说，非理性意味着：(　　)

A. 人们无意识地伤害自己

B. 人们故意采取与自己的最大利益相悖的行为

C. 人们采取恶毒的行为

D. 人们没有花费足够的时间加以考虑，而做出反常的选择

4. 对经济理论的恰当检验是：(　　)

A. 有效性的逻辑证明　　B. 其假定的现实性

C. 其预测的可靠性　　D. 它依赖于理性的程度

5. 微观经济学研究________，宏观经济学研究________。(　　)

A. 现实的经济问题，抽象的经济理论

B. 个量经济，总量经济

C. 理性行为，非理性行为

D. 企业行为，政府行为

6. 下列中的哪一个属于规范经济问题？(　　)

A. 通货膨胀和失业是由什么引起的

B. 政府应该雇用所有失业的工人吗

C. 消费者如何对较低的价格做出反应

D. 收入与储蓄之间的关系是什么

四、简答题

1. 什么是微观经济学？微观经济学的研究是以哪些假设为前提的？

2. 微观经济学的研究方法有哪些？

第二章

供求理论

【学习目标】

◆ 掌握市场需求和市场供给的相关基本概念；

◆ 分析价格如何由市场需求和市场供给来共同决定，以及均衡价格变化的背后原因；

◆ 掌握价格管制的含义、实施原因及后果。

【本章脉络图】

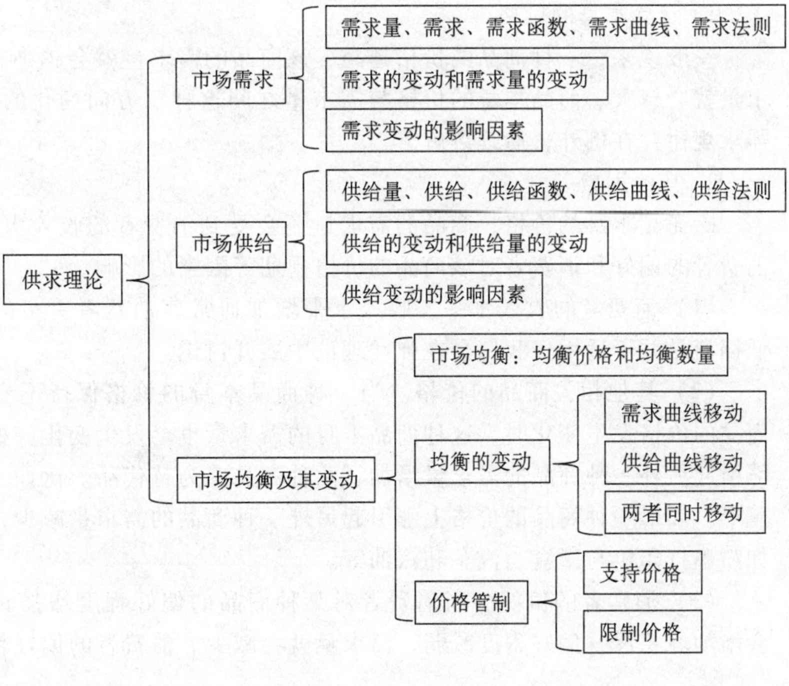

本章将通过需求与供给来解释市场的运行。在任何一种商品的市场上，需求和供给决定价格，价格反过来影响需求和供给，当通过需求和供给分析了解了市场运行的基本机制以后，读者将发现，微观经济学的主题部分就是通过研究消费者行为来推导需求曲线，再通过研究厂商行为来推导供给曲线，从而将需求和供给分析建立在微观主体的理性决策基础之上，并为讨论市场机制的效率打下基础。

第一节

市场需求

一、需求的有关概念

（一）需求的含义

一种商品的消费需求是指消费者在某一特定的时间内，在各种可能的价格下，愿意而且能够购买的该商品的数量。需求涉及价格（Price）和需求量（Quantity）两个变量，反映两者之间的一一对应关系。满足需求的两个条件：

（1）购买意愿：即在一定价格下消费者预计、愿意或打算购买的数量。

（2）购买能力：有支付能力的需求才是能够真正发生的现实需求。支付能力指拥有足够的货币来支持。

（二）影响商品需求量的因素

一种商品的需求量受到许多因素的影响。可以把这些影响因素分成商品本身的价格和其他因素。

1. 商品本身的价格

一般说来，一种商品的价格越高，该商品的需求量就会越小。相反，价格越低，需求量就会越大。商品本身的价格与需求量之间这种反方向变化的关系被称为需求规律。需求规律存在例外，后续讲解。

2. 其他因素

除商品本身的价格，商品的需求量还会受到消费者的收入水平、相关商品的价格、消费者的偏好和消费者对该商品的价格预期等因素的影响。

（1）消费者的收入水平。收入水平增加通常使消费者更多的消费某商品，但对于低档商品并不适用，我们会在弹性理论中展开讨论。

（2）其他相关商品的价格。当一种商品本身的价格保持不变，而和他相关的其他商品的价格发生变化时，这种商品本身的需求量也会发生变化。如果一种商品的价格上涨引起另外一种商品的需求量增加，两种商品互为替代品。比如羊肉和牛肉、苹果和香蕉等。如果一种商品的价格上涨引起另外一种商品的需求量减少，它们就是互补品。比如喷墨打印机与墨盒、汽车和汽油等。

（3）消费者的偏好。当消费者对某种商品的偏好程度增强时，该商品的需求量就会增加。相反，偏好程度减弱，需求量就会减少。消费者的偏好是心理因素，但更多的受人们所生活的社会环境、特别是当地的社会风俗习惯影响（如攀比心理等）。

（4）消费者对商品的价格预期。当消费者预期某种商品的价格在未来会上涨时，就会增加对该商品的现期需求量；当消费者预期某种商品的价格在未来会下跌时，就会减少对该商品的现期需求量。这也是一个心理因素，不过对消费者需求量影响的预期因素，不仅是价格预期，还有对未来收入和支出的预期，政府政策倾向的预期等。

（三）需求函数

1. 需求函数的表示

需求是一个多元函数，可用 $Q^d=f(p,w,e,r,t,\cdots)$ 表示。研究多元函数比较复杂，而且对于探讨局部均衡价格的决定来说，没有必要讨论复杂的多元函数，因此，我们只研究比较简单的一元函数。或者说，只研究需求量是价格的一元函数。

2. 需求量是价格的函数

$Q^d=f(P)$

这一公式表示一种商品的需求量与价格之间存在着一一对应的关系。式中，P 为商品的价格；Q^d 为商品的需求量。

二、需求表和需求曲线

需求函数 $Q^d=f(P)$ 表示一种商品的需求量和价格之间存在着一一对应的关系。这种函数关系可以分别用商品的需求表和需求曲线来加以表示。

（一）需求表

商品的需求表是一张表示某种商品的各种价格水平和与各种价格水平相对应的该商品的需求数量之间关系的数字序列表。表 2－1 是一张某商品的需求表。

表 2－1　　某商品的需求表

价格——数量组合	A	B	C	D	E	F	G
价格（元）	1	2	3	4	5	6	7
需求量（单位数）	700	600	500	400	300	200	100

从表 2－1 可以清楚地看到商品价格与需求量之间的函数关系。譬如，当商品价格为 1 元时，商品的需求量为 700 单位；当价格上升为 2 元时，需求量下降为 600 单位；当价格进一步上升为 3 元时，需求量下降为更少的 500 单位；如此等等。需求表实际上是用数字表格的形式来表示商品的价格和需求量之间的对应关系的。

（二）需求曲线

1. 含义与图形

需求曲线是以几何图形来表示商品的价格和需求量之间的函数关系的。商品的需求曲线是根据需求表中商品不同的价格——需求量的组合在平面坐标图上所绘制的一条曲线。图 2－1 是根据表 2－1 绘制的一条需求曲线。

在图 2－1 中，横轴 OQ 表示商品的数量，纵轴 OP 表示商品的价格。需要指出的是，与数学上的习惯相反，在微观经济学分析需求曲线和供给曲线时，通常以纵轴表示自变量 P，以横轴表示因变量 Q。

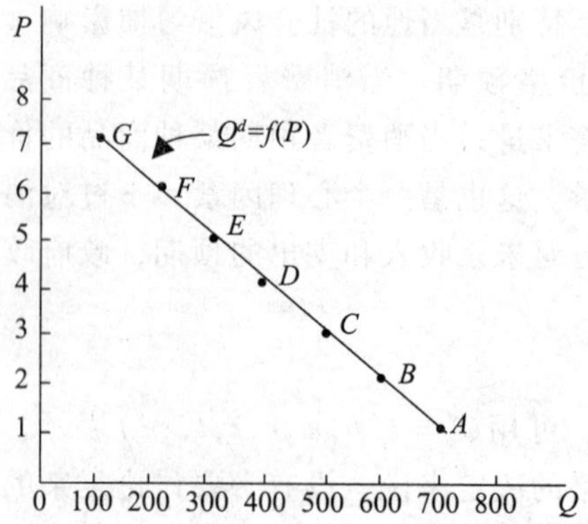

图 2－1　某商品的需求曲线

图中的需求曲线是这样得到的：根据表 2－1 中每一个商品的价格—需求量的组合，在平面坐标图中描绘相应的各点 A、B、C、D、E、F、G，然后顺次连接这些点，便得到需求曲线 $Q^d=f(P)$。它表示在不同的价格水平下消费者愿意而且能够购买的商品数量。

微观经济学在论述需求函数时，一般都假定商品的价格和相应的需求量的变化具有无限分割性。正是由于这一假定，在图 2－1 中才可以将商品的各个价格——需求量的组合点 A、B、C…连接起来，从而构成一条光滑的连续的需求曲线。

图 2－1 中的需求曲线是一条直线，实际上，需求曲线可以是直线型的，也可以是曲线型的。当需求函数为线性函数时，相应的需求曲线是一条直线，直线上各点的斜率是相等的。当需求函数为非线性函数时，相应的需求曲线是一条曲线，曲线上各点的斜率是不相等的。

2. 需求定理

需求定理的基本内容是：在其他条件不变的情况下，某商品的需求量与价格呈反方向变动，即需求量随着商品本身价格的上升而减少，随商品本身价格的下降而增加。

需求定理作为一种经济理论也是以一定的假设条件为前提的。这个假设条件就是“其他条件不变”。所谓“其他条件不变”是指除了商品本身的价格之外，其他影响需求的因素都是不变的。离开了这一前提，需求定理就无法成立。

【即问即答】

下列因素发生变动后，判断商品房这种商品需求曲线的移动方向。

（1）汽车价格下降；

（2）装修材料价格上涨；

（3）公务员加薪；

（4）政府加大打击炒房行为力度；

（5）全面二胎政策放开。

第二节

市场供给

一、供给的相关概念

（一）供给的含义

一种商品的供给是指单个生产者在一定时期内在各种可能的价格下愿意而且能够提供出售的该种商品的数量。供给总是涉及两个变量：价格（price）、需求量（quantity）。没有相应的价格，就谈不上市场供给。满足供给的条件：

供给意愿：是生产者预计、愿意或打算供给的数量。

供给能力：即有现实生产能力的供给。现实的生产能力指拥有足够的生产条件来支持。

（二）影响供给量的因素

1. 商品自身的价格

一般来说，一种商品的价格越高，生产者提供的产量就越大。相反，商品的价格越低，生产者提供的产量就越小

2. 其他因素

其他主要的因素有：生产的成本、生产的技术水平、相关商品的价格和生产者对未来的预期。

（1）生产的成本。在商品自身价格不变的条件下，生产成本上升会减少利润，从而使得商品的供给量减少。相反，生产成本下降会增加利润，从而使得商品的供给量增加。

（2）生产的技术水平。在一般情况下，生产技术水平的提高可以提高劳动生产率，降低生产成本，增加生产者的利润，生产者会提供更多的产量。

（3）相关商品的价格。当一种商品的价格保持不变，而和它相关的其他商品的价格发生变化时，该商品的供给量会发生变化。例如，对某个生产小麦和玉米的农户来说，在玉米价格不变和小麦价格上升时，该农户就可能增加小麦的耕种面积而减少玉米的耕种面积。

（4）生产者对未来的预期。如果生产者对未来的预期是乐观的，如预期商品的价格会上涨，生产者在制定生产计划时就会增加产量供给。如果生产者对未来的预期是悲观的，如预期商品的价格会下降，生产者在制定生产计划时就会减少产量供给。

（三）供给函数

1. 供给函数的表示

由上面的分析可以看出：一种商品的供给量也是多元函数，可用下式表示：

$Q^s = f(p, w, e, r, t, \cdots)$

2. 供给是价格的函数

为了使问题简化，我们假定除了厂商所生产商品的价格以外，影响厂商供给的其他因素不变，于是我们得到一元的供给函数：

$$Q^{s}=f(P)$$

式中，P 为商品的价格；Q^{s} 为商品的供给量。当使用线性函数时，其形式为：

$$Q^{s}=-\delta+\gamma(P)$$

式中，δ、γ 为常数，且 δ、$\gamma>0$。与该函数相对应的供给曲线为一条直线。

二、供给表与供给曲线

供给函数 $Q^{s}=f(P)$ 表示一种商品的供给量和商品价格之间存在着一一对应的关系。这种函数关系可以分别用供给表和供给曲线来表示。

（一）供给表

商品的供给表是一张表示某种商品的各种价格和与各种价格相对应的该商品的供给数量之间关系的数字序列表。表 2-2 是一张某商品的供给表。

表 2-2　某商品的供给表

价格——数量组合	A	B	C	D	E
价格（元）	2	3	4	5	6
供给量（单位数）	0	200	400	600	800

表 2-2 清楚地表示了商品的价格和供给量之间的函数关系。例如，当价格为 6 元时，商品的供给量为 800 单位；当价格下降为 4 元时，商品的供给量减少为 400 单位；当价格进一步下降为 2 元时，商品的供给量减少为零。供给表实际上是用数字表格的形式来表示商品的价格和供给量之间的函数关系的。

（二）供给曲线

1. 含义和图形

商品的供给曲线是以几何图形表示商品的价格和供给量之间的函数关系，供给曲线是根据供给表中的商品的价格——供给量组合在平面坐标图上所绘制的一条曲线。图 2-2 便是根据表 2-2 所绘制的一条供给曲线。

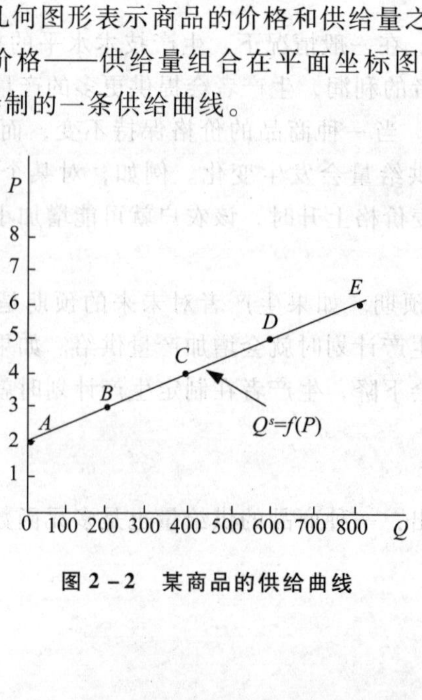

图 2-2　某商品的供给曲线

图中的横轴 OQ 表示商品数量，纵轴 OP 表示商品价格。在平面坐标图上，把根据供给表中商品的价格——供给量组合所得到的相应的坐标点 A、B、C、D、E 联结起来的线，就是该商品的供给曲线。它表示在不同的价格水平下生产者愿意而且能够提供出售的商品数量。和需求曲线一样，供给曲线也是一条光滑的和连续的曲线，它是建立在商品的价格和相应的供给量的变化具有无限分割性的假设基础上的。

如同需求曲线一样，供给曲线可以是直线型，也可以是曲线型。如果供给函数是一元一次的线性函数，则相应的供给曲线为直线型，如图 2－2 所示的供给曲线。如果供给函数是非线性函数，则相应的供给曲线就是曲线型的。直线型的供给曲线上的每点的斜率是相等的，曲线型的供给曲线上的每点的斜率则不相等。

2. 供给曲线的特例*

典型的劳动市场，供给曲线不规则。工资提高到一定水平，随着工资进一步提高，工人劳动的供给反而减少，曲线向左弯回。

特殊商品市场如古字画等，供给曲线也可能不规则。

（三）供给定理

供给定理的基本内容是：在其他条件不变的情况下，某商品的供给量与价格呈同方向变动，即供给量随着商品本身价格的上升而增加，随商品本身价格的下降而减少。

本节描述了关于商品的价格和供给量这两个变量之间相互关系的现象，至于商品的价格和供给量之间呈同方向变动动的具体原因，或者说，为什么供给曲线一般是向右上方倾斜的，这将在第六章完全竞争的市场中得到深入的分析和说明。

【即问即答】

下列因素发生变动后，判断商品房这种商品供给曲线的移动方向。

（1）钢筋水泥等建材成本上升；

（2）土地批租价格上升；

（3）政府加大打击炒房行为力度；

（4）住房的建造越来越多使用环保节能材料。

第三节

市场均衡及其变动

一、均衡的含义

均衡（equilibrium）的最一般意义是指经济事物中有关的变量在一定条件下的相互作用所达到的一种相对静止的状态。如矛与盾，供给与需求、作用力与反作用力等。

微观经济学分析中，均衡可以分为局部均衡与一般均衡。局部均衡是指单个市场或部分市场的供求与价格之间的关系所处的一种相对静止的状态。一般均衡是指一个社会中所有市场的供求与价格之间的关系所处的一种相对静止的状态。

一般均衡是建立在局部均衡的基础之上的。

二、市场均衡

（一）市场均衡

市场均衡是指某种商品的市场需求量与市场供给量相等时的状态。此时对应的价格称为均衡价格，对应的数量称为均衡数量。

对均衡价格的理解应注意3点：

（1）均衡价格是市场需求与市场供给这两种力量相互作用而使价格处于一种相对静止、不再变动的结果；

（2）市场需求与市场供给对于均衡价格的形成作用不分主次；

（3）市场上的均衡价格是最后的结果，其形成过程是在市场背后进行的。

（二）均衡价格的形成

在完全竞争的市场环境下，均衡价格是在市场的供求力量的自发调节下形成的。

在西方经济学中，一种商品的均衡价格是指该种商品的市场需求量和市场供给量相等时候的同一价格。在均衡价格水平下的相等的供求数量被称为均衡数量（equilibrium quantity）。从几何意义上说，一种商品市场的均衡出现在该商品的市场需求曲线和市场供给曲线相交的交点上，该交点被称为均衡点。均衡点上的价格和相等的供求量分别被称为均衡价格和均衡数量。

现在把图2－1中的需求曲线和图2－2中的供给曲线结合在一起，用图2－3说明一种商品的均衡价格的决定。

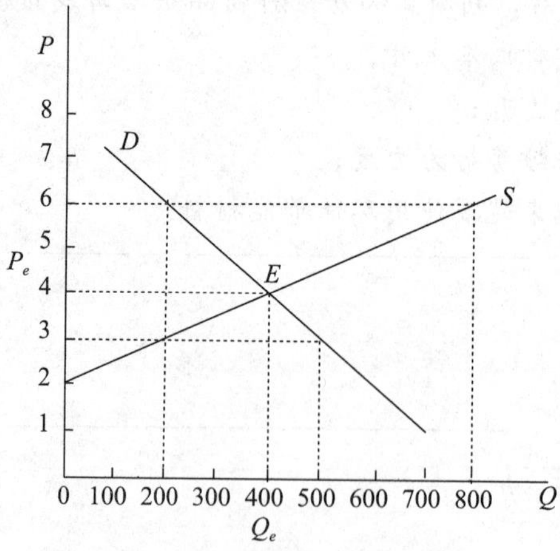

图2－3　均衡价格的决定

在不存在任何外力干预（政府或垄断企业）的条件下，商品的均衡价格是通过商品市场上需求和供给这两种相反的力量相互作用及其价格波动自发形成的。这可以从两个方面来解释。

当市场价格高于均衡价格时，市场出现供大于求的商品过剩或超额供给的状况，在市场自发调节下，一方面会使需求者压低价格来得到他要购买的商品量，另一方面，又会使供给者减少商品的供给量。这样，该商品的价格必然下降，一直下降到均衡价格的水平。当市场价格低于均衡价格时，市场出现供不应求的商品短缺或超额需求的状况，同样在市场自发调节下，一方面需求者提高价格来得到他所需要购买的商品量，另一方面，又使供给者增加商品的供给量。这样，该商品的价格必然上升，一直上升到均衡价格的水平。由此可见，当实际价格偏离时，市场上总存在着变化的力量，最终达到市场的均衡或市场出清。

（三）均衡价格与均衡量的求解

从举例说明中，我们可以找到均衡价格与均衡量的求解方式。一是令供给函数与需求函数相等来求解；二是在坐标图上将市场需求曲线与市场供给曲线合并到一幅图上，找到两条曲线的交点即可得。

三、市场均衡的变动

市场需求曲线和市场供给曲线的交点即为市场均衡点。当市场需求曲线、市场供给曲线发生变动时，市场均衡点随之变动，均衡价格和均衡数量也会发生变动。

（一）需求的变动与需求量的变动、供给的变动与供给量的变动

1. 需求量的变动及其几何表示

需求量的变动是指在其他条件不变时，由某商品的价格变动所引起的该商品的需求数量的变动。在几何图形中，需求量的变动表现为商品的价格——需求数量组合点沿着同一条既定的需求曲线的运动。例如，在图 2－1 中，当商品的价格发生变化由 2 元逐步上升为 5 元，它所引起的商品需求数量由 600 单位逐步地减少为 300 单位时，商品的价格——需求数量组合由 B 点沿着既定的需求曲线 $Q^d = f(P)$，经过 C、D 点，运动到 E 点。需要指出的是，这种变动虽然表示需求数量的变化，但是并不表示整个需求状态的变化。因为，这些变动的点都在同一条需求曲线上。

2. 需求的变动及其曲线的移动

需求的变动是指在某商品价格不变的条件下，由于其他因素的变动所引起的该商品的需求数量的变动。这里的其他因素变动是指消费者的收入水平变动、相关商品的价格变动、消费者偏好的变化和消费者对商品的价格预期的变动等。在几何图形中，需求的变动表现为需求曲线的位置发生移动。以图 2－4 加以说明。

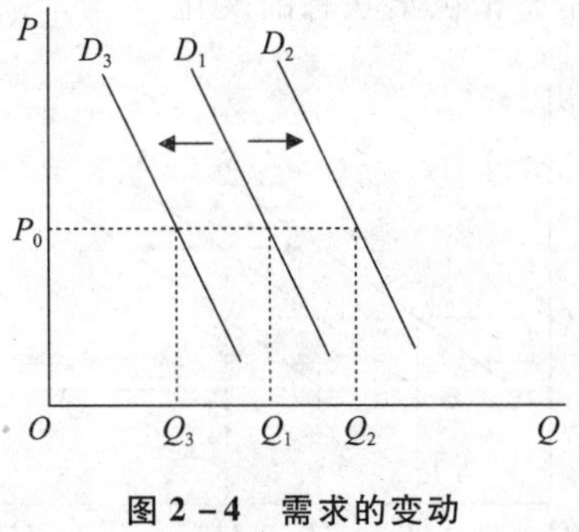

图 2－4　需求的变动

图中原有的曲线为 D_1。在商品价格不变的前提下，如果其他因素的变化使得需求增加，则需求曲线向右平移，如由图中的 D_1 曲线向右平移到 D_2 曲线的位置。如果其他

因素的变化使得需求减少，则需求曲线向左平移，由需求变动所引起的这种需求曲线位置的移动，表示在每一个既定的价格水平需求数量都增加或减少了。例如，在既定的价格水平 P_0，原来的需求数量为 D_1 曲线上的 Q_1，需求增加后的需求数量为 D_2 曲线上的 Q_2，需求减少后的需求数量为 D_3 曲线上的 Q_3。而且，这种在原有价格水平上所发生的需求增加量 Q_1、Q_2 和需求减少量 Q_3、Q_1 都是由其他因素的变动所引起的。譬如说，它们分别是由消费者收入水平的提高和下降所引起的。显然，需求的变动所引起的需求曲线的位置的移动，表示整个需求状态的变化。

3. 供给量的变动及其几何表示

供给量的变动是指在其他条件不变时，由某商品的价格变动所引起的该商品供给数量的变动。在几何图形中，这种变动表现为商品的价格—供给数量组合点沿着同一条既定的供给曲线的运动。

前面的图 2－2 表示的是供给量的变动：随着价格上升所引起的供给数量的逐步增加，A 点沿着同一条供给曲线逐步运动到 E 点。

4. 供给的变动及其供给曲线的移动

供给量的变动和供给的变动都是供给数量的变动，它们的区别在于引起这两种变动的因素是不相同的，而且，这两种变动在几何图形中的表示也是不相同的。

供给的变动是指在商品价格不变的条件下，由于其他因素变动所引起的该商品供给数量的变动。这里的其他因素变动可以指生产成本的变动、生产技术水平的变动、相关商品价格的变动和生产者对未来的预期的变化等。在几何图形中，供给的变动表现为供给曲线的位置发生移动。

图 2－5 表示的是供给的变动。在图中原来的供给曲线为 S_1。在除商品价格以外的其他因素变动的影响下，供给增加，则使供给曲线由 S_1 曲线向右平移到 S_2 曲线的位置；供给减少，则使供给曲线由 S_1 曲线向左平移到 S_3 曲线的位置。由供给的变化所引起的供给曲线位置的移动，表示在每一个既定的价格水平供给数量都增加或都减少了。例如，在既定的价格水平 P_0，供给增加，使供给数量由 S_1 曲线上的 Q_1 上升到 S_2 曲线上的 Q_2；相反，供给减少，使供给数量由 S_1 曲线上的 Q_1 下降到 S_3 曲线上的 Q_3。这种在原有价格水平上所发生的供给增加量 Q_1Q_2 和减少量 Q_3Q_1，都是由其他因素变化所带来的。譬如，它们分别是由生产成本下降或上升所引起的。很清楚，供给的变动所引起的供给曲线位置的移动，表示整个供给状态的变化。

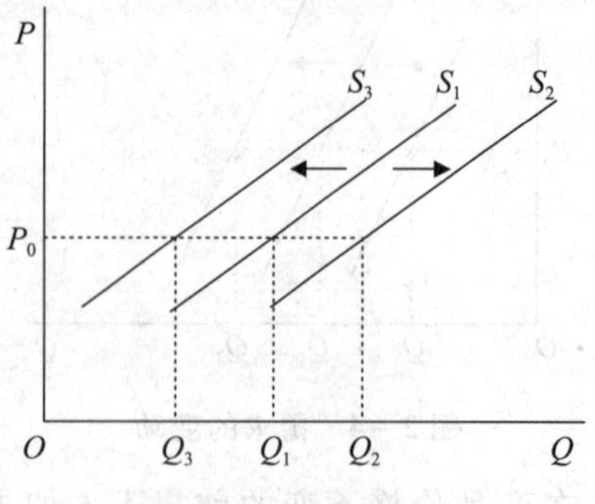

图 2－5　供给的变动

（二）需求的变动和供给的变动对均衡价格和均衡数量的影响

1. 需求变动的影响

在供给不变的情况下，需求增加会使需求曲线向右平移，从而使均衡价格和均衡数量都增加，需求减少会使需求曲线向左平移，从而使得均衡价格和均衡数量减少，如图2－6所示。

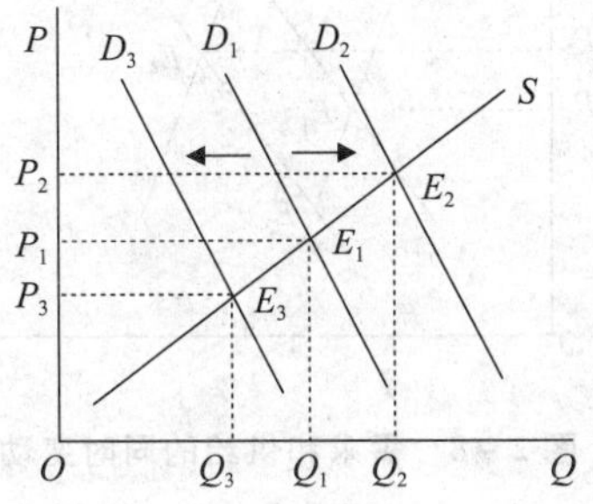

图2－6　需求的变动和均衡价格的变动

2. 供给变动对均衡的影响

在需求不变的情况下，供给增加会使供给曲线向右平移，从而使得均衡价格下降，均衡数量增加；供给减少会使供给曲线向左平移，从而使得均衡价格上升，均衡数量减少，如图2－7所示。

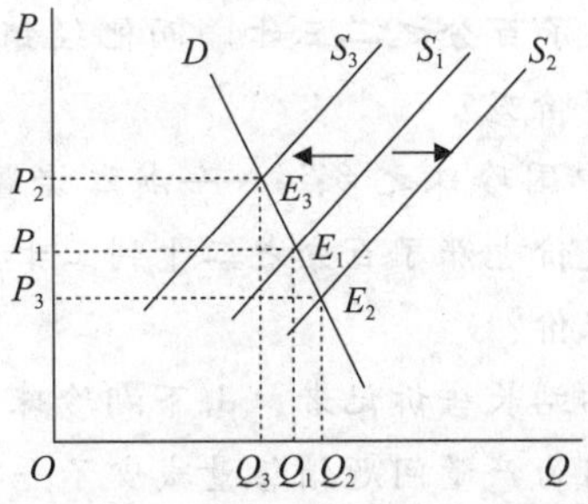

图2－7　供给的变动和均衡价格的变动

综上所述，可得出结论：

在完全竞争市场上，在其他条件不变的情况下，需求变动分别引起均衡价格和均衡数量的同方向的变动；供给变动分别引起均衡价格的反方向的变动和均衡数量的同方向变动。竞争市场上实际价格趋向于供求相等的均衡价格的状况称为供求定理。

3. 需求和供给同时发生变动对均衡的影响

商品的均衡价格和均衡数量的变化是难以肯定的。这要结合需求和供给变化的具体情况来决定。以图2－8为例进行分析。假定消费者收入水平上升引起的需求增加，使得需求曲线向右平移；同时，厂商的技术进步引起供给增加，使得供给曲线向右平移。比较 S_1 曲线分别与 D_1 曲线和 D_2 曲线的交点 E_1 和 E_2 可见，收入水平上升引起的需求增加，使得均衡价格上升。再比较 D_1 曲线分别与 S_1 曲线和 S_2 曲线的交点 E_1 和 E_3 可见，技术进步引起的供给增加，又使得均衡价格下降。最后，这两种因素同时作用下的均衡价格，将取决于需求和供给各自增长的幅度。由 D_2 曲线和 S_2 曲线的交点 E_4 可得：由于需求增长的幅度大于供给增加的幅度，所以，最终的均衡价格是上升了。

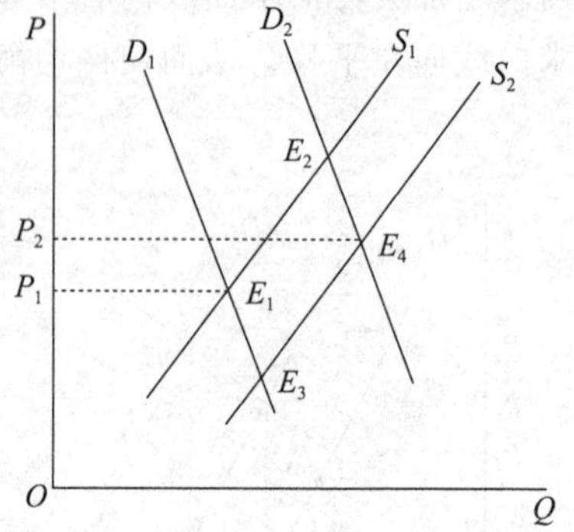

图 2－8　需求和供给的同时变动

【案例】

美丽珍珠涨价的背后原因

又到一年开蚌季，淡水珍珠迎来收获季节。今年的淡水珍珠品质怎样？价格又如何呢？

北京红桥珍珠批发市场经销商蔡老板说，今年普通品质直径 15 毫米的珍珠，批发价要 2 300 元一颗，比往年涨了百分之二三十。而他经销的淡水珍珠，大都来自诸暨，那诸暨的淡水珍珠是否也涨了价呢？

带着疑问，记者来到“中国珍珠之乡”——浙江诸暨山下湖镇的淡水珍珠交易中心，原产地山下湖的珍珠批发价也涨了百分之二十到三十左右。

今年的淡水珍珠为什么涨价？

山下湖镇水产技术推广站站长告诉记者，山下湖珍珠交易市场每年有 1 000 多吨淡水珍珠销往国内外，可今年因为产量问题销售量减少了一半左右。

那么明明有市场，淡水珍珠养殖为什么会减少？是养殖过程中出现了什么问题吗？

原来珍珠减产的原因是，由于传统的投粪养殖方式对水质的污染严重，现在已经全部叫停，如今养殖户都要拿出百分之十到三十的面积种莲藕，来净化处理尾水，不达标就不能排放，所以养殖面积相对就减少了。

由于新《环保法》和诸暨“五水共治”的要求，不允许工业和农业面源污染排放，这就要求珍珠养殖转型升级。通过生态养殖的有核珍珠，一蚌一珠，价值远远高于常规养殖的珍珠，这样不但污染问题得到了解决，而且使珍珠的质量得到提高，排放出来的水也基本上达到排放要求。

近三年来，诸暨通过“五水共治”，境内几条河流的水质全部达到三类，一半以上达到二类水质。珍珠产业转型升级效果明显。当地珍珠养殖面积减少一半，年产量也下降一半，那产值是不是也要下降？

恰恰相反，由于前些年，从山下湖批发出去的珍珠，多数为裸珠，而现在开始加工批发款式新颖、附加值更高的产品。同时，将那些不能制作成饰品的珍珠，加工成珍珠粉、面膜、洁面乳等，价值就翻了数倍。

资料来源：http：//tv. cctv. com/2016/10/30/VIDEOdpiUCRPmArNZhjSb3JS161030. shtml。

四、价格管制

管制价格是政府规定的交易价格，他有支持价格和限制价格两种基本表现形式。支持价格，也叫最低限价，是政府规定的最低价格。它一般高于市场均衡价格。目前各国主要针对农产品规定最低价格。限制价格，也叫最高限价，是政府规定的最高价格，一般低于市场均衡价格。不同产品和不同时期的管制价格有不同的背景、不同的原因、不同的作用。

（一）最低限价

最低限价是政府为了扶持某一行业的发展，而对该行业产品规定的高于市场均衡价格的最低价格。农产品的支持价格就是西方国家所普遍采取的政策。支持价格政策所产生的结果可以用图 2－9 表示，表示政府对某种产品实行最低限价的情形。开始时的市场均衡价格 P_e，均衡数量为 Q_e，政府实行最低限价所规定的市场价格 P^*，由图可见，最低限价 P^* 大于均衡价格 P_e。且在最低价格 P^* 水平，市场供给量 Q_2 大于市场需求量 Q_1，市场上出现产品过剩的情况。此时，政府通常采取收购市场上的过剩农产品的措施。

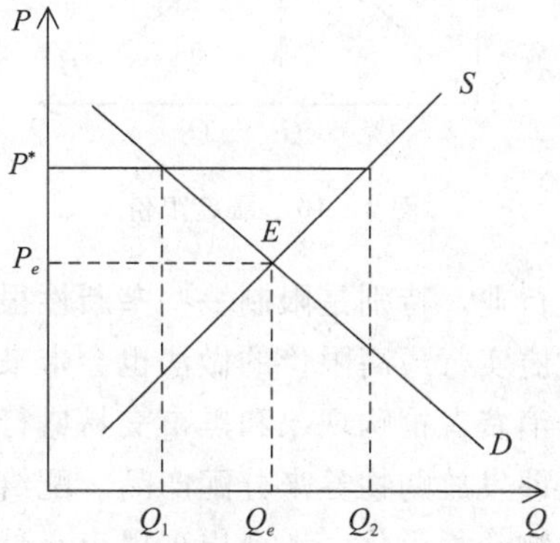

图 2－9　最低限价

各国为农产品规定支持价格主要源自以下考虑：①人人都要吃饭的事实决定了政府不能听任农业自生自灭。“民以食为天”，概括了粮食对于国计民生的特殊意义。尽管农产品可以进口但它不够可靠。各国需要粮食的可靠供应。而且进口粮食过多会带来政治上的听命于人。②农业是高度竞争的产业。农民因为分散，不能有效组织起来保护自己的利益。农产品的国际竞争也比工业产品更加激烈。这些因素决定了农产品价格偏低，工农业产品价格剪刀差是历史现实。③农产品需求相对稳定，当农产品供给增加和农业劳动生产率提高时，价格会大幅下降，农民收入反而减少，容易出现“谷贱伤农”问题。

政府实行农产品支持价格，其收益主要表现在：①稳定农民收入，缩小城乡差别，避免两极分化，市场价格机制不能使农民收入达到合理水平。在这种情况下，支持价格有利于社会和谐，所有人都能从中获利。②维护产业结构相对完整，保证农产品供应，促进农业投资，满足人们对最基本的生活必需品的需要。市场价格机制在自然环境较差的地方可能迫使农民离开农村，造成粮食供给不足。③增强国家的综合实力，缺粮的国家在战争中将不堪一击，例如，日本出于国防考虑，给本国大米规定超过国际市场价格数倍的支持价格。

（二）最高限价

最高限价，是政府限制某些物品的价格，而对他们规定的低于市场均衡价格的最高价格。其目的是为了抑制某些产品的价格上涨、稳定经济生活。

图 2－10 表示政府对某种产品实行最高限价的情形。开始时的市场均衡价格 P_e，均衡数量为 Q_e，若政府实行最高限价政策，规定该产品的市场最高价格为 P'，由图可见，最高限价 P' 小于均衡价格 P_e 且在最高限价 P' 的水平，市场需求量 Q_2 大于市场供给量 Q_1，市场上出现供不应求的情况。

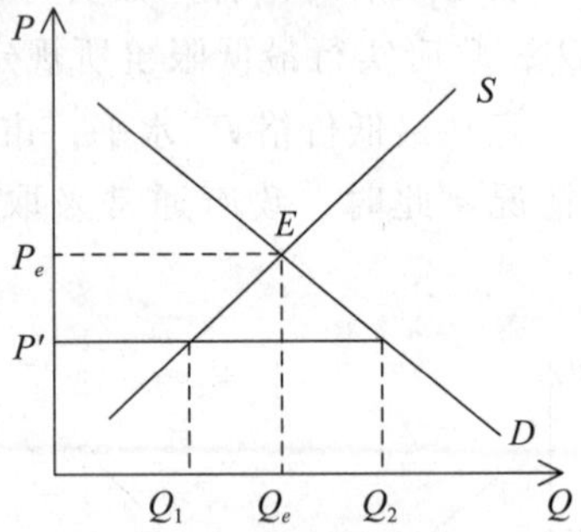

图 2－10 最高限价

有时政府为了限制某些行业。特别是限制一些垄断性很强的公用事业的价格。也会采取最高限价的做法。但政府实行最高限价的做法也会带来一些不良影响。最高限价带来的供不应求会导致市场上消费者抢购现象和黑市交易盛行。在这种情况下，政府往往又不得不采取配给制的做法即发放购物券来分配产品。配给制只能适应于短时期内的特殊情况。否则一方面会使购物券货币化，还会出现黑市交易；另外，生产者的积极性也会挫伤，使短缺变得严重，一旦放弃价格管制，价格上涨会变得更加厉害。

第四节

经济模型、内生变量、外生变量

一、经济模型

经济模型是用来描述所研究的经济事物的有关经济变量之间相互关系的理论结构。因此，经济模型是经济理论的数学表述。具体说，就是根据所研究的问题，从可计量的复杂经济现象中抽象出被认为是最重要的为数不多的变量，按照既定的原则和逻辑，把变量之间的关系结合成单一的或联立的方程式、图表、框图等，表示现实经济运行和经济行为。以供求为例：抽象出供给量、需求量、价格，用数学表达式概括其关系：

$$Q^d = \alpha - \beta \cdot P$$

$$Q^S = -\delta + \gamma \cdot P$$

$$Q^d = Q^S$$

一般地，模型方程数目应与所包含的未知数数目相等，满足有解的要求。

二、内生变量与外生变量

用解析法来描述的经济模型，一般是用由一组变量所构成的方程或方程组来表示的。既是方程或方程组，则变量就是基本要素。变量可以分为外生变量与内生变量。

（1）内生变量是指该模型本身所要决定的变量。一般是指因变量与自变量。

（2）外生变量是指由模型以外的因素所决定的已知变量，它是模型据以建立的外部条件。一般指可变的参数，或者说，是方程组的系数。

参数指数通常不变的变量，也可理解为可变的常数。

三、静态分析、比较静态分析和动态分析

经济模型可以有多种类型。与此相适应，经济模型分析也就可以有多种分析方式。

（一）静态分析

根据既定的外生变量来求得内生变量值的分析方法，被称为静态分析。静态分析就是分析经济现象的均衡状态以及相关经济变量达到均衡状态所需具备的条件，但并不涉及达到均衡状态的过程。静态分析是与均衡分析密切联系的一种分析方法，运用此方法分析经济规律时，是假定这些规律是在一个资本、人口、生产技术、生产组织和需求状况等因素不变这样设想的静态社会里起作用。

（二）比较静态分析

在一个用解析法来描述的经济模型中，当外生变量发生变化时，内生变量也同样会发生变化。这种研究外生变量变化对内生变量的影响方式，以及分析比较不同数值的外生变量下的内生变量的不同数值，被称为比较静态分析。比较静态分析是将一种给定条件下的静态与新的条件下产生的静态进行比较。因为，如果原有的已知条件发生了变化，则比如导致有关的变量相应发生一系列变化，从而打破原有的均衡，达到新的均衡，比较静态分析就是对新旧两种均衡状态进行对比分析。这种分析只是对既成状态加以比较，但并不涉及条件变化的调整过程或路径，不研究如何由原来的均衡过渡到新的均衡的实际过程。

（三）动态分析

研究不同时点上的变量之间的相互关系。根据这种动态模型做出的分析，被认为是动态分析。动态分析则是要考察随条件变化而使经济均衡调整的路径或过程。经济动态指在时间序列过程中的经济变动状态，动态分析的主要特征在于加进了时间因素的作用，一方面分析人口、生产技术、资本数量、生产组织等在时间过程的变化，这种变化如何影响经济体系的运动和发展；另一方面须明显地表示出经济变量所属的时间，而经

济变量在某一时点上的数值要受以前时点上有关变量数值的制约。正是由于该方法研究变量在继起的各个时间的变化情况，因此也称此方法为“时间分析”或“序列分析”。

注意：这种分析方法尤其适应研究经济增长与发展、经济周期波动等，但分析各种因素的变化必须是客观的，实事求是的，否则最终也不是科学的理论。

微观经济学主要采用的是静态分析。比如，在消费者行为理论中，我们分别考察了价格、收入变动对消费者均衡的影响；在市场结构理论中，我们分析了厂商和行业在不同需求水平下均衡产量的决定；在要素定理中，我们也比较了在不同市场结构下厂商对均衡要素使用量的选择。

本章小结

经济学家用供求模型来分析竞争市场。在竞争性市场上，有许多买者和卖者，他们每个人对市场价格影响很小，甚至没有影响。

需求曲线表示价格如何决定一种物品的需求量，根据需求定理，随着一种物品价格下降，需求量增加。因此需求曲线向右下方倾斜。除了价格之外，决定消费者想购买多少物品的其他因素包括相关商品的价格、收入、预期、偏好和人口因素。如果这些因素中的一种改变了，需求曲线就会移动。

供给曲线表示价格如何决定一种物品的供给量，根据供给定理，随着一种物品价格上升，供给量增加。因此，供给曲线向右上方倾斜。除了价格之外决定生产者想出售多少物品的其他因素包括投入品价格、技术、预期和买者的数量等。如果这些因素中的一种改变了，供给曲线就会移动。

供给曲线与需求曲线相交决定了市场均衡，当价格为均衡价格是，市场需求量等于市场供给量。买者与卖者的行为会自然而然地使市场趋向于均衡。当市场价格高于均衡价格时，存在物品的过剩，引起市场价格下降；当市场价格低于均衡价格时，存在物品的短缺，引起市场价格上升。为了分析某个事件如何影响一个市场，我们用供求图形来考察该事件对均衡价格和均衡数量的影响。遵循三步骤：第一，确定该事件是影响需求还是供给；第二，确定曲线移动方向；第三，比较最终均衡和原始均衡。

在市场经济中，价格是引导经济决策，从而配置稀缺资源的信号。对于经济中的每一种物品来说，价格确保供给与需求达到平衡。因此，均衡价格决定了买者选择买多少这种物品，以及卖者选择生产多少这种物品。

思考与练习

一、名词解释

需求　需求的变动　供给　供给的变动　均衡价格　市场机制　比较静态分析

二、判断题

1. 价格分析是微观经济学分析的核心。　(　　)

2. 微观经济学的研究对象是包括单个消费者、单个生产者、单个市场在内的个体经济单位。（　　）

3. 需求的变动是指商品本身价格变动所引起的该商品的需求数量的变动。（　　）

4. 当消费者的收入发生变化时，会引起需求曲线的移动。（　　）

5. 在几何图形上，供给量的变动表现为商品的价格——供给量组合点沿着同一条既定的供给曲线运动。（　　）

6. 在几何图形上，需求的变动表现为商品的价格——需求量组合点沿着同一条既定的需求曲线运动。（　　）

7. 任何情况下商品的需求量与价格都是反方向变化的。（　　）

8. 当对农产品的需求缺乏弹性时，粮食丰收，粮价下跌，农民收入反而会减少。（　　）

三、选择题

1. 当出租车租金下调后，对公共汽车服务的（　　）。

A. 需求增加　　B. 需求量增加

C. 需求曲线左移　　D. 需求无法确定

2. 需求量的变动是指（　　）。

A. 由于其他商品价格变动引起的需求量的变动

B. 非价格因素引起的需求量的变动

C. 同一条需求曲线上点的移动

D. 需求曲线的移动

3. 某一时期，电冰箱的供给曲线向右移动的原因可以是（　　）。

A. 电冰箱的价格下降　　B. 生产者对电冰箱的预期价格上升

C. 生产冰箱的要素成本上升　　D. 消费者的收入上升

4. 某一时期彩电的需求曲线向左平行移动的原因可以是（　　）。

A. 彩电价格下降　　B. 消费者对彩电的预期价格上升

C. 消费者的收入水平上升　　D. 消费者对彩电的预期价格下降

5. 某日内，X 商品的替代品价格上升和互补品价格上升，分别引起 X 商品的需求变动量为 50 单位和 80 单位，则在它们共同作用下，该日 X 商品的需求数量（　　）。

A. 增加 30 单位　　B. 减少 30 单位

C. 增加 130 单位　　D. 减少 130 单位

6. 一般情况下，商品的需求量与其价格呈反方向变动，这是因为（　　）。

A. 收入效应的作用　　B. 替代效应的作用

C. 收入效应与替代效应同时发生作用　　D. 上述答案均不正确

7. 在两种替代品之间，其中一种商品价格上升，会使另一种商品的均衡价格（供给不变）发生（　　）。

A. 上升　　B. 下降

C. 不变　　D. 不确定

8. 在两种互补品之间，其中一种商品价格上升，会使另一种商品价格（　　）。

A. 上升　　　　　　　　　　B. 下降
C. 不变　　　　　　　　　　D. 不确定

9. 在一般情况下，供给曲线（　　）。
A. 向右上方倾斜　　　　　　B. 向右下方倾斜
C. 斜率为正　　　　　　　　D. 斜率为负

10. 如果两种商品是互补关系，则一种商品的需求量与另一种商品的价格之间是（　　）。
A. 反方向变动关系　　　　　B. 同方向变动关系
C. 没有关系　　　　　　　　D. 难以确定

四、简答题

1. 有哪些因素变化会导致需求曲线或供给曲线移动？
2. 需求和供给的变动对均衡价格、均衡数量产生怎样的影响？

五、分析论述

分析、调研家用旅行车市场。根据下面所列的事件，分别指出哪一种需求或供给的决定因素将受到影响。同时还要指出，需求或供给是增加了，还是减少了，然后画图说明该事件对家用旅行车价格和数量的影响。

（1）人们决定要二胎宝宝。
（2）钢材价格上涨。
（3）工程师开发出用于家用旅行车生产的新的自动化机器。
（4）运动型多功能车价格上升。
（5）股市下跌减少了人们的财产。

第三章

弹性理论

【学习目标】

- ◆ 掌握需求价格弹性的定义、分类及其现实应用；
- ◆ 掌握需求交叉价格弹性和需求收入弹性的含义；
- ◆ 掌握供给弹性的含义及其影响因素。

【本章脉络图】

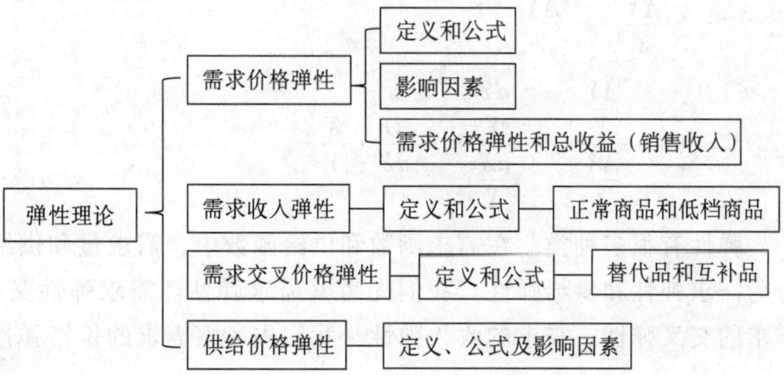

前面我们描述了供求定理。但是，我们在对现实的观察与分析中还会发现一系列问题：不同性质的商品其需求量对于价格、收入、相关商品价格变动的敏感程度不相同；即使同一商品在不同的价格下需求量对于价格变动的敏感程度也不相同。所以，我们要选择一种较好的方法比较商品需求量对于价格、收入、相关商品价格变动的反映敏感性，于是就提出了弹性理论。

第一节

需求价格弹性

一、弹性的一般定义与表达式

（一）弹性的含义

弹性（elasticity）表示作为因变量的变量对于作为自变量的变量的变动的反应程度或敏感程度。或者说，是因变量变动的百分比和自变量变动的百分比之比。

（二）弹性的表达式

1. 一般表达式

弹性是相对数之间的相互关系。它的具体含义是：自变量每变动1个百分点，因变量要变动几个百分点。对于任何存在函数关系的经济变量之间，都可以建立二者之间的弹性关系或进行弹性分析。弹性分析是数量分析，对于难以数量化的因素便无法进行计算和精确考察。

$$弹性系数=\frac{因变量的变动比例}{自变量的变动比例}$$

2. 弧弹性与点弹性的一般表达式

$$E=-\frac{\frac{\Delta Y}{Y}}{\frac{\Delta X}{X}}=-\frac{\Delta Y}{\Delta X}\cdot\frac{X}{Y} \tag{3.1}$$

$$E=\lim_{\Delta x\to o}-\frac{\frac{\Delta Y}{Y}}{\frac{\Delta X}{X}}=-\frac{\frac{dY}{Y}}{\frac{dX}{X}}=-\frac{dY}{dX}\cdot\frac{X}{Y} \tag{3.2}$$

弹性有很多种类。在需求函数和供给函数中，需求量和供给量是因变量，因此弹性分为需求弹性和供给弹性。我们先考察需求弹性。需求弹性又可分为需求的价格弹性、需求的交叉弹性、需求的收入弹性。我们先考察需求的价格弹性。

二、需求的价格弹性

（一）含义及种类

1. 含义及表示

一种商品的需求的变动对于该商品的价格变动的反应程度。可用弹性系数表示。

$$需求的价格弹性系数=-\frac{需求量变动率}{价格变动率}$$

在理解需求价格弹性的含义时要注意以下几点：

（1）在需求量与价格这两个经济变量中，价格是自变量，需求是因变量。所以，需求价格弹性就是指价格变动所引起的需求量变动的程度，或者说是需求量变动对于价格变动的反应程度。

(2) 需求弹性系数是价格变动的比率与需求量变动的比率的比率，而不是价格变动的绝对量与需求变动的绝对量的比率。

(3) 弹性系数的数值可以是正值，也可以为负值。如果两个变量为同方向变化，则为正值，反之，如果两个变量为反方向变化，则为负值。但在实际运用时，为了方便起见，一般都取其绝对值。

(4) 同一条需求曲线上不同点的弹性系数大小并不相同。这一点可以用点弹性的计算来说明。

2. 点弹性与弧弹性

需求的价格弹性可以分为点弹性和弧弹性，因此也就有两种表达式：点弹性表达式与弧弹性表达式。两者的区别在于：弧弹性表示价格变动量较大时的需求曲线上两点之间的弹性；点弹性表示价格变动量趋于无穷小时的需求曲线上某一点的弹性。

（二）需求的弧弹性

1. 含义

需求价格弧弹性指某商品需求曲线上两点之间的需求量相对变动对价格相对变动的反映程度。简单地说，它表示需求曲线上两点之间的弧弹性。

2. 需求的价格弧弹性的计算

假定需求函数为 $Q^d=f(P)$，以 E_d 表示需求的价格弹性系数，则需求的价格弧弹性的公式为：

$$E_d=-\frac{\frac{\Delta Q}{Q}}{\frac{\Delta P}{P}}=-\frac{\Delta Q}{\Delta P}\cdot\frac{P}{Q} \tag{3.3}$$

ΔQ 和 ΔP 分别表示需求量和价格的变动量，P 和 Q 分别表示价格和需求量的基量。

这里需要指出的是，在通常情况下，由于商品的需求量和价格是呈反方向变动的，$\frac{\Delta Q}{\Delta P}$为负值，所以，为了使需求的价格弹性系数 e_d 取正值以便于比较，便在公式（3.3）中加了一个负号。

设某种商品的需求函数为 $Q^d=2400-400P$，几何图形如图 3－1 所示。

图中需求曲线上 a、b 两点的价格分别为 5 和 4，相应的需求量分别为 400 和 800。当商品的价格由 5 下降为 4 时，或者当商品的价格由 4 上升为 5 时，应该如何计算相应的弧弹性值呢？根据公式（3.3），相应的弧弹性分别计算如下。

由 a 点到 b 点（即降价时）：

$$E_d=-\frac{\Delta Q}{\Delta P}\cdot\frac{P}{Q}=-e_d=-\frac{Q_b-Q_a}{P_b-P_a}\cdot\frac{P_a}{Q_a}=-\frac{800-400}{4-5}\times\frac{5}{400}=5$$

由 b 点到 a 点（即涨价时）：

$$E_d=-\frac{\Delta Q}{\Delta P}\cdot\frac{P}{Q}=-\frac{Q_a-Q_b}{P_a-P_b}\cdot\frac{P_b}{Q_b}=-\frac{400-800}{5-4}\times\frac{4}{800}=2$$

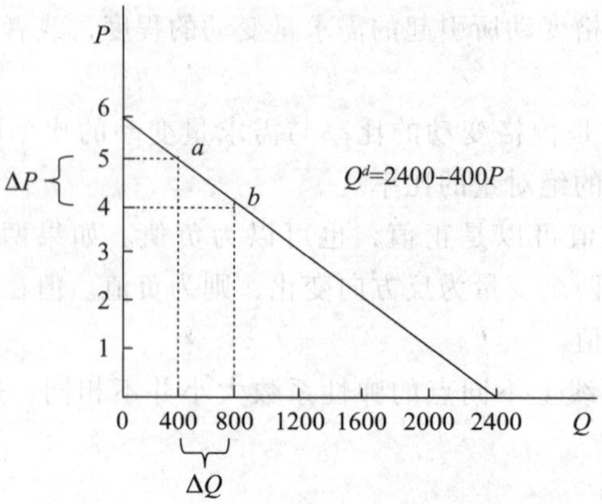

图 3-1　需求的价格弧弹性

显然，由 a 点到 b 点和由 b 点到 a 点的弧弹性数值是不相同的。其原因在于：尽管在上面两个计算中，ΔQ 和 ΔP 的绝对值都相等，但由于 P 和 Q 所取的基数值不相同，所以，两种计算结果便不相同。这样一来，在需求曲线的同一条弧上，涨价和降价产生的需求的价格弹性系数便不相等。

3. 中点弧弹性计算公式

以变量变动前后两个数值的算术平均数作为各自的分母来计算。如果仅仅是一般地计算需求曲线上某一段的需求的价格弧弹性，而不是具体地强调这种需求的价格弧弹性是作为涨价还是降价的结果，则为了避免不同的计算结果，一般通常取两点价格的平均值$\frac{P_1+P_2}{2}$和两点需求量的平均值$\frac{Q_1+Q_2}{2}$来分别代替（3.3）式中的 P 值和 Q 值，因此，需求的价格弧弹性计算公式（3.3）式又可以写为：

$$E_d=-\frac{\Delta Q}{\Delta P}\cdot\frac{\frac{P_1+P_2}{2}}{\frac{Q_1+Q_2}{2}} \tag{3.4}$$

该公式也被称为需求的价格弧弹性的中点公式。

根据（3.4）式，上例中 a、b 两点间的需求的价格弧弹性为：

$$E_d=-\frac{400}{1}\cdot\frac{\frac{5+4}{2}}{\frac{400+800}{2}}=3$$

4. 需求弧弹性的五种类型

第一，需求价格弹性等于 0：$E_d=0$。表明需求量对价格的任何变动都无反应，或者说，无论价格怎样变动（比率如何），需求量均不发生变化，称全无弹性。在图形上，需求曲线表现为垂直于横轴的一条直线。在现实中，一般说不存在这类典型的情况，但一些这样的生存必需品，消费量达到一定量后，接近这种特性。

第二，需求价格弹性无穷大：$E_d=\infty$。表明相对于无穷小的价格变化率，需求量的变化率是无穷大的，即价格趋近于 0 的上升，就会使无穷大的需求量一下子减少为零，价格趋近于 0 的下降，需求量从 0 增至无穷大。称为完全弹性。在图形上为一条平行于横轴的直线。

第三，需求价格弹性等于 1：$E_d = 1$ 。需求量的变化率 = 价格的变化率，或者说，价格变动后引起需求量相同幅度变动。$\Delta Q/Q = \Delta P/P$，称为单位弹性或恒常弹性。在图形上，反映为正双曲线。

第四，$0 < E_d < 1$。需求量的变化率小于价格的变化率，或者说，价格发生一定程度的变化，引起需求量较小幅度的变动，称为缺乏弹性。$\Delta Q/Q < \Delta P/P$，在图形上可用一条较为陡直的需求曲线来反映。

第五，$\infty > E_d > 1$。需求量的变化率大于价格的变化率，或者说，价格发生一定程度的变化，引起需求量较大幅度的变动，称为富有弹性，或充足弹性。公式看，$\Delta Q/Q > \Delta P/P$，在图形上可用一条较为平缓的需求曲线来反映。

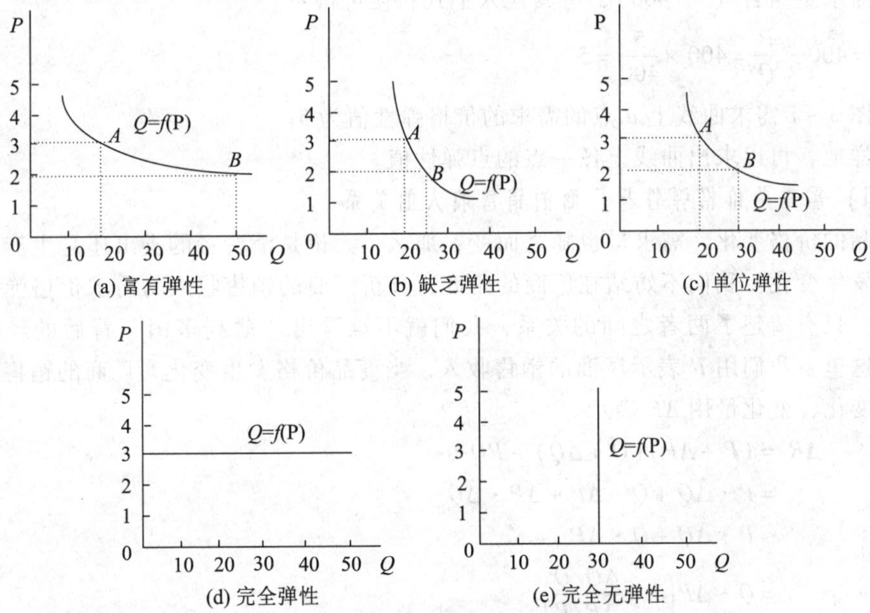

图 3-2 需求的价格弧弹性的五种类型

（三）需求的点弹性

1. 含义

函数在某一点上的弹性。它表示需求曲线上某一点上的需求量无穷小的变动率对于价格无穷小的变动率的反应程度。

点弹性所要计算的是令 ΔP 趋近于 0 的微量变化时，曲线上一点及邻近范围的弹性。由于用弧弹性计算，若弧线越长，两点距离越远，计算值的精确性越差，而在同一条需求曲线上，各个点的弹性值通常是不同的。

2. 表达式

需求价格点弹性的公式为：

$$E_d = \lim_{\Delta p \to o} -\frac{\frac{\Delta Q}{Q}}{\frac{\Delta P}{P}} = -\frac{dQ}{dP} \cdot \frac{P}{Q} \tag{3.5}$$

这里$\frac{dQ}{dP}$就是需求曲线上任一点切线斜率的倒数。

可以利用需求的价格点弹性的定义公式即（3.5）式，来计算给定的需求曲线上某一点的弹性。仍用需求函数 $Q^d = 2400 - 400P$ 来说明这一计算方法。由需求函数 $Q^d = 2400 - 400P$ 可得：

$$E_d = -\frac{dQ}{dP} \cdot \frac{P}{Q} = -(-400) \cdot \frac{P}{Q} = 400 \cdot \frac{P}{Q}$$

在 a 点，当 $P = 5$ 时，由需求函数可得 $Q^d = 2400 - 400 \times 5 = 400$，即相应的价格——需求量组合（5，400），将其代入上式，便可得：

$$E_d = 400 \cdot \frac{P}{Q} = 400 \times \frac{5}{400} = 5$$

即图 3－1 需求曲线上 a 点的需求的价格弹性值为 5。

同样地，可以求出曲线上任一点的点弹性值。

（四）需求的价格弹性与厂商的销售收入的关系

商品的价格变化，需求量也随之而变，那么，无论是消费者的支出还是生产者的收入也会发生变化。我们不妨站在厂商的角度，分析厂商的销售收入与需求价格弹性之间的关系，只有清楚了两者之间的关系，我们就不难看出“薄利多销”背后的经济学原因。在这里，我们用 R 表示厂商的销售收入，当商品价格发生变化，厂商的销售收入又会如何变化，变化量用 ΔR 表示。

$$\begin{aligned}\Delta R &= (P + \Delta P)(Q + \Delta Q) - PQ \\ &= P \cdot \Delta Q + Q \cdot \Delta P + \Delta P \cdot \Delta Q \\ &\approx P \cdot \Delta Q + Q \cdot \Delta P \\ &= Q \cdot \Delta P\left(1 - \frac{\Delta Q / Q}{\Delta P / P}\right) \\ &= Q \cdot \Delta P(1 - |e_d|)\end{aligned}$$

（1）$E_d > 1$ 的商品，降价会增加厂商的销售收入，提价会减少厂商的销售收入。因为降价造成的销售收入的减少量小于需求量增加带来的销售收入的增加量。

（2）$E_d < 1$ 的商品，降价会使厂商的销售收入减少，提价会使厂商的销售收入增加。因为降价导致的需求量增加带来的销售收入的增加量小于降价造成的销售收入的减少量。

（3）$E_d = 1$ 的商品，降价或提价对厂商的销售收入都没有影响。因为价格变动造成的销售收入的增加量或减少量等于需求量变动带来的销售收入的减少量或增加量。

为便于比较，我们把价格变化、弹性大小与销售收入变化的关系归纳见表 3－1。

表 3－1　　价格变化、弹性大小与销售收入变化的关系

需求弹性的值	种　类	对销售收入的影响
$E_d > 1$	富有弹性	价格上升，销售收入减少 价格下降，销售收入增加
$E_d = 1$	单一弹性	价格上升，销售收入不变 价格下降，销售收入不变
$E_d < 1$	缺乏弹性	价格上升，销售收入增加 价格下降，销售收入减少

由上述分析可知，在需求弹性大时，厂商宜采用薄利多销的方式来增加销售收入；当需求弹性小时，则可考虑以提高价格的方式来达到增加销售收入的目的。

（五）影响需求弹性的因素

其实，弹性也是一个函数，而且是一个多元函数。只是在前面我们讨论的主要是一元函数。其他因素主要是：

（1）商品的可替代性。一般来说，一种商品的可替代品越多，相近程度越高，则该商品的需求的价格弹性往往就越大；相反，该商品的需求的价格弹性往往就越小。

例如，在水果市场，相近的替代品较多，这样，某水果的需求弹性就比较大。又如，对于食盐来说，没有很好的替代品，所以，食盐价格的变化所引起的需求量的变化几乎为零，它的需求的价格弹性是极其小的。

对一种商品所下的定义越明确越狭窄，这种商品的相近的替代品往往就越多，需求的价格弹性也就越大。譬如，某种特定商标的豆沙甜馅面包的需求要比一般的甜馅面包的需求更有弹性，甜馅面包的需求又比一般的面包的需求更有弹性，而面包的需求的价格弹性比一般的面粉制品的需求的价格弹性又要大得多。

（2）商品用途的广泛性。一般来说，一种商品的用途越是广泛，它的需求的价格弹性就可能越大；相反，用途越是狭窄，它的需求的价格弹性就可能越小。这是因为，如果一种商品具有多种用途，当它的价格较高时，消费者只购买较少的数量用于最重要的用途上。当它的价格逐步下降时，消费者的购买量就会逐渐增加，将商品越来越多地用于其他的各种用途上。

（3）商品对消费者生活的重要程度。一般来说，生活必需品的需求的价格弹性较小，非必需品的需求的价格弹性较大。例如，馒头的需求的价格弹性是较小的，电影票的需求的价格弹性是较大的。

（4）商品的消费支出在消费者预算总支出中所占的比重。消费者在某种商品上的消费支出在预算总支出中所占的比重越大，该商品的需求的价格弹性可能越大；反之，则越小。例如，火柴、盐、铅笔、肥皂等商品的需求的价格弹性就是比较小的。因为，消费者每月在这些商品上的支出是很小的，消费者往往不太重视这类商品价格的变化。

（5）所考察的消费者调节需求量的时间。一般来说，所考察的调节时间越长，则需求的价格弹性就可能越大。因为，当消费者决定减少或停止对价格上升的某种商品的

购买之前，他一般需要花费时间去寻找和了解该商品的可替代品。例如，当石油价格上升时，消费者在短期内不会较大幅度地减少需求量。但设想在长期内，消费者可能找到替代品，于是，石油价格上升会导致石油的需求量较大幅度地下降。

【案例】

旧帽换新帽一律七折

在市场上各商家之间“挥泪大甩卖”“赔本跳楼价”的价格大战从未仔细考虑过究竟是为什么，只是觉得很开心，因为可以节省大量金钱，前几天路过一家安全帽专卖店，看到它打出这样的广告——“旧帽换新帽一律七折”。

店家的意思是，如果你买安全帽时交一项旧安全帽的话，当场少三成的价格；如果直接买新帽，对不起只能按原定价格买。这一种促销方式让人觉得好奇，是不是店家加入了什么基金会或是店家和供帽厂家有什么协定，回收旧安全帽可以让店家回收一些成本，因此拿旧帽来才有七折优惠呢？如果大家是这么想，那可就猜错了，这种以旧换新的促销活动主要是针对不同消费者的需求弹性而采取的区别定价方法，即给定一定的价格变动比例，购买者需求数量变动较大称为需求弹性较大，变动较小称为弹性较小。对需求弹性较小的购买者制定较高价格，对需求弹性较大的顾客收取较低价格。

认真研究消费者心理，了解市场需求，针对本行业的特点，制定出适合自己的价格策略，一定会给公司带来丰厚的利润。

第二节

需求的收入弹性

一、需求的收入弹性

(一) 需求收入弹性的定义及表达式

1. 定义

某商品的需求的收入弹性表示在一定时期内消费者对某种商品的需求量的相对变动对于消费者收入量相对变动的反应程度。它是商品的需求量的变动率和消费者的收入量的变动率的比值。

2. 表达式

假定某商品的需求量 Q 是消费者收入水平 M 的函数，即 $Q=f(M)$，则该商品的需求的收入弹性公式为：

$$E_M=\frac{\frac{\Delta Q}{Q}}{\frac{\Delta M}{M}}=\frac{\Delta Q}{\Delta M}\cdot\frac{M}{Q} \tag{3.6}$$

或

$$E_M = \lim_{\Delta M \to 0} = \frac{\Delta Q}{\Delta M} \cdot \frac{M}{Q} = \frac{dQ}{dM} \cdot \frac{M}{Q} \tag{3.7}$$

以上（3.6）和（3.7）式分别为需求的收入弧弹性和点弹性公式。

需求的价格弹性我们取了绝对值，而需求的收入弹性我们不能取绝对值。因为对于某种商品而言，收入的增加可能引起其需求量的增加；对于另一种商品而言，收入的增加可能引起其需求量减少。因此，需求的收入弹性可能是正值，也可能是负值。

（二）需求收入弹性与商品分类

根据需求收入弹性的大小不同，我们可以把商品分为正常商品和低档商品，把正常商品进一步细分为必需品和奢侈品。收入弹性为负值的产品称为低档产品，收入弹性为0～1之间的称为必需品，收入弹性大于1的产品称为奢侈品。当然，将商品划分为奢侈品、必需品、低档品三档次是有时间性的。随着时间的推移，收入的增加，高档品可能变为中档品，中档品可能变为低档品。

【案例】

恩格尔定律

恩格尔是19世纪德国统计学家，他在研究人们的消费结构变化时发现了一条规律，即一个家庭收入越少，这个家庭用来购买食物的支出所占的比例就越大，反过来也是一样。而这个家庭用以购买食物的支出与这个家庭的总收入之比，就叫恩格尔系数。这是因为食品属于缺乏弹性，我们收入增加几乎不增加食物，收入增加后增加的几乎是弹性大的商品。由此可以得出结论，对一个国家而言，这个国家越穷，其恩格尔系数就越高；反之，这个国家越富，其恩格尔系数越是下降。这就是世界经济学界所公认的恩格尔定律。

第三节

需求的交叉价格弹性

一、需求交叉价格弹性

1. 定义

需求的交叉价格弹性也简称需求的交叉弹性。它表示在一定时期内一种商品的需求量的相对变动对于它的相关商品价格的相对变动的反应程度。它是该商品的需求量的变动率和它的相关商品价格的变动率的比值。

2. 表达式

假定商品 X 的需求量 Q_X 是它的相关商品 Y 的价格 P_Y 的函数，即 $Q_X = f(P_Y)$，则商品 X 的需求的交叉价格弹性公式一般表达式为：

$$E_{XY}=\frac{\frac{\Delta Q_X}{Q_X}}{\frac{\Delta P_Y}{P_Y}}=\frac{\Delta Q_X}{\Delta P_Y}\cdot\frac{P_Y}{Q_X} \tag{3.8}$$

$$E_{XY}=\lim_{\Delta P_Y\to 0}\frac{\frac{\Delta Q_X}{Q_X}}{\frac{\Delta P_Y}{P_Y}}=\frac{\frac{dQ_X}{Q_X}}{\frac{dP_Y}{P_Y}}=\frac{dQ_X}{dP_Y}\cdot\frac{P_Y}{Q_X} \tag{3.9}$$

需求的交叉价格弹性系数的符号取决于所考察的两种商品的相关关系。若两种商品之间存在着替代关系，则一种商品的价格与它的替代品的需求量之间呈同方向变动，相应的需求的交叉价格弹性系数为正值。若两种商品之间存在着互补关系，则一种商品的价格与它的互补品的需求量之间成反方向的变动，相应的需求的交叉价格弹性系数为负值。若两种商品之间不存在相关关系，则意味着其中任何一种商品的需求量都不会对另一种商品的价格变动做出反应，相应的需求的交叉价格弹性系数为零。

同样的道理，反过来，可以根据两种商品之间的需求的交叉价格弹性系数的符号，来判断两种商品之间的相关关系。若两种商品的需求的交叉价格弹性系数为正值，则这两种商品之间为替代关系。若为负值，则这两种商品之间为互补关系。若为零，则这两种商品之间无相关关系。

【案例】

中富的成功之路

懂得需求的交叉弹性对企业决策和个人投资有很大的帮助。比如你看人家经营一种商品十分赚钱，你也做起同样的生意来，这就是经营别人产品的替代品，这样势必加剧了市场竞争，恐怕竞争中被淘汰的就是你。其实，经营畅销产品的互补品不失为一种很好的思路，有的中小企业，靠着与汽车配套的思路，生产车用地毯、车灯、反光镜配件，结果取得了良好的经营业绩。珠海中富集团一开始是十几个农民建立的一家小企业，最初为可口可乐提供饮料吸管，后来生产塑料瓶和瓶盖。可口可乐在哪里建厂，中富就在哪里建配套厂。靠这种积极合作的策略，中富发展成为年销售额超过 10 亿人民币的大公司。

3. 弹性系数值的符号决定

若 *A. B* 互为替代品，则系数值为正。对于互替商品来说，两种商品的可替代程度越大，交叉弹性越大。

若 *A. B* 互为互补品，则系数值为负。对于互补商品来说，两种商品的互补性越强，交叉弹性的绝对值越大。

若 *A. B* 无关，则系数值为零。

第四节

供给价格弹性

一、供给价格弹性

1. 定义

供给价格弹性表示在一定时期内某一商品的供给量的相对变动对该商品价格相对变动的反应程度，即商品供给量变动百分比与价格变动百分比之比。用 E_S 表示。

2. 供给价格弧弹性、点弹性

供给价格弧弹性计算公式：假定供给函数为 $Q=f(P)$，以 E_S 表示供给的价格弹性系数，则供给的价格弧弹性的公式为：

$$E_S=\frac{\frac{\Delta Q}{Q}}{\frac{\Delta P}{P}}=\frac{\Delta Q}{\Delta P}\cdot\frac{P}{Q} \tag{3.10}$$

在通常情况下，商品的供给量和商品的价格是呈同方向变动的，供给的变动量和价格的变动量的符号是相同的。

弧弹性通常是在函数不连续、不可求导的条件下才利用的。

供给价格弧弹性的中点公式：

$$E_S=\frac{\Delta Q}{\Delta P}\cdot\frac{\frac{P_1+P_2}{2}}{\frac{Q_1+Q_2}{2}} \tag{3.11}$$

3. 供给价格弹性分类

供给的价格弹性根据 E_S 值的大小也分为 5 个类型。$E_S>1$ 表示富有弹性；$E_S<1$ 表示缺乏弹性；$E_S=1$ 表示单一弹性或单位弹性；$E_S=\infty$ 表示完全弹性；$E_S=0$ 表示完全无弹性。

4. 供给价格点弹性

（1）计算公式。

$$E_S=\frac{\frac{dQ}{Q}}{\frac{dP}{P}}=\frac{dQ}{dP}\cdot\frac{P}{Q} \tag{3.12}$$

（2）供给点弹性值的几何求法。

$$E_S=\frac{dQ}{dP}\cdot\frac{P}{Q}=\frac{CB}{AB}\cdot\frac{AB}{OB}=\frac{CB}{OB}$$

从线性供给曲线的点弹性的几何意义出发，可以进一步找出线性供给曲线点弹性的有关规律，如图 3－3 所示。

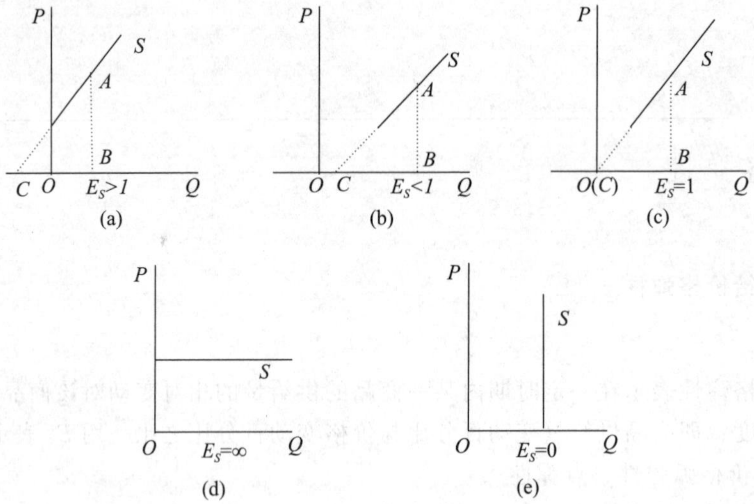

图 3-3 线性供给曲线的点弹性

图（a）中的线性供给曲线上的所有点弹性均大于 1。例如在 A 点，因为 $BC>OB$，所以 $E_S>1$。图（b）中的线性供给曲线上的所有点弹性均小于 1。例如在 A 点，因为 $BC<OB$，所以 $E_S>1$。图（c）中的线性供给曲线上的所有点弹性均为 1。例如在 A 点，因为 $BC=OB$，所以 $E_S=1$。

由此可以得到这样的规律：若线性供给曲线的延长线与坐标横轴的交点位于坐标原点的左边，则供给曲线上所有的点弹性都是大于 1 的。若交点位于坐标原点的右边，则供给曲线上所有的点弹性都是小于 1 的。若交点恰好就是坐标原点，则供给曲线上所有的点弹性都为 1。

（3）曲线型供给曲线的点弹性值的求法：过该点作切线，其后的过程与线性供给曲线是相同的。

关于曲线型供给曲线的点弹性的几何意义，可以过所求点作供给曲线的切线，其后的过程推导与线性供给曲线是相同的。例如，图 3-3 中线性供给曲线上 A 点的切线交横轴于 C 点，则 A 点的供给弹性为：

$$E_S=\frac{dQ}{dP}\cdot\frac{P}{C}=\frac{CB}{AB}\cdot\frac{AB}{OB}=\frac{CB}{OB}=\frac{2000}{4000}=0.5$$

同样地，可以根据曲线型供给曲线上所求点的切线于坐标横轴的交点是位于坐标原点的左边，还是位于坐标原点的右边，或者恰好就是坐标原点，来分别判断该点的供给是富有弹性的，还是缺乏弹性的，或者是单一弹性的。

5. 影响供给弹性的因素

（1）时间因素是一个很重要的因素。当商品的价格发生变化时，厂商对产量的调整需要一定的时间。在很短的时间内，厂商若要根据商品的涨价及时地增加产量，或者根据商品的降价及时地缩减产量，都存在程度不同的困难，相应地，供给弹性是比较小的。但是，在长期内，生产规模的扩大与缩小，甚至转产，都是可以实现的，供给量可以对价格变动作出较充分的反应，供给的价格弹性也就比较大了。

（2）生产成本随产量变化而变化的情况和产品的生产周期的长短，也是影响供给的价格弹性的另外两个重要因素。就生产成本来说，如果产量增加只引起边际成本的轻微的提高，则意味着厂商的供给曲线比较平坦，供给的价格弹性可能是比较大的。相反，如果产量增加只引起边际成本的较大的提高，则意味着厂商的供给曲线比较陡峭，供给的价格弹性可能是比较小的。

（3）就产品的生产周期来说，在一定的时期内，对于生产周期较短的产品，厂商可以根据市场价格的变化较及时地调整产量，供给的价格弹性相应就比较大。相反，生产周期较长的产品的供给的价格弹性就往往较小。

本章小结

需求价格弹性衡量的是需求量对价格变化的反应程度。如果某种物品可以得到相近的替代品，消费支出占比收入较大，或者买者有相当长的时间对价格变动做出反应，那么，这种物品就倾向于更富有弹性。可以用需求量变动百分比除以价格变动百分比来计算需求价格弹性。如果需求量变动比例小于价格变动比例，那么弹性小于1，就可以说需求缺乏弹性。如果需求量变动比例大于价格变动比例，那么弹性大于1，就可以说需求富有弹性。

总收益，即对一种物品的总消费支出量，也就是生产者的销售收入，等于价格乘以销售量。对于缺乏弹性的商品，其总收益随着价格上升而增加；对于富有弹性的商品，其总收益随着价格的下降而上升。

需求收入弹性衡量的是需求量对消费者收入变动的反应程度。需求的交叉弹性衡量的是一种物品需求量对另一种物品价格变动的反应程度。

供给价格弹性衡量的是供给量对价格变动的反应程度。这种弹性往往取决于考察期的长短。在大多数市场上，供给在长期中比在短期中更富有弹性。

思考与练习

一、名词解释

需求价格弹性　需求交叉价格弹性　替代品　互补品　需求收入弹性　低档商品　供给弹性

二、判断题

1. 若某商品的需求价格弹性 $E_d=0.6$，卖者提高价格肯定增加销售收入。（　）

2. 需求缺乏弹性的商品的价格与销售收入呈同方向变动关系。（　）

3. $E_d>1$ 的商品，降低价格会增加厂商的销售收入。（　）

4. 若某商品的 $E_d<1$，表明当该商品价格下降20%时，该商品需求量减少小于20%。（　）

5. 卖者提高价格肯定会增加销售收入。（　）

6. 当两种商品中一种商品的价格发生变动时，这两种商品的需求量都同时增加或

减少，则这两种商品的需求交叉价格弹性系数为正。（　　）

7. 某商品的可替代品越多，相近程度越高，则该商品需求弹性往往就越大。（　　）

8. 商品用途越广，需求价格弹性就可能越大。（　　）

9. 如果两种商品具有替代关系，则相应的需求交叉价格弹性系数为负。（　　）

三、选择题

1. 下列几组商品的交叉价格弹性为负的有（　　）。

A. 面粉和大米　　B. 汽油和汽车

C. 羊肉和牛肉　　D. 录音机和录像机

2. 粮食市场的需求是缺乏弹性的，当粮食产量因灾害而减少时（　　）。

A. 粮食生产者的收入减少，因粮食产量下降

B. 粮食生产者的收入增加，因粮食价格会更大幅度上升

C. 粮食生产者的收入减少，因粮食需求量会大幅度减少

D. 粮食生产者的收入不变，因粮食价格上升与需求量减少的比率相同

3. 下列商品中，需求价格弹性最大的是（　　）。

A. 服装　　B. 化妆品　　C. 金银首饰　　D. 食盐

4. 食盐市场的需求是缺乏弹性的，由于某种非价格因素的影响使食盐产量下降20%，在这种情况下（　　）。

A. 食盐生产者的收入减少，因为食盐产量下降20%

B. 食盐生产者的收入增加，因为食盐价格上升低于20%

C. 食盐生产者的收入增加，因为食盐价格上升超过20%

D. 食盐生产者的收入不变，因为食盐价格上升等于20%

5. 当某消费者的收入上升20%，其对某商品的需求量上升5%，则商品的需求收入弹性（　　）。

A. 大于1　　B. 小于1

C. 等于1　　D. 等于0

6. 若供给曲线上每一点的点弹性都等于1，则供给曲线只能是一条（　　）。

A. 过原点的45线　　B. 过原点的直线

C. 平行于横轴的直线　　D. 垂直于横轴的直线

7. 一种物品需求价格弹性的大小取决于（　　）。

A. 替代品的可获得性　　B. 互补品的价格

C. 收入　　D. 以上都正确

8. 当两种商品中一种商品的价格发生变动时，这两种商品的需求量都同时增加或减少，则这两种商品的需求交叉价格弹性为（　　）。

A. 正值　　B. 负值　　C. 0　　D. 1

四、简答题

1. 用需求价格弹性原理说明“谷贱伤农”的道理。

2. 用需求价格弹性原理说明“薄利多销”的适用范围。

第四章

消费者行为理论

【学习目标】

◆ 了解西方经济学是如何研究消费者行为的，消费者根据哪些因素和什么原则来决定其购买的商品种类和数量；

◆ 了解基数效用论的边际效用分析方法；

◆ 掌握序数效用论的无差异曲线分析方法；

◆ 能够说明收入、价格、收入效应、替代效应与需求的关系。

【本章脉络图】

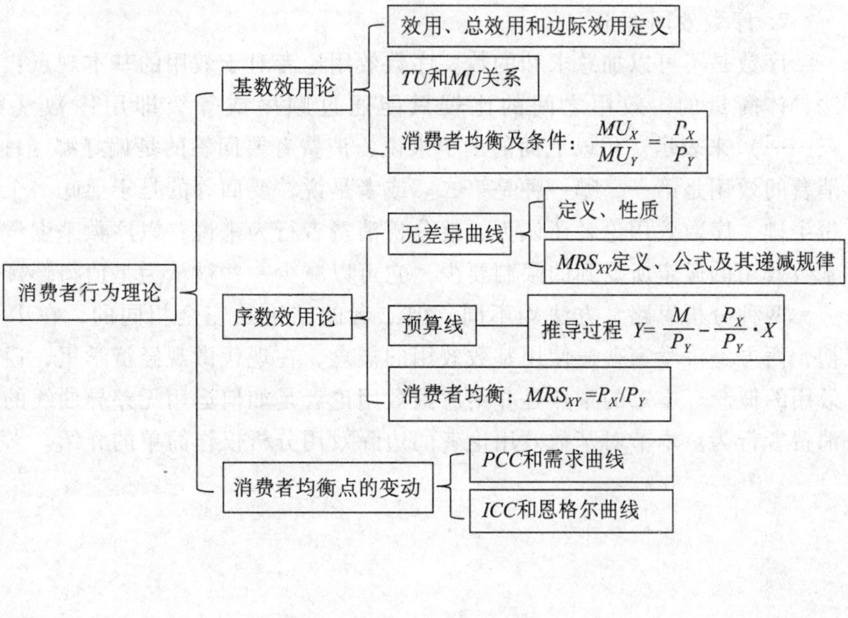

本章考察消费者行为，目的在于从消费者行为出发，对需求进行进一步研究，由此说明或得到消费者的需求曲线，并说明该曲线为什么向右下方倾斜，证明需求曲线上任何一点都代表消费者取得的最大效用。

第一节

效用论概述

一、效用的概念

（一）效用含义

效用是指商品满足人的欲望的能力，或者说，效用是指消费者在消费商品时所感受到的满足程度。我们可以从消费的主体与消费的客体两个方面讨论效用。从消费的主体来讲，效用是某人从自己所从事的行为中得到的满足；从消费的客体来讲，效用是商品满足人的欲望或需要的能力。

（二）效用的两种表示方法

1. 基数效用理论

基数是可以加总求和的数。基数效用论者对于效用的基本观点：效用如同长度、重量等概念一样，可以具体衡量并加总求和，具体的效用量之间的比较是有意义的。效用的大小可以用基数（1、2、3……）来表示，计量效用大小的单位被称作效用单位。例如，对某一个人来说，吃一个汉堡和一份牛排的效用分别为 5 效用单位和 10 效用单位，则可以说这两种消费的效用之和为 15 效用单位，且后者的效用是前者的 2 倍。根据这种理论，可以用具体的数字来研究消费者效用最大化问题。基数效用论是早期研究消费者行为的一种理论。采用的是边际效用分析方法。

2. 序数效用理论

序数是不可以加总求和的数。序数效用论者对于效用的基本观点：效用的大小是无法具体衡量的，效用之间的比较只能通过顺序或等级即用序数（第一、第二、第三……）来表示。仍以上面的例子来说，消费者要回答的是偏好哪一种消费，即哪一种消费的效用是第一，哪一种是第二。或者是说，要回答的是宁愿吃一个汉堡，还是吃一份牛排。序数效用论者还认为，就分析消费者行为来说，以序数来度量效用的假定比以基数效用的假定所受到的限制要少，它可以减少一些被认为是值得怀疑的心理假设。

两种分析思路、方法均不同，但二者的结论是完全相同的，在 19 世纪和 20 世纪初，西方经济学家普遍使用基数效用的概念，在现代微观经济学里，通常使用的是序数效用的概念。本章的重点是介绍序数效用论者是如何运用无差异曲线的分析方法来研究消费者行为。本节对基数效用论者的边际效用分析仅作简单的介绍。

二、基数效用论者的边际效用分析方法

（一）总效用与边际效用

1. 总效用含义

总效用（total utility）是指消费者在一定时间内从一定数量的商品消费中所得到的效用量的总和。或者说，是指消费者从事某一消费行为或消费某一定量的某种物品中所获得的总满足程度。

$$TU = f(Q) \tag{4.1}$$

2. 边际效用

边际效用（marginal utility）是指每增加一单位某种商品的消费所增加的满足程度。相应的边际效用函数为：

$$MU = \frac{\Delta TU(Q)}{\Delta Q} \tag{4.2}$$

当商品的增加量趋于无穷小，即 $\Delta Q \to 0$ 时有：

$$MU = \lim_{\Delta Q \to 0} \frac{\Delta TU(Q)}{\Delta Q} = \frac{dTU(Q)}{dQ} \tag{4.3}$$

3. 抽象的边际量的定义公式

$$边际量 = \frac{因变量的变化量}{自变量的变化量}$$

4. 总效用与边际效用的关系

用表 4－1 说明边际效用递减规律，理解总效用和边际效用之间的关系。

表 4－1　某商品的效用表（货币的边际效用 λ＝2）

商品数量（Q） (1)	总效用（TU） (2)	边际效用（MU） (3)	价格 (4)
0	0		
1	10	10	5
2	18	8	4
3	24	6	3
4	28	4	2
5	30	2	1
6	30	0	0
7	28	－2	

根据表 4－1 所绘制的总效用和边际效用曲线如图 4－1 所示。

图中的横轴表示商品的数量，纵轴表示效用量，*TU* 曲线和 *MU* 曲线分别为总效用曲线和边际效用曲线。由于边际效用被定义为消费品的一单位变化量所带来的总效用的变化量，又由于图中的商品消费量是离散的，所以，*MU* 曲线上的每一个值都记在相应的两个消费数量的中点上。

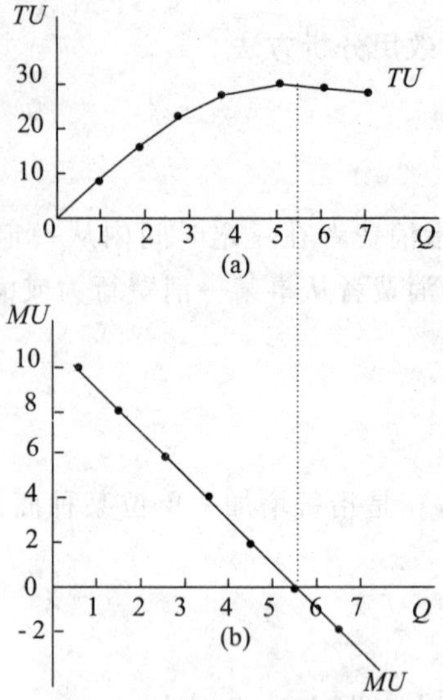

图 4－1 某商品的效用曲线

在图中，*MU* 曲线因边际效用递减规律而成为向右下方倾斜的，相应地，*TU* 曲线则随着 *MU* 的变动而呈现先上升后下降的变动特点。总结 *MU* 与 *TU* 的关系：

当 $MU > 0$ 时，*TU* 上升

当 $MU < 0$ 时，*TU* 下降

当 $MU = 0$ 是。*TU* 达极大值。

从数学意义上讲，如果效用曲线是连续的，则每一消费量上的边际效用值就是总效用曲线上相应的点的斜率。这一点，也体现在边际效用的定义公式（4.3）式中。

5. 边际效用递减规律

边际效用递减规律是指在一定时间内，在其他商品的消费数量保持不变的情况下，随着消费者对某种商品消费数量的增加，总效用是增加的，但是消费者从该商品连续增加的每一单位商品中所得到的效用增量，即边际效用是递减的。

据基数效用论者的解释，一是生理或心理的原因。由于相同消费品的连续增加，从人的生理和心理的角度讲，从每一单位消费品中所感受到的满足程度和对重复刺激的反应程度是递减的。二是“经济合理性”原则决定的。在一种商品具有几种用途时，消费者总是将第一单位的消费品用在最重要的用途上，第二单位的消费品用在次重要的用途上，这样，消费品的边际效用便随着消费品的用途重要性的递减而递减。

【案例】

罗斯福答记者问

美国总统罗斯福连任三届后，曾有记者问他有何感想，总统一言不发，只是拿出一块三明治面包让记者吃，这位记者不明白总统的用意，又不便问，只好吃了。接着总统拿出第二块，记者还是勉强吃了。紧接着总统拿出第三块，记者为了不撑破肚皮，赶紧婉言谢绝。这时罗斯福总统微微一笑：现在你知道我连任三届总统的滋味了吧。这个故事揭示了经济学中的一个重要的原理：边际效用递减规律。

6. 关于货币的边际效用

（1）货币也是商品，也服从边际效用递减规律（货币多了，钱也就不值钱了）。基数效用论者认为，货币如同商品一样，也具有效用。消费者用货币购买商品，就是用货币的效用去交换商品的效用。商品的边际效用递减规律对于货币也同样适用。对于一个消费者来说，随着货币收入量的不断增加，货币的边际效用是递减的。这就是说，随着某消费者货币收入的逐步增加，每增加单位货币给该消费者所带来的边际效用是越来越小的。

（2）但是，在分析消费者行为时，基数效用论者又通常假定货币的边际效用是不变的。据基数效用论者的解释，在一般情况下，单位商品的价格只占消费者总货币收入量中的很小部分，所以，当消费者对某种商品的购买量发生很小的变化时，所支出的货币的边际效用的变化是非常小的。对于这种微小的货币的边际效用的变化，可以略去不计。这样，货币的边际效用便是一个不变的常数。

（二）消费者均衡（基数效用条件下消费者如何实现效用的最大化）

1. 消费者均衡的含义

消费者均衡是指消费者在既定收入和商品价格约束条件下，通过消费选择实现的效用最大化状态。既然消费者获得了最大的效用、也就不愿再变动消费组合的购买量。

2. 消费者均衡的前提假设

第一，消费者的嗜好是既定的。这也就是说，消费者对于各种物品效用与边际效用的评价是既定的，不会发生变动。

第二，消费者的收入是既定的，每一元货币的边际效用对于对消费者是相同的。

第三，商品的价格是既定的。

消费者均衡就是要说明在这些假设条件下，消费者如何把有限的收入分配于各种物品的购买上，以获得总效用的最大（*TU* 值最大）。

3. 消费者均衡的条件

$$P_1X_1+P_2X_2+\cdots\cdots=I \tag{4.4}$$

$$\frac{MU_1}{P_1}=\frac{MU_2}{P_2}=\cdots\cdots=\lambda \tag{4.5}$$

（4.4）式表示收入全部花光，（4.5）式表示消费者对于任何一种商品的最优购买量应该是使最后一次购买该商品所带来的边际效用与为购买该商品所支付一元钱的边际效用相等。如果能够满足上述两个条件，消费者把有限的收入分配于各种物品的购买上时，其总效用（*TU* 值）就会最大。

要提请读者注意的是，均衡条件所谈的是：消费者对于任何一种商品的最优购买量应该是消费者最后一次购买 1 商品、2 商品、…、n 商品时，每一元钱所得到的边际效用相等，而不是每一种商品的边际效用相等。每一种商品的边际效用相等并不能保证消费者获得最大的效用，因为各种商品的价格是不相等的。

为便于叙述，下面以消费者购买两种商品为例，具体说明消费者效用最大化的均衡条件。

与（4.4）式和（4.5）式相对应，在购买两种商品情况下的消费者效用最大化的均衡条件为：

$$P_1X_1+P_2X_2=I \tag{4.6}$$

$$\frac{MU_1}{P_1}=\frac{MU_2}{P_2}=\lambda \tag{4.7}$$

从$\frac{MU_1}{P_1}=\frac{MU_2}{P_2}$的关系分析：

当$\frac{MU_1}{P_1}<\frac{MU_2}{P_2}$时，这说明对于消费者来说，同样的一元钱购买商品1所得到的边际效用小于购买商品2所得到的边际效用。这样，理性的消费者就会调整这两种商品的购买数量：减少对商品1的购买量，增加对商品2的购买量。在这样的调整过程中，一方面，在消费者用减少1元钱的商品1的购买来相应地增加1元钱的商品2的购买时，由此带来的商品的边际效用的减少量是小于商品2的边际效用的增加量的，这意味着消费者的总效用是增加的。另一方面，在边际效用递减规律的作用下，商品1的边际效用会随其购买量的不断减少而递增，商品2的边际效用会随其购买量的不断增加而递减。当消费者一旦将其购买组合调整到同样一元钱购买这两种商品所得到的边际效用相等时，即达到$\frac{MU_1}{P_1}=\frac{MU_2}{P_2}$时，他便得到了由减少商品1购买和增加商品2购买所带来的总效用增加的全部好处，即消费者此时获得了最大的效用。

相反，当$\frac{MU_1}{P_1}>\frac{MU_2}{P_2}$时，这说明对于消费者来说，同样的一元钱购买商品1所得到的边际效用大于购买商品2所得到的边际效用。根据同样的道理，理性的消费者会进行与前面相反的调整过程，即增加对商品1的购买量，减少对商品2的购买量，直至$\frac{MU_1}{P_1}=\frac{MU_2}{P_2}$，从而获得最大的效用。

从$\frac{MU_i}{P_i}=\lambda$，$i=1$，2的关系分析：

当$\frac{MU_i}{P_i}<\lambda$，$i=1$，2时，这说明消费者用一元钱购买第i种商品所得到的边际效用小于所付出的这一元钱的边际效用。也可以理解为，消费者这时购买的第i种商品的数量太多了，事实上，消费者总可以把这一元钱用在至少能产生相等的边际效用的其他商品的购买上去。这样，理性的消费者就会减少对第i种商品的购买，在边际效用递减规律的作用下，直至$\frac{MU_i}{P_i}=\lambda$，$i=1$，2的条件实现为止。

相反，当$\frac{MU_i}{P_i}>\lambda$，$i=1$，2时，这说明消费者用一元钱购买第i种商品所得到的边际效用大于所付出的这一元钱的边际效用。也可以理解为，消费者这时购买的第i种商品的消费量是不足的，消费者应该继续购买第i种商品，以便获得更多的效用。这样，理性的消费者就会增加对第i种商品的购买。同样，在边际效用递减规律的作用下，直至$\frac{MU_i}{P_i}=\lambda$，$i=1$，2的条件实现为止。

【案例】

手机换新了？

在通讯市场上，各商家为了在竞争中取胜，以便获取市场的占有率不断的提高手机的功能、款式和型号。我身边很多赶时尚的人，也经常的变换手机。

从经济学的理论看消费者连续消费某一款式的手机给消费者所带来的边际效用是递减的。如果企业连续只生产一种型号的手机，它带给消费者的边际效用就在递减，消费者愿意支付的价格就低了。因此，企业的产品要不断创造出多样化的产品，即使是同类产品，只要不相同，就不会引起边际效用递减。

企业要进行创新，生产不同的产品满足消费者需求，减少和阻碍边际效用递减。消费者购买物品是为了效用最大化，而且，物品的效用越大，消费者愿意支付的价格越高。根据效用理论，企业在决定生产什么时首先要考虑商品能给消费者带来多大效用。要分析消费者的心理，能满足消费者的偏好。一个企业要成功，不仅要了解当前的消费时尚，还要善于发现未来的消费时尚。这样才能从消费时尚中了解到消费者的偏好及变动，并及时开发出能满足这种偏好的产品。

（三）需求曲线的推导

由于消费者均衡的条件为 $MU/P=\lambda$。当 λ 不变时，MU 与 P 同增同减，而 MU 增加即是需求量（购买量）减少，MU 减少即是需求量（购买量）增加。由此推导出需求曲线。

（四）边际效用理论的运用——消费者剩余

消费者剩余是消费者愿意对某商品支付的价格与实际支付的价格之间的差额，或者说，是消费者消费一定量某种商品所获得的总效用与为此花费的货币的总效用的差额。

在消费者购买商品时，一方面，我们已经知道，消费者对每一单位商品所愿意支付的价格取决于这一单位商品的边际效用。由于商品的边际效用是递减的，所以，消费者对某种商品所愿意支付价格是逐步下降的。但是，另一方面，需要区分的是，消费者对每一单位商品所愿意支付的价格并不等于该商品在市场上的实际价格。事实上，消费者在购买商品时是按照实际的市场价格支付的。于是，在消费者愿意支付的价格和实际的市场价格之间就产生了一个差额，这个差额便构成了消费者剩余的基础。例如：某种面包的市场价格为 3 元，某消费者在购买第一个面包时，根据这个面包的边际效用，他认为值得付 5 元去购买这个面包，即他愿意支付的价格为 5 元。于是当这个消费者以市场价格 3 元购买这个面包时，就创造了额外的 2 元的剩余。在以后的购买过程中，随着面包的边际效用递减，他为购买第二个、第三个、第四个面包所愿意支付的价格分别递减为 4.50 元、4.00 元和 3.50 元。这样，他为购买 4 个面包所愿意支付的总数量为 $5.00+4.50+4.00+3.50=17$ 元。但他实际按市场价格支付的总数量 $=3.00\times 4=12$ 元。两者的差额 $=17-12=5$ 元。这个差额就是消费者剩余。也正是从这种感觉上，他认为购买 4 个面包是值得的，是能使自己的状况得到改善的。

消费者剩余可以用几何图形来表示。简单地说，消费者剩余可以用消费者需求曲线以下，市场价格线之上的面积来表示，如图 4－2 中的阴影部分面积所示。具体地看，在图 4－2 中，需求曲线以反需求函数的形式 $P=f(Q)$ 给出，它表示消费者对每一单位商品所愿意支付的价格。假定该商品的市场价格为 P_0，消费者的购买量为 Q_0。那么，根据消费者剩余的定义，我们可以推断，在产量 0 到 Q_0区间需求曲线以下的面积表示消费者为购买 Q_0数量的商品所愿意支付的总数量，即相当于图中的面积 $OABQ_0$；而实际支付的总数量等于市场价格 P_0乘以购买量 Q_0，即相当于图中的矩形面积 $OPOBQ_0$。这两块面积的差额即图中的阴影部分面积，就是消费者剩余。

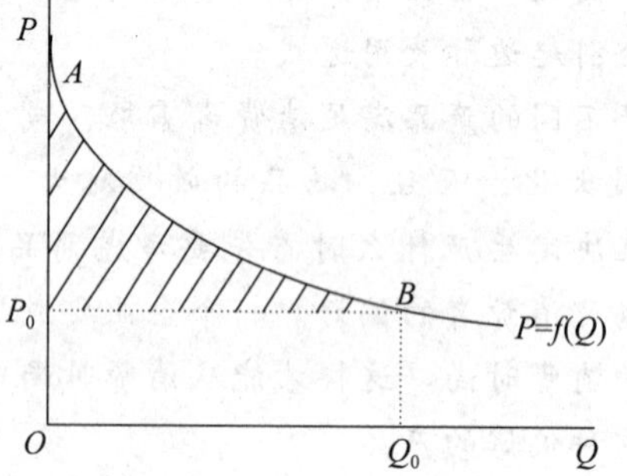

图 4－2　消费者剩余

消费者剩余也可以用数学公式来表示。令反需求函数 $P=f(Q)$，价格为 P_0时的消费者的需求量为 Q_0，则消费者剩余为：

$$CS = \int_0^{Q_0} f(Q)\,dQ - P_0Q_0$$

式中，CS 为消费者剩余的英文简写，式子右边的第一项即积分项，表示消费者愿意支付的总数量，第二项表示消费者实际支付的总数量。

以上，我们利用单个消费者的需求曲线得到了单个消费者剩余，这一分析可以扩展到整个市场。相类似地，我们可以由市场的需求曲线得到整个市场的消费者剩余，市场的消费者剩余可以用市场需求曲线以下，市场价格线以上的面积来表示。

第二节

序数效用理论的基本分析

序数效用论者是用无差异曲线分析方法考察消费者行为的，并在此基础上推导出消费者的需求曲线。深入地阐述需求曲线的经济意义。

一、消费者偏好假定

序数效用理论认为，效用只能根据偏好的程度排列出顺序。为此，序数效用论者提出了消费者偏好的概念。所谓偏好就是消费者根据自己的意愿，对可能消费的商品组合进行的排列。序数效用论者认为：对于各种不同的商品组合，消费者的偏好程度是有差别的，正是这种偏好程度的差别，反映了消费者对这些不同的商品组合的效用水平的评价。具体来说，有三个假定：

偏好的完整性。对于任何两个商品组合 A 和 B，消费者总是可以做出，而且也只能做出以下三种判断中的一种：对 A 的偏好大于对 B 的偏好；对 B 的偏好大于对 A 的偏好；对 A 和 B 的偏好相同。即消费者总是可以比较和排列所给出的不同商品的组合。

偏好的可传递性。如果消费者对 A 的偏好大于 B，对 B 的偏好大于对 A 的偏好，那么，在 A，C 这两个组合中，必有对 A 的偏好大于 C。

偏好的非饱和性。如果两个商品组合的区别仅在于其中一种商品的数量不相同，那么，消费者总是偏好含有这种商品数量较多的那个商品组合。

序数效用论者对消费者偏好的这三个基本的假设条件又被称为消费者理论的“公理”。要注意的是：偏好不取决于商品的价格，也不取决于收入，只取决于消费者对商品的喜爱与不喜爱的程度。例如：消费者购买了一辆桑塔纳，但在他心目中仍然觉得奔驰车比桑塔纳车强，这并不矛盾，因为最后的购买决策不光决定于偏好，还决定于消费可能性曲线。

二、无差异曲线及其特点

（一）无差异曲线的含义

1. 含义

无差异曲线也叫等效用线。是用来表示两种商品的不同数量的组合给消费者所带来的效用完全相同的一条曲线。或者说，它是表示对于消费者来说能产生同等满足程度的各种不同组合点的轨迹。

与无差异曲线相对应的效用函数为

$$U=f(X_1, X_2)=U_0 \tag{4.8}$$

式中 X_1，X_2 分别为商品 1 和商品 2 的数量；U_0 是常数，表示某个效用水平；其含义是消费不同的 X_1，X_2 给消费者带来相同的效用，即对消费者效用无差异。这些使消费者效用无差异点的轨迹就是无差异曲线。由于无差异曲线表示的是序数效用，所以，这里的 U_0 只表示某个效用水平，而不表示一个具体数值的大小。

2. 无差异曲线的形状

下面用表 4－2 和图 4－3 具体说明无差异曲线。

表 4－2　　某消费者的无差异表

商品组合	表 a		表 b		表 c	
	X_1	X_2	X_1	X_2	X_1	X_2
A	20	130	30	120	50	120
B	30	60	40	80	55	90
C	40	45	50	63	60	83
D	50	35	60	50	70	70
E	60	30	70	44	80	60
F	70	27	80	40	90	54

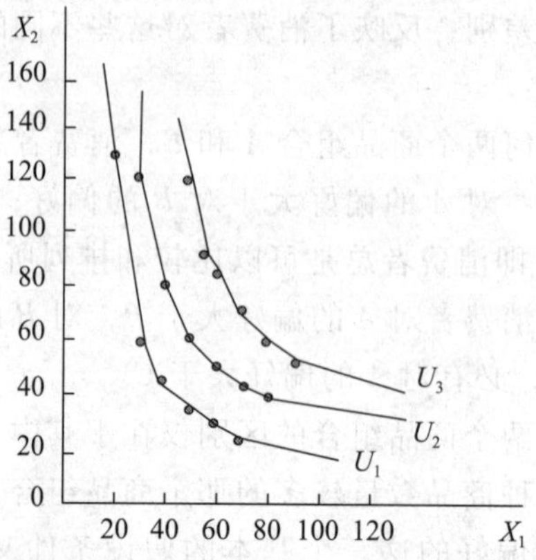

图 4－3 某消费者的无差异曲线

表 4－2 是某消费者关于商品 1 和商品 2 的无差异表列，表中列出了关于这两种商品各种不同的组合。该表有三个子表，每一个子表中都包含六种商品组合，且假定每一个子表中六种商品组合的效用水平是相等的。而且，消费者对这六个组合的偏好程度是无差异的。同样地，消费者对表 b 中的所有六个商品组合的偏好程度也都是相同的，表 c 中六个商品组合给消费者带来的满足程度也都是相同的。

但需要注意的是，表 a、表 b 和表 c 三者各自所代表的效用水平的大小是不一样的。只要对表中的商品组合进行仔细观察和分析，就可以发现，根据偏好的非饱和性假设，或者说，根据商品数量“多比少好”的原则，可以得出结论：表 a 所代表的效用水平低于表 b，表 b 又低于表 c。

根据表 4－2 绘制的无差异曲线如图 4－3 所示。图中的横轴和纵轴分别表示商品 X_1 和商品 X_2 的数量，曲线 U_1，U_2，U_3 顺次代表与表 a、表 b 和表 c 相对应的三条无差异曲线。

实际上，我们可以假定消费者的偏好程度可以无限多，也就是说，我们可以有无穷个无差异子表，从而得到无数条无差异曲线。表 4－2 和图 4－3 只不过是一种分析的简化而已。

无差异曲线 $U_0=f(X_1, X_2)$ 是在一定价格和收入水平下得出的，它代表某一特定的消费水平或满足水平。当价格和收入水平发生变化时，$U=f(X_1, X_2)=U_0$ 的取值会发生变化。

（1）当价格不变而消费者的收入改变时，情况发生变化。如果他的收入增加，他可以购买更多的商品，无差异曲线相应向右上方移动；反之，如果他的收入减少，他可以购买的商品数量减少，无差异曲线应向左下方移动。因此，对应不同的收入水平，应有许多条无差异曲线。

（2）当消费者的收入不变，价格下降了，同样的收入可以购买更多的商品，无差异曲线相应向右上方移动；反之，价格上升，同样的收入可以购买的商品数量下降，无差异曲线相应向左下方移动。

（3）当收入与价格同时变动时，变动幅度大的决定无差异曲线的移动方向。

（4）所以，一个消费者对两种商品 X 和 Y，可以有无数条无差异曲线 I_1、I_2、

I_3……且每一条无差异曲线代表消费者的某一既定的效用。无差异曲线 I_1、I_2、I_3……所组成的坐标图，称为无差异曲线图。

3. 无差异曲线的特征

（1）同一平面图上可以有无数条无差异曲线，离原点越远的无差异曲线代表的效用水平越高。由于通常假定效用函数是连续函数，即在同一坐标平面上的任何两条无差异曲线之间，存在着无数条无差异曲线。可以这样想象：我们可以画出无数条无差异曲线，以至覆盖整个平面坐标图。根据消费者偏好的非饱和性假设，所有这些无差异曲线之间的相互关系是：离原点越远的无差异曲线代表的效用水平越高，离原点越近的无差异曲线代表的效用水平越低。

（2）同一坐标平面上的任意两条无差异曲线不会相交。这一点可以用图 4-4 来说明。其理由在于：不同的无差异曲线代表的是不同的效用水平，而且根据无差异曲线的定义，由无差异曲线 U_1 可得 a、b 两点的效用水平是相等的，由无差异曲线 U_2 可得 a、c 两点的效用水平是相等的。于是，根据偏好可传递性的假定，必定有 b 和 c 这两点的效用水平是相等的。但是，观察和比较图中 b 和 c 这两点的商品组合，可以发现 c 组合中的每一种商品的数量都多于 b 组合，于是，根据偏好的非饱和性假定，必定有 c 点的效用水平大于 b 点的效用水平。这样一来，这就违背了偏好的假定。由此证明：对于任何一个消费者来说，两条无差异曲线不能相交。

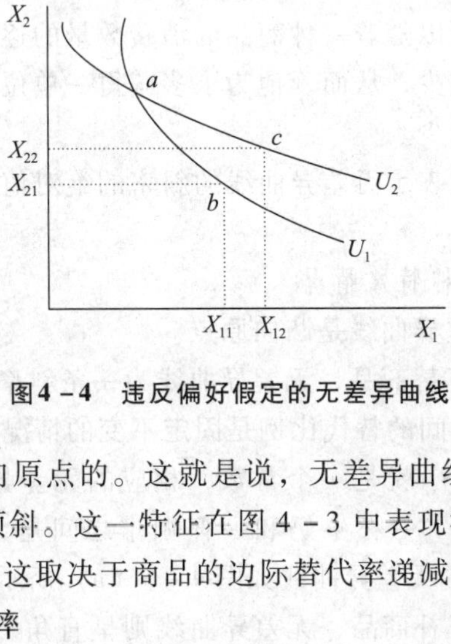

图 4-4　违反偏好假定的无差异曲线

（3）无差异曲线是凸向原点的。这就是说，无差异曲线不仅向右下方倾斜，而且以凸向原点的形状向右方倾斜。这一特征在图 4-3 中表现得很明显。为什么无差异曲线具有凸向原点的特征呢？这取决于商品的边际替代率递减规律。

（二）商品的边际替代率

无差异曲线的本质特征是商品不同的组合可以产生相同的效用水平。这表明在维持消费者效用水平不变的条件下可以用一种商品替代另一种商品。由此引出边际替代率概念。

1. 边际替代率含义。在维持效用水平或满足程度不变的前提下，消费者增加一单位的某种商品的消费时所需要放弃的另一种商品的消费数量，被称为商品的边际替代率（marginal rate of substitution）。我们通常用 MRS 表示。若用 x 替代 y，我们以 $MRSxy$ 表示，若用 y 替代 x，我们以 $MRSyx$ 表示。

商品 1 对商品 2 的边际替代率的定义公式为：

$$MRS_{12} = -\frac{\Delta X_2}{\Delta X_1} \tag{4.9}$$

式（4.9）中，ΔX_1 和 ΔX_2 分别为商品 1 和商品 2 的变化量。由于 ΔX_1 是增加量，ΔX_2 是减少量，当一个消费者沿着一条既定的无差异曲线上下滑动的时候，两种商品的数量组合会不断地发生变化、而效用水平却保持不变。这说明，在维持效用水平不变的前提条件下，消费者在增加一种商品的消费数量的同时，必然会放弃一部分另一种商品的消费数量，即两商品的消费数量之间存在着替代关系。

为表示两种商品消费量变化方向相反，边际替代率公式中加了一个负号。这样使 MRS_{12} 的计算结果取正值。

当商品数量的变化趋于无穷小时，则商品的边际替代率公式为：

$$MRS_{12} = \lim_{\Delta x_1 \to 0} -\frac{\Delta X_2}{\Delta X_1} = -\frac{dX_2}{dX_1} \tag{4.10}$$

2. 边际替代率递减规律

在维持效用水平不变的前提下，随着一种商品消费数量的连续增加，消费者为得到每一单位的这种商品所需要放弃的另一种商品的消费数量是递减的。在维持效用水平不变的前提下，随着一种商品的消费数量的连续增加，消费者为得到每一单位的这种商品所需要放弃的另一种商品的消费数量是递减的。之所以会普遍发生商品的边际替代率递减的现象，其原因在于：消费者对某一商品拥有量较少时，对其偏爱程度高，而拥有量较多时，偏爱程度较低。所以随着一种商品的消费数量的逐步增加，消费者想要获得更多的这种商品的愿望就会减少，从而，他为了多获得一单位的这种商品而愿意放弃的另一种商品的数量就会越来越少。

商品的边际替代率递减表示无差异曲线的斜率的绝对值是递减的，决定了差异曲线的形状凸向原点。

（三）无差异曲线的几种特殊情况

（1）一般情况下，无差异曲线是凸向原点。

（2）如若两种商品为互替商品，无差异曲线为一条斜率不变的直线。图 4－5（a）。完全替代品是指两种商品之间的替代比例是固定不变的情况。在完全替代的情况下，两商品之间的边际替代率 MRS_{12} 就是一个常数，相应的无差异曲线是一条斜率不变的直线。例如：在某消费者看来，一杯牛奶和一杯咖啡之间是无差异的，两者总是可以以 1∶1的比例相互替代，相应的无差异曲线如图 4－5（a）所示。

（3）如若两种商品为互补商品，无差异曲线则呈直角形状。图 4－5（b）。完全互补品指两种商品必须按固定不变的比例配合同时被使用的情况。在完全互补的情况下，相应的无差异曲线为直角形状，其边际替代率为（平行于横轴）或为∞（垂直于横轴）。例如，一副眼镜架必须和两片眼镜片同时配合，才能构成一副可供使用的眼镜，则相应的无差异曲线如图 4－6 所示。图中水平部分的无差异曲线部分表示，对于一副眼镜架而言，只需要两片眼镜片即可，任何超量的眼镜片都是多余的。换言之，消费者不会放弃任何一副眼镜架去换取额外的眼镜片，所以，相应的 $MRS_{12}=0$。图中垂直部分的无差异曲线表示，对于两片眼镜片而言，只需要一副眼镜架即可，任何超量的眼镜架都是多余的。换言之，消费者会放弃所有超量的眼镜架，只保留一副眼镜架与两片眼镜片相匹配，所以，相应的 $MRS_{12}=\infty$ 。

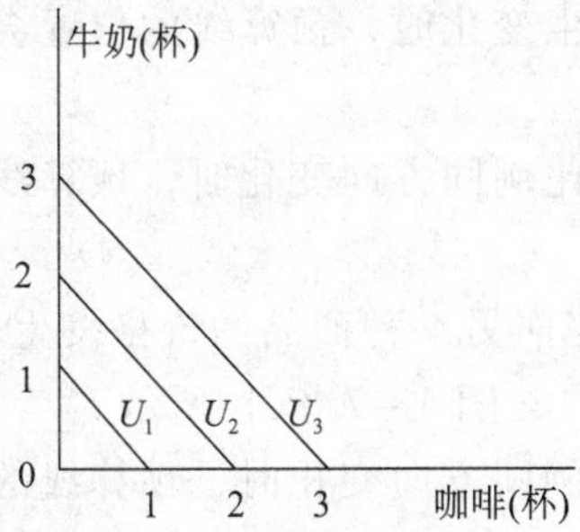

图 4－5（a）　完全替代品的无差异曲线

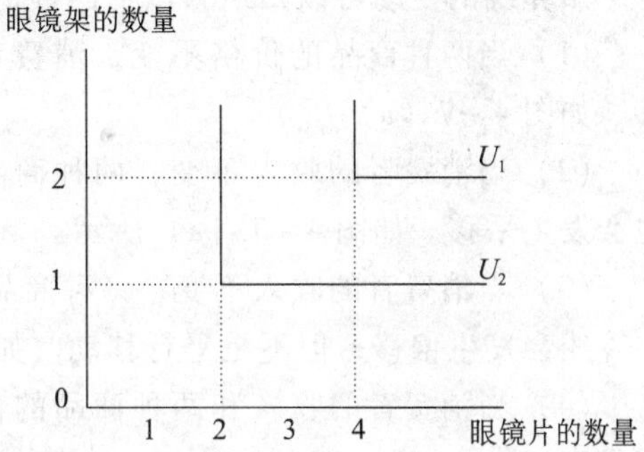

图 4－5（b）　完全互补品的无差异曲线

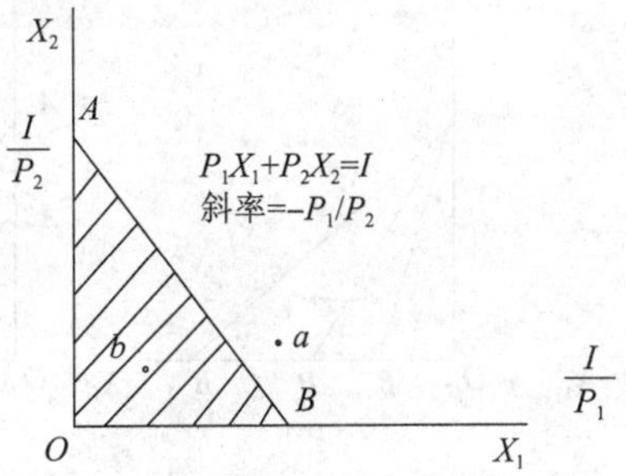

图 4－6　预算线

（四）预算约束线

1. 含义

在消费者的收入和商品价格既定时，消费者的全部收入所能买到的两种商品的不同数量的各种组合。

2. 表达式

$I=P_1X_1+P_2X_2$

3. 恒等变形

$X_2=-P_1/P_2\cdot X_1+I/P_2$

$-P_1/P_2$ 为斜率，可以看出这是两种商品的价格之比；I/P_2 为纵轴截距。

预算线 AB 以外的区域中的任何一点，如 a 点，是消费者利用全部收入都不可能实现的商品购买的组合点。预算线 AB 以内的区域中的任何一点，如 b 点，表示消费者的全部收入在购买该点的商品组合以后还有剩余。唯有预算线 AB 上的任何一点，才是消费者的全部收入刚好花完所能购买到的商品组大数量的组合点。图中的阴影部分的区域（包括直角三角形的三条边），被称为消费者的预算可行集或预算空间。

在既定价格和既定收入下，预算线代表了消费者的各种可能的消费机会，但这条线上可以有无数组组合，究竟哪一组合为最优，即能提供最大效用，该线本身是无法说明的。

4. 预算线与无差异曲线的含义差别

无差异曲线反映消费者主观上对不同产品组合的偏好，即他愿意买什么；预算线则反映消费者的消费限制。

预算线的变动可以归纳为以下四种情况：

（1）当两种商品的价格不变，消费者的收入发生变化时，预算线的位置会发生平移，如图4－7（a）所示。

（2）当消费者的收入不变，两种商品的价格同比例同方向变化时，预算线的位置也会发生平移。如图4－7（a）所示。

（3）当消费者的收入不变，一种商品的价格不变而另一种商品的价格发生变化时，预算线会发生偏移，但不是平行移动。如图4－7（b）、图4－7（c）所示。

（4）当消费者的收入和两种商品的价格都同比例同方向变化时，预算线的位置不会发生变化。

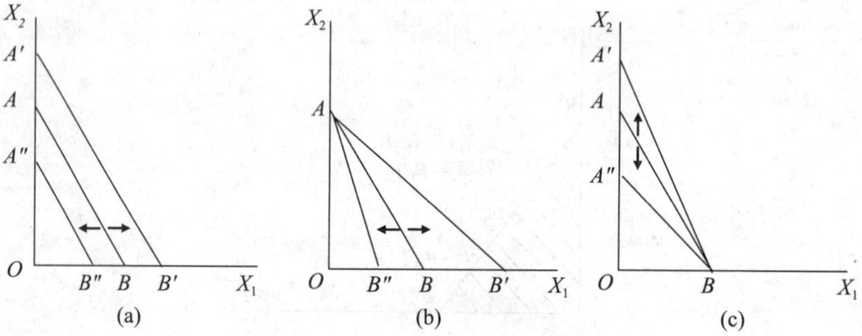

图4－7 预算线的变动

三、消费者均衡

在序数效用条件下，消费者如何才实现既定收入下的效用最大化？

序数效用论者指出：假定消费者的偏好不变、收入不变、商品的市场价格不变，则只有在既定的预算线与其中一条无差异曲线的切点，才是消费者获得最大效用水平或满足程度的均衡点。或者换句话说，在这一均衡点上的购买量会使消费者获得效用的最大化。

如图4－8所示，为什么唯有E点才是消费者效用最大化的均衡点呢？这是因为，就无差异曲线U_3来说，虽然它代表的效用水平高于无差异曲线U_2，但它与既定的预算线AB既无交点又无切点。这说明消费者在既定的收入水平下无法实现无差异曲线U_3上的任何一点的商品组合的购买。就无差异曲线U_1来说，虽然它与既定的预算线AB相交于a、b两点，这表明消费者利用现有收入可以购买a、b两点的商品组合。但是，这两点的效用水平低于无差异曲线U_2，因此，理性的消费者不会用全部收入去购买无差异曲线U_1上a、b两点的商品组合。事实上，就a点和b点来说，若消费者能改变购买组合，选择AB线段上位于a点右边或b点左边的任何一点的商品组合，则都可以达到U_1更高的无差异曲线，以获得比a点和b点更大的效用水平。这种沿着AB线段由a点往右和由b点往左的运动，最后必定在E点达到均衡。显然，只有当既定的预算线AB和无差异曲线U_2相切于E点时，消费者才在既定的预算约束条件下获得最大的满足。故E点就是消费者实现效用最大化的均衡点。

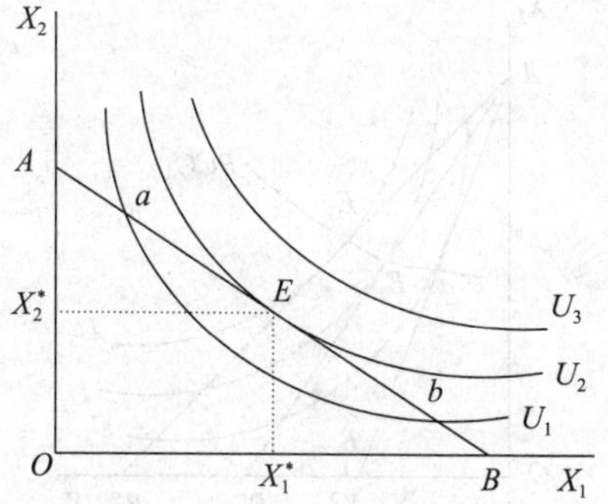

图 4-8　消费者的均衡

消费者效用最大化的均衡条件：从 $MRS_{12}=\frac{P_1}{P_2}=\frac{MU_1}{MU_2}$，推出：$\frac{MU_1}{P_1}=\frac{MU_2}{P_2}$。消费者效用最大化的均衡条件表示：在一定的预算约束下，为了实现最大的效用，消费者应该选择最优的商品组合，使得消费者愿意用一单位的某种商品去交换的另一种商品的数量，应该等于该消费者能够在市场上用一单位的这种商品去交换得到的另一种商品的数量。与基数效用论者所得出的均衡条件相同。

从上面的分析我们可以得知：以基数效用论为基础的消费者均衡与以序数效用论为基础的消费者均衡在本质上是相同的，只是两者的表现形式有所不同。如果我们把商品的边际效用之比看作消费者对商品的主观效用的评价，而把价格之比看作市场对商品的客观评价，那么消费者均衡条件表明：当主观评价与客观评价正好相符时，消费者达到了效用最大化。

这里所讨论的消费者均衡点是在假定消费者的偏好不变、收入不变、商品的市场价格不变的条件下达到的，如果消费者的收入与商品的市场价格发生变化了，消费者的购买选择将会发生什么变化？这属于比较静态分析，将在下面讨论。

第三节

价格变化和收入变化对消费者均衡的影响

一、价格——消费曲线

（一）价格——消费曲线定义

在消费者的偏好不变、货币收入不变以及其他商品价格不变的条件下，与某一种商品的不同价格水平相联系的消费者预算线和无差异曲线相切的消费者效用最大化的均衡点的轨迹，便是价格——消费曲线。

（二）推导

如果消费者的货币收入不变，一种商品的价格发生变化导致另一种商品的相对价格发生变化，消费者便会沿着价格——消费曲线来作出自己的购买选择，以便实现效用最大化。

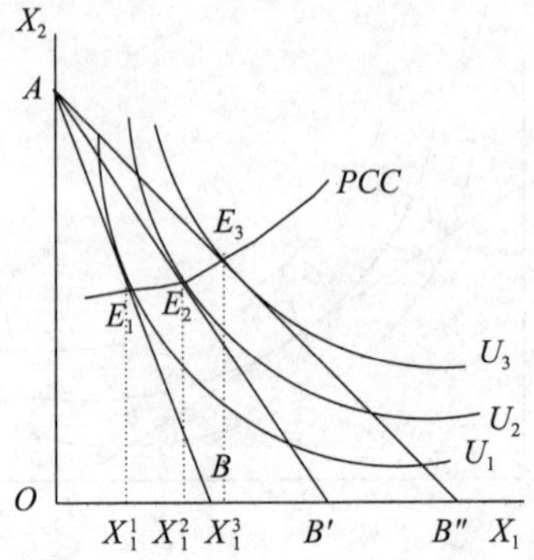

图 4-9　价格——消费曲线

（三）从价格——消费曲线到消费者的需求曲线

把每一个 P_1 数值和相应的均衡点上的 X_1 数值绘制在商品的价格——数量坐标图上，便可以得到单个消费者的需求曲线。

序数效用论者所推导的需求曲线与基数效用论者所推导的需求曲线具有相同的特征。

二、收入——消费曲线

（一）收入——消费曲线定义

是指在消费者的偏好和商品价格不变的条件下，与消费者的不同收入水平相联系的消费者效用最大化的均衡量的轨迹。我们可以设想保持商品的价格不变而让消费者的收入连续发生变化，这样可以得到许多相互平行的预算线。这些预算线分别与众多无差异曲线相切，得到若干个切点，连接这些切点便得到一条收入——消费曲线。

以图 4-10 来具体说明收入——消费曲线的形成。

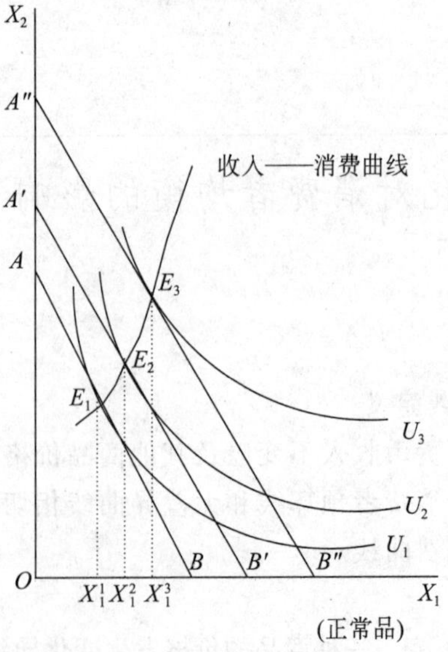

图 4-10　收入——消费曲线

在图中，随着收入水平的不断增加，预算线由 AB 平移至 $A'B'$，再平移至 $A''B''$，于是，形成了三个不同的消费者效用最大化的均衡点 E_1、E_2 和 E_3。如果收入水平的变化是连续的，则可以得到无数个这样的均衡点的轨迹，这便是图中的收入——消费曲线。

（二）推导

如果消费者的收入发生了变化，或者因为商品的价格同时同比例发生变化导致消费者的收入发生了变化，消费者就会沿着收入——消费曲线来做出自己的购买选择，以便实现效用最大化。

（三）恩格尔曲线

1. 恩格尔曲线

恩格尔曲线表示消费者在每一收入水平对某商品的需求量。与恩格尔曲线相对应的函数关系为 $X=f(I)$，其中，I 为收入水平；X 为某种商品的需求量。

由消费者的收入——消费曲线可以推导出消费者的恩格尔曲线。图 4－10 中的收入——消费曲线反映了消费者的收入水平和商品的需求量之间存在着一一对应的关系：以商品 1 为例，当收入水平为 I_1 时，商品 1 的需求量为 X_1^1；当收入水平增加为 I_2 时，商品 1 的需求量增加为 X_1^2；当收入水平增加为 I_3 时，商品 1 的需求量变动为 X_1^3…，把这种一一对应的收入和需求量的组合描绘在相应的平面坐标图中，便可以得到相应的恩格尔曲线，如图 4－11 所示。

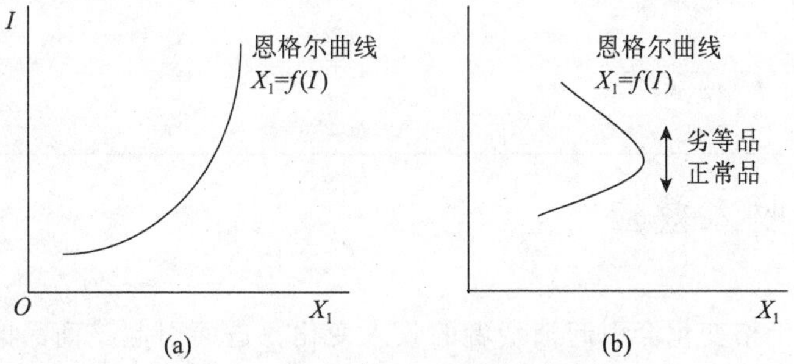

图 4－11　恩格尔曲线（一）

图 4－11（a）和图 4－12（a）是相对应的，图中的商品 1 是正常品，商品 1 的需求量 X_1 随着收入水平 I 的上升而增加。图 4－11（b）和图 4－12（c）是相对应的，在一定的收入水平上，图中的商品 1 由正常品转变为劣等品。或者说，在较低的收入水平范围，商品 1 的需求量与收入水平成同方向的变动；在较高的收入水平范围，商品 1 的需求量与收入水平成反方向的变动。

我们可以根据恩格尔曲线来区分必需品、奢侈品和劣等品，如图 4－11 所示，横轴表示收入，纵轴表示商品的需求量。当恩格尔曲线斜率为正时，表示该商品为正常品，即需求量随收入的增加而增加，如图 4－12（a）、（b）所示。但在图 4－12（a）中，数量增加的比例小于收入增加的比例，因此该商品的需求的收入弹性小于 1，是为“必需品”。在图 4－12（b）中，该商品不但是正常品，而且数量增加的比例超过收入增加的比例，亦即其需求的收入弹性大于 1，所以为“奢侈品”。在图 4－12（c）中，所得增加时，需求量反而减少，数量与收入的变化方向相反，是为“劣等品”，需求的收入弹性为负。

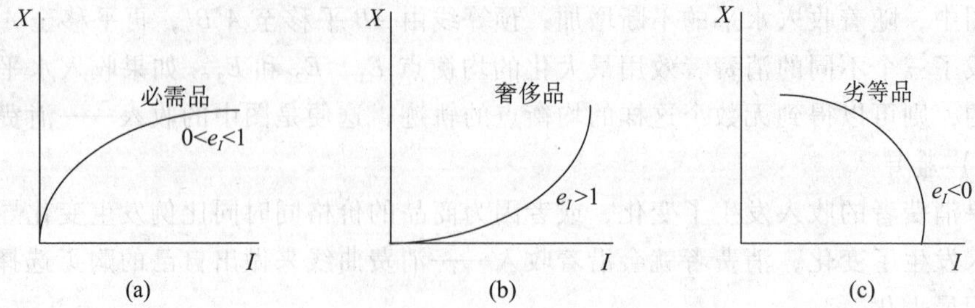

图 4-12 恩格尔曲线（二）

2. 恩格尔定律

19 世纪德国统计学家恩格尔发现，家庭对不同商品的支出比例与家庭收入高低之间有非常明显的关系。在低收入家庭中，食物的支出占收入的绝大部分，当收入逐渐增加时，食物支出占收入的比例则逐渐缩小。由于此种现象普遍存在于不同国家之间，故我们将之称为恩格尔定律。食物支出与收入之比称为恩格尔系数，所以恩格尔定律也可表述为随着收入的提高，恩格尔系数是递减的。恩格尔系数可以反映一国或一个家庭富裕程度与生活水平。一般来说，恩格尔系数越高，富裕程度与生活水平越低；恩格尔系数越低，富裕程度与生活水平越高。恩格尔定律说明了生活必需品（食物）的收入弹性小。

第四节

替代效应和收入效应

一种商品的价格变化会引起消费者的收入变化，进而引起该商品的需求量的变化。而深入研究后会发现：面对价格变化，消费者的需求变化会呈现出两个层面：首先考虑的是维持效用水平，其次考虑的是维持消费水平。这两种变化就是本节要讲的替代效应和收入效应。这一节是“价格变化对于消费者均衡的影响”问题的补充说明部分。

一、替代效应和收入效应的含义

从一种商品的价格变化谈起。一种商品的价格下降，会导致这种商品相对便宜，进而引导消费者更多地购买这种商品而减少购买别的商品；会引起消费者的收入相对增加。前者称之为替代效应，后者称之为收入效应。

（一）替代效应

指在实际收入不变条件下，某种商品价格的变动引起其他商品相对价格呈相反方向变动，从而引起比较便宜商品的购买对比较昂贵商品的购买的替代。当一种商品价格上升时，其他商品价格相对便宜了，消费者会多购买其他商品而少购买这种商品；当一种商品价格下降时，其他商品价格相对昂贵了。消费者会增加这种商品的购买而减少其他商品的购买。替代效应强调一种商品价格变动对其他商品相对价格水平的影响。比如，在茶叶价格上升以后，其他商品变得比以前便宜，而茶叶变得较为昂贵。消费者将用其他商品的购买来替代茶叶的购买。又比如：鸡蛋价格每公斤由4元降至2元，猪肉价格不变，这样猪肉价格就相对昂贵了。你家原来每月购买10公斤，花费40元，现在只用花费20元，那你家就会实际增加收入20元。现在必须将这20元剔除。当20元被剔除后，你家里会继续保持原有的购买比例吗？你家里还会不会增加对于鸡蛋的购买？我想是肯定的。在价格下降引起的增收部分被剔除后，你还增加对于鸡蛋购买的部分就是替代效应。

这里所说的实际收入不变是指消费者维持在原来的效用水平上，但又要用新的价格比率来度量的这一不变的效用水平。因此，降价后要使消费者的效用水平不变，必须作预算补偿线。

（二）收入效应

是指在货币收入不变条件下，某种商品价格的变动引起消费者实际收入呈相反方向变动，从而也引起商品购买量的相反方向的变动。当一种商品价格上升时，消费者实际收入减少，商品购买量随之而减少；当一种商品价格下降时，消费者实际收入增加，商品购买量随之而增加。收入效应强调价格变动对实际收入水平的影响。比如一个家庭，它的收入用来购买 X_1、X_2 两种商品，在价格未变动以前，全部收入购买的两种商品是以使它获得最大满足的方式组合的。现在假定 X 商品的价格下降，在购买原来数量的 X_1 商品之后，家庭的收入将有所剩余。X_1 商品价格的下降等于增加了这个家庭的实际收入，这剩余的收入可以用来购买 X_1 商品，也可以用来购买 X_2 商品。

两种效应的比较：收入效应改变消费者的效用水平，替代效应不改变消费者的效用水平。

（三）总效应

某种商品价格变化的总效应是指一种商品价格变动所引起的该商品需求量的变动。在坐标图上应是当消费者从一个均衡点移到另一个均衡点时需求的总变动。这个总效应可以被分解为替代效应与收入效应两个部分。

二、正常物品的替代效应和收入效应

如果是正常物品，消费者将按照什么原则来做出自己的购买选择，以实现效用最大化？

（一）正常物品的替代效应和收入效应

正常物品的替代效应与收入效应均使需求量与价格反方向变动，觉得需求曲线向右下方倾斜。即当价格下降时，对于正常物品，替代效应的作用是增加需求量，收入效应的作用也是增加需求量。

如何确定替代效应和收入效应的作用程度呢？须通过作一条平行于新的预算线并切于原有的无差异曲线的补偿（充）性预算线来区分。

（二）补偿性预算线的意义

当价格变动引起消费者实际收入发生变动时，补充性预算线是用来表示以假设的货币收入的增减来维持消费者实际收入水平不变的一种分析工具。具体地说：在商品价格下降引起实际收入提高时，假设可取走一部分货币收入，以使消费者的实际收入维持原有的效用水平。图中 FG 曲线即为补偿性预算线。

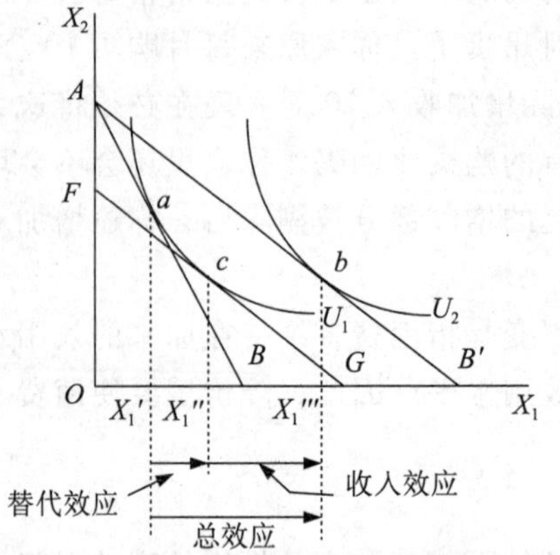

图 4－13　正常物品的替代效应和收入效应

当商品 X_1 的价格下降时，替代效应作用使需求量的增加量为 $X_1'X_1''$，收入效用作用是需求量的增加量 $X_1''X_1'''$。商品 1 的需求量的增加量为 $X_1'X_1'''$，这便是商品 1 的价格下降所引起的总效应。在这里，P_1 下降时，替代效应所引起的需求量的增加量 $X_1'X_1''$是一个正值，即符号为正，也就是说，正常物品的替代效应引起的需求量变化与价格变化成反方向。收入效应所引起的需求量的增加量 $X_1''X_1'''$也是一个正值，表明当 P_1 下降使得消费者的实际收入水平提高时，消费者必定会增加对正常物品商品 1 的购买。也就是说，正常物品的收入效应引起的下列变化与价格成反方向的变动。图 4－13 表示了正常物品价格下降时的替代效应和收入效应。

可见，对于正常物品来说，替代效应与价格成反方向的变动，收入效应也与价格成反方向的变动，在它们的共同作用下，总效应必定与价格成反方向的变动。正因为如此，正常物品的需求曲线是向右下方倾斜的。

结论：对于正常物品来说，替代效应与价格成反方向的变化，收入效应也与价格成反方向的变动。

三、低档物品的替代效应和收入效应

正常物品与低档物品的区别：正常物品含义是需求的收入弹性大于零的商品。其需求量与实际收入同方向变化；低档物品含义是需求的收入弹性小于零的商品。其需求量与实际收入反方向变化。

一般低档物品的替代效应的作用使需求量与价格反方向变动，收入效应的作用使需求量与价格呈正方向变动，但替代效应的作用大于收入效应的作用，总效用的结果仍使需求量与价格反方向变动。

以图 4－14 为例分析低档物品价格下降时的替代效应和收入效应。

对于一般低档品，当价格下降，替代效应的作用是增加需求量，收入效应的作用是减少需求量（价格下降使实际收入增加，需求量反而减少）。图中商品 1 的价格 P_1 变化前的消费者的效用最大化的均衡点为 a 点，P_1 下降以后的消费者的均衡点为 b 点，因此，价格下降所引起的商品 1 的需求量的增加量为 $X'_1X''_1$，这便是总效应。运用与上一节相同的方法，即通过作与预算线 AB' 平行且与无差异曲线 U_1 相切的补偿预算线 FG，便可将总效应分解成替代效应和收入效应。具体地看，P_1 下降引起的商品相对价格的变化，使消费者由均衡点 a 运动到均衡点 c，相应的需求量的增加量为 $X_1'X_1'''$，这就是替代效应，它是一个正值。而 P_1 下降引起的消费者的实际收入水平的变动，使消费者由均衡点 c 运动到均衡点 b，需求量由 X_1''' 减少到 X_1''，这就是收入效应。收入效应 $X_1'''X_1''$ 是一个负值，其原因在于：价格 P_1 下降所引起的消费者的实际收入水平的提高，会使消费者减少对低档物品的商品 1 的需求量。由于收入效应是一个负值，所以，图中的 b 点必定落在 a、c 两点之间。

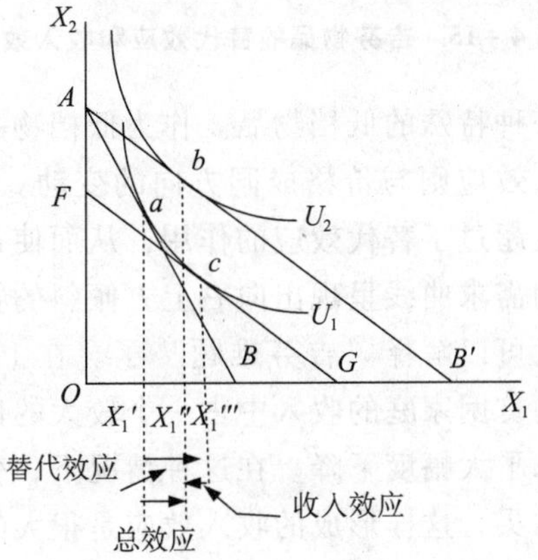

图 4-14　低档物品的替代效应和收入效应

图 4-14 中的商品 1 的价格 P_1 下降所引起的商品 1 的需求量的变化的总效应为 $X_1'X_1''$，它是正的替代效应 $X_1'X_1'''$ 和负的收入效应 $X_1'''X_1''$ 之和。由于替代效应 $X_1'X_1'''$ 的绝对值大于收入效应 $X_1'''X_1''$ 的绝对值，或者说，由于替代效应的作用大于收入效应，所以，总效应 $X_1'X_1''$ 是一个正值。

综上所述，对于低档物品来说，替代效应与价格成反方向的变动，收入效应与价格成同方向的变动，而且，在大多数的场合，收入效应的作用小于替代效应的作用（如图 4-14 所示），所以，总效应与价格成反方向的变动，相应的需求曲线是向右下方倾斜的。

四、吉芬商品的替代效应和收入效应

吉芬物品的替代效应作用使需求量与价格呈反方向变动，收入效用的作用使需求量与价格同方向变动，且收入效应的作用大于替代效应的作用，从而总效用的作用是需求量与价格同方向变动，即价格下降时，需求量也下降，决定需求曲线向右上方倾斜。

下面用图 4-15 分析这个问题。图中商品 1 是吉芬物品。商品 1 的价格 P_1 下降前后的消费者的效用最大化的均衡点分别为 a 点和 b 点，相应的商品 1 的需求量的减少量为 $X''_1X'_1$，这就是总效应。通过补偿预算线 FG 可得：$X_1''X_1'''$ 为替代效应，它是一个正值。$X_1'''X_1'$ 是收入效应，它是一个负值，而且，负的收入效应 $X_1'''X_1'$ 的绝对值大于正的替代效应 $X_1''X_1'''$ 的绝对值，所以，最后形成的总效应 $X_1''X_1'$ 为负值。在图中，a 点必定落在 b、c 两点之间。

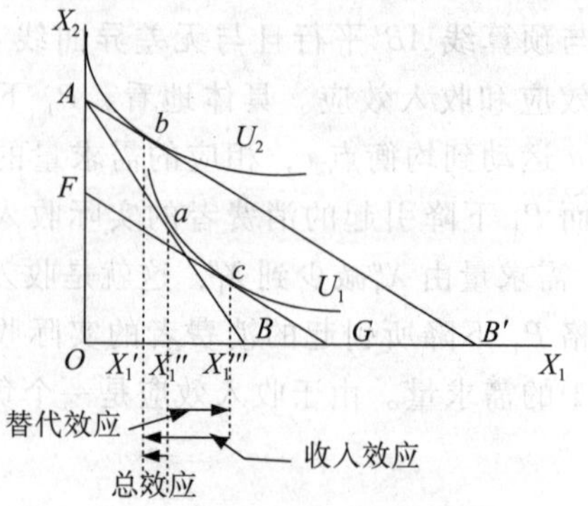

图 4-15 吉芬物品的替代效应和收入效应

很清楚，吉芬物品是一种特殊的低档物品。作为低档物品，吉芬物品的替代效应与价格成反方向的变动，收入效应则与价格成同方向的变动。吉芬物品的特殊性就在于：收入效应的作用很大，以至超过了替代效应的作用，从而使得总效应与价格成同方向的变动。这也就是吉芬物品的需求曲线呈现出向右上方倾斜的特殊形状的原因。

运用以上分析的结论就可以解释"吉芬难题"了。在19世纪中叶的爱尔兰，购买土豆的消费支出在大多数的贫困家庭的收入中占一个较大的比例，于是，土豆价格的上升导致贫困家庭实际收入水平大幅度下降。在这种情况下，变得更穷的人们不得不大量地增加对劣等物品土豆的购买，这样形成的收入效应是很大的，它超过了替代效应，造成了土豆的需求量随着土豆价格的上升而增加的特殊现象。

现将正常物品、低档物品和吉芬物品的替代效应和收入效应所得到的结论见表4-3。

表 4-3 商品价格变化所引起的替代效应和收入效应

商品类别	替代效应与价格的关系	收入效应与价格的关系	总效应与价格的关系	需求曲线的形状
正常物品	反方向变化	反方向变化	反方向变化	向右下方倾斜
低档物品	反方向变化	同方向变化	反方向变化	向右下方倾斜
吉芬物品	反方向变化	同方向变化	同方向变化	向右上方倾斜

第五节

从单个消费者的需求曲线到市场需求曲线

一定时期内，各种不同的价格下所有消费者对某种商品的需求数量。因而，一种商品的市场需求不仅依赖于每一个消费者的需求函数，还依赖于该市场中所有消费者的数目。

假定在某一商品市场上有 n 个消费者，他们都具有不同的个人需求函数 $Q_i^d=f_i(P)$，$i=1, 2, \cdots, n$，则该商品市场的需求函数为：

$$Q_i^d = \sum_{i=1}^{n} f_i(P) = F(P) \quad (4.11)$$

可见，一种商品的市场需求量是每一个价格水平上的该商品的所有个人需求量的水平加总。由此可以推知，只要有了某商品的每个消费者的需求表或需求曲线，就可以通过加总的方法，得到该商品市场的需求表或需求曲线。下面用表 4－4 和图 4－16 来说明。

表 4－4　从单个消费者的需求表到市场需求表

商品价格 (1)	消费者 A 的需求量 (2)	消费者 B 的需求量 (3)	市场需求量 (2) ＋ (3)
0	20	30	50
1	16	24	40
2	12	18	30
3	8	12	20
4	4	6	10
5	0	0	0

在表 4－4 中，假设某商品市场上只有 A、B 两个消费者，通过把每一个价格水平上的 A、B 两个消费者的需求量加总，便得到每一个价格水平上的市场需求量，为表中的第（4）栏。

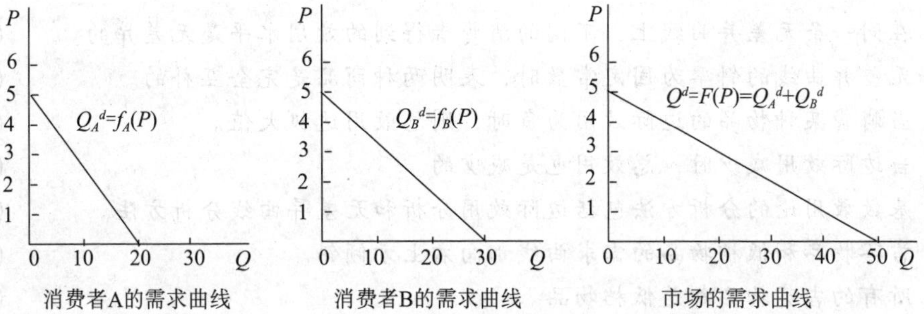

图 4－16　从单个消费者的需求曲线到市场需求曲线

图 4－16 是根据表 4－4 绘制的需求曲线。图中的市场需求曲线是 A、B 两个消费者的需求曲线的水平加总，即在每一个价格水平上都有市场需求量：$Q^d = Q_A^d + Q_B^d$。

据此，我们把单个消费者的需求函数和市场需求函数之间的关系表示为：

$$D(P) = \sum_{i=1}^{n} D_i(P) \qquad (i=1, 2, \cdots, n)$$

上式中，$D_i(P)$ 为单个消费者的需求函数；$D(P)$ 为市场的需求函数。

由于市场需求曲线是单个消费者的需求曲线的水平加总，所以，如同单个消费者的需求曲线一样，市场需求曲线一般也是向右下方倾斜的。市场需求曲线表示某商品市场在一定时期内在各种不同的价格水平上所有消费者愿意而且能够购买的该商品的数量。更重要的，根据上述推导过程可知，市场需求曲线上的每个点都表示在相应的价格水平下可以给全体消费者带来最大的效用水平或满足程度的市场需求量。

本章小结

本章的内容可分为三个部分，第一节为第一节，该节通过边际效用分析提出了基数效用论的消费者均衡条件，并介绍了微观经济学的一个重要分析方法——边际分析。第二部分为第二节至第四节，该部分在对无差异曲线和预算线分析基础上，推导出了序数效用论的消费者均衡条件。第三部分为第五节，该部分为消费者均衡的比较静态分析，通过比较静态分析，不仅推导出了消费者的需求曲线和恩格尔曲线，更为重要的是通过对消费者需求曲线的推导，进一步地丰富了需求曲线的含义，为以后理解市场经济的效率奠定了基础。

思考与练习

一、名词解释

预算线　边际效用　边际效用递减规律　无差异曲线　消费者均衡　替代率递减　总效用和边际效用　替代效应　吉芬物品

二、判断题

1. 在同一条无差异曲线上，不同的消费者得到的效用水平是无差异的。（　　）
2. 无差异曲线的斜率为固定常数时，表明两种商品是完全互补的。（　　）
3. 当消费某种物品的边际效用为负时，则总效用达极大值。（　　）
4. 当边际效用减少时，总效用也是减少的。（　　）
5. 基数效用论的分析方法包括边际效用分析和无差异曲线分析方法。（　　）
6. 吉芬物品和低档物品的需求曲线都向右上方倾斜。（　　）
7. 所有的吉芬物品都是低档物品。（　　）
8. 正常物品的替代效应同价格呈同方向变动。（　　）
9. 个人需求曲线上的任何一点都代表着消费者的最大满足状态。（　　）
10. 吉芬物品是一种需求量与价格同方向变化的特殊商品。（　　）
11. 商品价格变化引起的收入效应，表现为相应的消费者的均衡点沿原有的无差异曲线运动。（　　）
12. 在同一条无差异曲线上，任意两点对应的两种商品不同数量组合所能带来的边际效用相等。（　　）
13. 若某商品的价格变化，其替代效用小于收入效应，则该商品是低档品。（　　）
14. 若 $MU_x/P_x > MU_y/P_y$，消费者应增加 x 商品的购买，减少 y 商品的购买，最终可实现效用最大化。（　　）

三、选择题

1. 基数效用论消费者均衡的条件是（　　）。

A. 无差异曲线与预算线相切　　B. $MRS_{xy}=P_x/P_y$

C. $MU_x/P_x=MU_y/P_y$　　D. $MU_x/MU_y=P_x/P_y$

2. MRS_{xy}递减，意味着当 x 商品的消费量不断增加时，能代替的 y 商品的数量（　　）。

A. 越来越多　　B. 越来越少

C. 保持不变　　D. 以上均不正确

3. 设某一消费者有 $MU_x/P_x<MU_y/P_y$，为使他得到的效用最大，他将（　　）。

A. x、y 的价格不变，增加 x 的购买量，减少 y 的购买量

B. x、y 的价格不变，增加 y 的购买量，减少 x 的购买量

C. 仅当 x 的价格降低时，才有可能增加 x 的购买

D. 仅当 y 的价格降低时，才有可能增加 y 的购买

4. 当消费者对商品 x 的消费达到饱和点时，则边际效用 MUx 为（　　）。

A. 正值　　B. 负值

C. 零　　D. 不确定

5. 在同一条无差异曲线上，若增加 1 个单位 x 商品的购买，需要减少 2 个单位的 y 商品的消费，则有（　　）。

A. $MRCSxy=2$　　B. $MRCSxy=1/2$

C. $MUx/MUy=2$　　D. $MUx/MUy=1/2$

6. 正常物品价格上升导致需求量减少的原因在于（　　）。

A. 替代效应使需求量增加，收入效应使需求量减少

B. 替代效应使需求量减少，收入效应使需求量增加

C. 替代效应使需求量减少，收入效应使需求量减少

D. 替代效应使需求量增加，收入效应使需求量增加

7. 当只有商品价格变化时，连接消费者各均衡点的轨迹称作（　　）。

A. 需求曲线　　B. 价格——消费曲线

C. 恩格尔曲线　　D. 收入——消费曲线

8. 某消费者消费更多的某种商品时（　　）。

A. 消费者获得的总效用递增　　B. 消费者获得的边际效用递增

C. 消费者获得的总效用递减　　D. 消费者获得的边际效用递减

9. 商品价格变化引起的替代效应，表现为相应的消费者的均衡点（　　）。

A. 沿着原有的无差异曲线移动　　B. 运动到另一条无差异曲线上

C. 沿着原有的预算线移动　　D. 不变

10. 低档物品价格下降，其需求量（　　）。

A. 增加

B. 减少

C. 替代效应的效果大于收入效应的效果时增加

D. 替代效应的效果小于收入效应的效果时增加

11. 商品价格变化引起的收入效应，表现为相应的消费者的均衡点（　　）。

A. 沿着原有的无差异曲线运动　　B. 运动到另一条无差异曲线上

C. 不变　　D. 不规则变动

12. $I = Px \cdot X + Py \cdot Y$ 是消费者的（　　）。

A. 需求函数　　B. 效用函数

C. 预算约束方程　　D. 不确定

13. 序数效用论对消费者偏好的假设包括（　　）。

A. 边际效用递减　　B. 货币边际效用不变

C. 传递性　　D. 不饱和性

14. 已知消费者的收入为 I，全部用来购买 X_1，X_2，且 $MU_1/P_1 > MU_2/P_2$，当商品价格既定时，若要达到消费者均衡，需要（　　）。

A. 增加的 X_1 购买，减少 X_2 的购买　　B. 增加 X_2 的购买，减少 X_1 的购买

C. X_1，X_2 都增加　　D. X_1，X_2 都减少

15. 消费者达到均衡时（　　）。

A. 总效用最大　　B. 每单位货币的边际效用相等

C. 预算线和无差异曲线相切　　D. $MRTS_{12} = P_1/P_2$

16. 当消费者处于均衡时（　　）。

A. 每单位货币购买不同商品所增加的满足程度相等

B. 每种商品的总效用相等

C. 每种商品的替代效应等于收入效应

D. 所购买的商品的边际效用相等

四、简答题

1. 简述边际效用和总效用的关系。

2. 基数效用论是如何推导需求曲线的？

3. 试用图形说明序数效用论对消费者均衡条件的分析。

4. 用图形分析正常物品的替代效应和收入效应，并说明其需求曲线的特征。

5. 用图形分析吉芬物品的替代效应和收入效应，并说明其需求曲线的特征。

五、分析论述题

1. 用图说明序数效用论者对消费者均衡条件的分析，以及在此基础上对需求曲线的推导。

2. 在遇到自然灾害时，一些农民将收入几乎全部用来购买红薯，而当红薯的价格降低时，其消费量却减少了，在这种情况下红薯是正常物品、低档物品还是吉芬物品？请结合图形解释你的结论。

3. 分别用图分析正常物品、低档物品和吉芬物品的替代效应和收入效应，并进一步说明这三类物品的需求曲线的特征。

4. 比较基数效用理论与序数效用理论的异同，谈谈你对效用论的看法。

第五章

生产理论

【学习目标】

◆ 了解厂商追求最大利润的原则：以最小成本或最大产量的最优要素组合进行生产；

◆ 理解厂商利润最大化的条件：MR = MC，适用于所有类型的市场结构；

◆ 掌握生产函数的含义及图形，各种产量变动的规律与相互关系；

◆ 掌握实现要素最佳组合的均衡条件，包括了解等产量曲线、等成本曲线、边际技术替代率等一系列重要概念。

【本章脉络图】

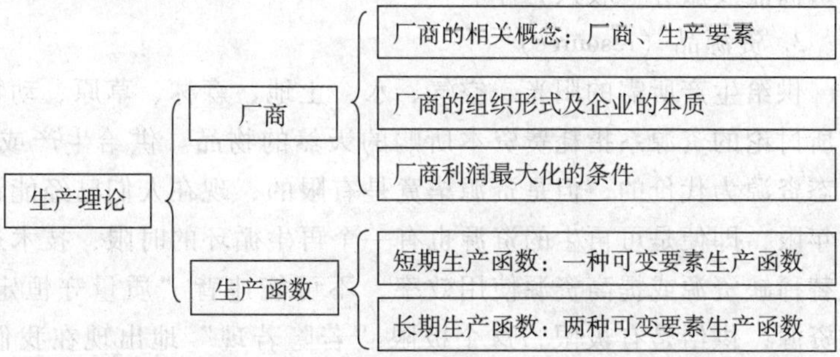

本章将考察企业的生产技术：通过厂商基本理论的学习，结合厂商利润最大化的条件，重点介绍两种生产函数：固定投入比例生产函数和柯布—道格拉斯生产函数。然后具体分析了短期生产函数的技术规律和不同的生产阶段以及两种可变生产要素下的长期

生产函数的生产技术特征，为与成本理论结合在一起讨论生产者均衡打下良好的基础。

第一节

厂　　商

一、厂商的界定及其相关概念

（一）厂商的含义

生产者又称厂商，是指能够做出统一生产决策的单个经济单位。在经济学中是以一个“黑箱”的形式存在的，其所关心的是厂商将投入转化为产出的功能。

（二）生产要素

厂商生产的过程就是从生产要素地投入到产品的产出过程。其中生产要素的类型在不同的历史阶段有不同的界定，在当今一般认为有以下四种类型：

1. 劳动（labor）

劳动是指生产经营过程中人的体力和智力使用。它是供给生产各要素中最重要的，起决定性作用的投入品，其之所以“重要”，一是劳工队伍的稳定决定了供给生产能否顺利进行，一个深陷罢工、战乱的国家供给生产将会受到极大的冲击，经济发展则无从谈起；二是劳动质量的高低决定了其他要素的合理使用和效率高低，不同的国家或不同的地区同样的资本投入，可能会因劳动素质的高低而带来不同的结果。劳动如同电能一样，无法保存与储藏，对任何一个国家或经济体，如在供给过程中未加以充分运用，则也是一种浪费，这种浪费与资本闲置、资源流相类似。

2. 资本品（capital）

资本品是一种耗费资本所购的、用于供给生产的、被生产出来的非天然的物品，指事先被生产出来又用于生产的投入品，如厂房、机器设备、半成品等。很多经济学专著将资本与资本品合并成一个概念，这与供给生产实际流程（资本→资本品 + 劳动 + 资源→商品及服务→收入）不符。

3. 资源品（resource）

供给生产所需的阳光、空气、水、土地、森林、草原、动物、矿藏等天然物品，本文所讨论的资源系指耗费资本所购的天然的物品。供给生产或多或少以消耗自然资源、生态资源为代价的，但是资源毕竟是有限的，现在人们已经能计算出大部资源可供消耗的年限，即便是可再生的资源也有一个再生循环的时限，技术进步只能做到用丰富资源代替稀缺资源或提高资源使用效率，不可能违背“质量守恒定律”发明创造出一种新的资源，供给是有极限，这个极限“若隐若现”地出现在我们的未来，因此，从长远看，资源是供给产量的一个限制性的因素。

4. 技术（technology）

技术是一种智力劳动的成果，泛指涵盖整个供给过程中各种形式知识及经验技巧的积累与改进。一个国家的技术水平的高低不仅体现在新知识发现、新产品发明上，同时还体现在拥有更高素质和更高技能的劳动、更先进和更高效的资本品，更新型更节约的资源。

二、厂商的组织形式

厂商是以利润为目的，独立从事产品经营的经济主体，小到个体户，大到跨国公司。企业包括一切拥有并经营其资产的企业化单位。因此，企业都是厂商，在我国两者统称企业。厂商有以下 3 种组织形式：

（一）个人业主制企业

1. 个人业主制企业的组织形式

是由个人出资兴办、完全归个人所有和个人控制的企业。这种企业在法律上称为自然人企业，是最早产生的也是最简单的企业形态。

2. 个人业主制企业的特征

优点：开设、转让与关闭等行为仅需向政府登记即可，手续非常简单；利润全归个人所得，不需与别人分摊；经营制约因素较少，经营方式灵活；易于保护技术、工艺和财务秘密；企业主可以获得个人满足。

不足：责任无限；规模有限，受到个人资金和个人管理能力的限制；寿命有限。

（二）合伙制企业

1. 合伙制企业的组织形式

是由两个以上的企业主共同出资，为了利润共同经营，并归若干企业主共同所有的企业。合伙人出资可以是资金、实物或是知识产权。

2. 合伙企业的特征

优点：资金来源较广，信用能力较大；才智与经验更多；发展余地更大。

不足：产权转让须经所有合伙人同意方可进行；产权转让较为困难；投资者责任无限且连带；寿命有限；意见难以统一；规模仍受局限。

（三）公司制企业

1. 公司制企业的组织形式

是由许多人集资创办并且组成一个法人的企业。公司是法人，在法律上具有独立的人格，是能够独立承担民事责任、具有民事行为能力的组织。

2. 公司制企业的几种形式

无限责任公司：这是由两个以上负无限责任的股东出资组成，股东对公司债务负连带无限清偿责任的公司。英美法系不承认这种公司为公司法人，而大陆法系则承认这种公司为公司法人。

两合公司：这是由少数有限责任股东和少数无限责任股东共同组成的公司。

股份两合公司：这是由一人以上的无限责任股东和一定人数或一定人数以上的有限责任股东出资组成的法人企业。

有限责任公司：这是指由两个以上股东共同出资，每个股东以其所认缴的出资额对公司承担有限责任，公司以其全部资产对其债务承担责任的企业法人。

三、企业的本质

（一）新古典经济学的企业理论

新古典经济学认为：生产者都是具有完全理性的经济人。生产者的目的都是实现利润最大化。新古典经济学就是在这样的假定下分析代表性企业。对于企业内部的组织结构，新古典经济学没有关注。

（二）新制度经济学关于企业本质的看法

企业是商品经济发展到一定阶段的产物。企业是作为替代市场的一种更低交易费用的资源配置方式。交易费用这一概念是美国经济学家科斯（Ronald H. Couse）在分析企业的起源和规模时，首次引入经济学分析的。根据科斯的解释，交易费用（也称交易成本）是围绕交易契约所产生的成本，或者说是运用市场价格机制的成本。它包括两个主要内容：①发现贴现价格，获得精确的市场信息的成本；②在市场交易中，交易人之间谈判，讨价还价和履行合同的成本。在商品经济发展的初期，无论是原始的物物交换，还是以货币为媒介的商品交换，由于市场狭小，利用市场价格机制的费用几乎不存在，这时的商品生产一般以家庭为单位。但随着商品经济的发展，市场规模的扩大，生产者在了解有关价格信息、市场谈判、签订合同等方面利用价格机制的费用显著增大，这时，生产者采用把生产要素集合在一个经济单位中的生产方式，以降低交易费用，这种经济单位即是企业。企业这种组织形式之所以可以降低市场交易的费用，是由于用内部管理的方式组织各种生产要素的结合的缘故。因此，从交易费用的角度来看，市场和企业是两种不同的组织生产分工的方法：一种是内部管理方式；另一种是协议买卖方式。两种方式都存在一定的费用，即前者是组织费用；后者是交易费用。企业之所以出现正是由于企业的组织费用低于市场的交易费用。因此，交易费用的降低是企业出现的重要原因之一。

四、厂商的目标

一般情况下，我们都认为厂商的目标是追求利润的最大化。但实际情况是：在信息不对称的情况下，厂商所面临的市场需求以及产量变化引起的成本变化不确定，导致厂商追求的目标是实现销售收入的最大化；在公司制企业里，所有者与经营者分离，经营者往往会追求自身效用的最大化，而不是公司利益的最大化；但在长期中，企业不以利润最大化为目标的企业终将被市场竞争所淘汰。因此，在对生产者行为进行分析时：我们仍然假设厂商追求利润最大化。

根据上述生产要素的阐述，我们得知：生产要素的投入构成了厂商的成本；商品的出售则会形成收益。收益与成本之差就是利润。即用文字和字母表示利润为：

利润 = 总收益 - 总成本

$$\pi(\max) = TR(Q) - TC(Q) \tag{5.1}$$

注意：经济学中利润一般指超额利润。厂商的利润最大化条件为：$MR = MC$。

边际收益（MR）是最后增加一单位销售量所增加的收益，边际成本（MC）是最后增加一单位产量所增加的成本。若 $MR > MC$，则增加产量可增加收益，厂商会继续增加产量，以实现利润最大化目标；若 $MR < MC$，则增加产量会亏损，厂商就不会增加产

量反而减少生产量，以实现利润最大化目标；只有 $MR=MC$，厂商的利润达到极大值，即 $MR=MC$ 构成了厂商利润最大化的条件，且这一条件适合所有类型的市场结构。

第二节

生产函数

一、生产函数概述

（一）生产函数内涵

1. 经济学中的生产要素

生产要素泛指生产过程中投入的一切经济资源。经济学中，生产要素一般被划分为劳动、资本、土地、企业家才能这四种要素。

2. 生产函数的含义

生产函数表示在一定时间内，在技术水平不变的情况下，生产中所使用的各种生产要素与所能生产的最大产量之间的关系。或者说，一组既定的投入与之所能生产的最大产量之间的依存关系。

（二）生产函数的表达式

假定用 Q 表示所能生产的最大可能产量，用 X_1，X_2，…，X_n 表示某产品生产过程中各种生产要素的投入量，如图 5－1 所示。

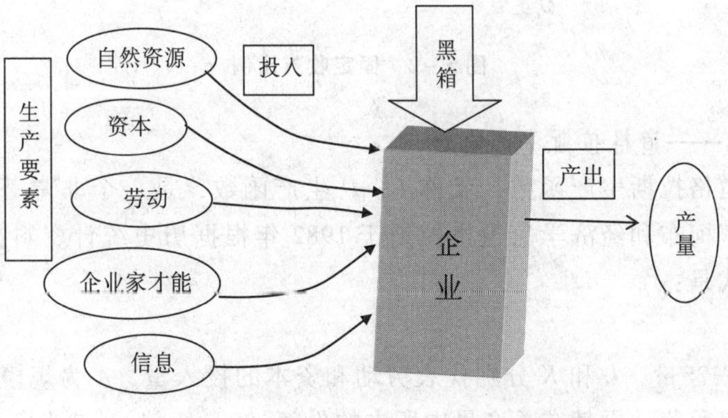

图 5－1　生产要素投入与产出之间的关系

若不考虑可变投入与不变投入的区别是，则生产函数可用如下一般表达式表示：

$$Q=f(X_1,X_2,X_3,\cdots,X_n) \tag{5.2}$$

该生产函数表示在既定的生产技术条件下，生产要素组合（X_1，X_2，…，X_n）在某一时期所能生产的最大可能产量为 Q。

在经济学中，为了分析方便，常假定只使用劳动和资本两种生产要素，如果用 L 表示劳动投入量，用 K 表示资本投入量，则生产函数可用下式表示：

$$Q = f(L,K) \tag{5.3}$$

二、常见的一些具体生产函数形式

（一）固定投入比例生产函数

又称里昂惕夫生产函数，指在每一产量水平上任何要素投入量之间的比例都是固定的生产函数，即投入的生产要素不能相互替代。假定只用 L 和 K 这两种生产要素，则固定比例生产函数的通常形式为：

$$Q = Min\ (L/U,\ K/V) \tag{5.4}$$

U 为固定的劳动生产系数（单位产量配备的劳动数）；V 为固定的资本生产系数（单位产量配备的资本数）

在固定比例生产函数下，产量取决于较小比值的那一要素。这时，产量的增加，必须有 L、K 按规定比例同时增加，若其中之一数量不变，单独增加另一要素量，则产量不变。既然都满足最小比例，也就有：

$$Q = L/U = K/V \quad 或 \quad K/L = V/U \tag{5.5}$$

用图形来表示如图 5－2 所示。

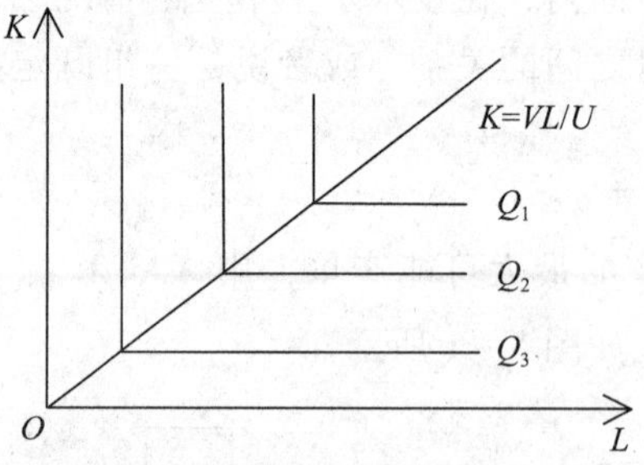

图 5－2　固定收入比例

（二）柯布——道格拉斯生产函数

柯布——道格拉斯生产函数，又称 C—D 生产函数，是一个非常著名的生产函数，是由美国数学家柯布和经济学家道格拉斯于 1982 年根据历史统计资料提出的。该生产函数的一般形式是：

$$Q = AL^{\alpha}K^{\beta} \tag{5.6}$$

式中 Q 代表产量，L 和 K 分别代表劳动和资本的投入量，A 为规模参数，$A>0$，α 为产出弹性，表示劳动贡献在总产量中所占的份额（$0<\alpha<1$），β 为资本产出弹性，表示资本贡献在总产量中所占的份额（$0<\beta<1$）。

柯布和道格拉斯通过对美国 1899～1922 年之间劳动、资本和产量的有关统计资料的估算，得出这一时期生产函数的具体形式为：

$$Q = 1.01L^{3/4}K^{1/4} = 1.01\sqrt[4]{L^3}\sqrt[4]{K} \tag{5.7}$$

这一生产函数表示：在资本投入量固定不变时，劳动投入量单独增加 1%，产量将增加 1% 的 3/4，即 0.75%；当劳动投入量固定不变时，资本投入量增加 1%，产量将增加 1% 的 1/4，即 0.25%。这就是该劳动和资本对总量的贡献比例为 3:1。

此外，柯布——道格拉斯生产函数规模报酬状况取决于 $\alpha+\beta$ 的数值大小。

若：$\alpha+\beta>1$，则规模报酬递增；

$\alpha+\beta=1$，则规模报酬不变；

$\alpha+\beta<1$，则规模报酬递减。

第二次世界大战后，随着经济的发展和技术的进步，柯布——道格拉斯生产函数的相关数值也在变化，此时产出增长的倍数大于生产要素增长的倍数，技术的进步导致 A 增大了。

【案例】

亚当·斯密在其名著《国民财富的性质和原因的研究》中根据他对一个扣针厂的参观描述了一个例子。斯密所看到的工人之间的专业化和引起的规模经济给他留下了深刻的印象。他写道：

“一个人抽铁丝，另一个人拉直，第三个人截断，第四个人削尖，第五个人磨光顶端以便安装圆头；做圆头要求有两三道不同的操作；装圆头是一项专门的业务，把针涂白是另一项；甚至将扣针装进纸盒中也是一门职业。”

斯密说，由于这种专业化，扣针厂每个工人每天生产几千枚针。他得出的结论是，如果工人选择分开工作，而不是作为一个专业工作者团队，“那他们肯定不能每人每天制造出 20 枚扣针，或许连一枚也造不出来”。换句话说，由于专业化，大扣针厂可以比小扣针厂实现更高人均产量和每枚扣针更低的平均成本。

斯密在扣针厂观察到的专业化在现在经济中普遍存在。例如，如果你想盖一个房子，你可以自己努力去做每一件事。但大多数人找建筑商，建筑商又雇佣木匠、瓦匠、电工、油漆工和许多其他类型工人。这些工人专门从事某种工作，而且，这使他们比作为通用型工人时做得更好。实际上，运用专业化实现规模经济是现代社会像现在一样繁荣的一个原因。

案例评析：分工理论对于生产是非常重要的，毫无疑问，正确的分工会带来生产效率的快速增长。斯密的《国富论》就是从分工开始论述的。斯密认为，促进国民财富增长的第一个决定因素是分工，他把分工作为提高劳动生产率，从而增加国民财富的一个重要途径。分工之所以能够提高劳动生产率，是因为分工促使劳动专门化，提高工人的熟练程度；分工可以节省因工种转换而损失的时间；分工使专门从事某项作业的劳动者有利于改良工具和发明机械。

第三节

一种可变要素的生产函数

本节假定只有一种要素的投入是变动的，其余的生产要素的投入是固定的。在这一假定条件下，分析一种要素的变动引起的产量变动，找出生产要素的合理投入区域。

在具体分析一种可变要素的生产函数之前，首先区分两个概念：短期与长期。经济学中短期与长期的区分不是以时间长短为标准的，而是以所有的自变量是否能够充分调整作为划分标准的。具体来讲：

（1）短期：在这段时期内，生产者来不及调整全部生产要素的数量，至少有一种生产要素的数量是固定不变的时期。

（2）长期：在这段时期内，所有投入的生产要素（L，K）等都是可以变动的。

微观经济学常以一种可变生产要素的生产函数考察短期生产理论，以两种可变生产要素的生产函数考察长期生产理论。

一、一种可变生产要素的生产函数

一种可变生产要素的生产函数即短期生产函数，表示产量（Q）随一种可变投入（X）的变化而变化。

函数形式如下：

$$Q=f(X) \tag{5.8}$$

若假设仅使用劳动与资本两种要素，并假定资本要素不变，劳动要素可变，则有函数：

$$Q=f(L,\bar{K}) \tag{5.9}$$

或短期生产函数可简记为：

$$Q=f(L) \tag{5.10}$$

二、总产量函数、平均产量函数、边际产量

（一）总产量、平均产量、边际产量的含义及表示

总产量（TP_L）是在资本投入既定的条件下，与一定可变生产要素劳动的投入量相对应的最大产量总和。公式为：

$$TP_L=Q=f(L) \tag{5.11}$$

平均产量（AP_L）是指平均每个单位可变生产要素劳动所能生产的产量。公式为：

$$AP_L=\frac{TP_L}{L}=\frac{f(L)}{L} \tag{5.12}$$

边际产量（MP_L）是指每增加一单位可变要素劳动的投入量所引起的总产量的变动量。公式为：

$$MP_L=\frac{\Delta TP_L}{\Delta L} \quad \text{或} \ MP_L=\lim_{\Delta L\to 0}\frac{\Delta TP_L}{\Delta L}=\frac{df(L)}{dL} \tag{5.13}$$

（二）总产量曲线、平均产量曲线、边际产量曲线之间的关系

1. TP_L、AP_L、MP_L的特点

给出一个短期生产函数，根据总产量、平均产量、边际产量的含义，可以得出随着劳动投入的变化，上述三个产量的变化见表 5－1：

依据短期生产函数，做出总产量、平均产量和边际产量随劳动的变化而变化的表，从数据也可以发现他们之间的大致规律以及变化趋势。

表 5-1　　总产量、平均产量和边际产量

资本投入量 (K)	劳动投入量 (L)	总产量 (TP_L)	平均产量 (AP_L)	边际产量 (MP_L)
20	0	0	—	—
20	1	6.0	6.00	6.0
20	2	13.5	6.75	7.5
20	3	21.0	7.00	7.5
20	4	28.0	7.00	7.0
20	5	34.0	6.80	6.0
20	6	38.0	6.30	4.0
20	7	38.0	5.40	0.0
20	8	37.0	4.60	-1.0

思考题：把表 5-1 关于总产量、平均产量和边际产量随劳动的变化而变化的数据描述成曲线，试说明它们的变动趋势。

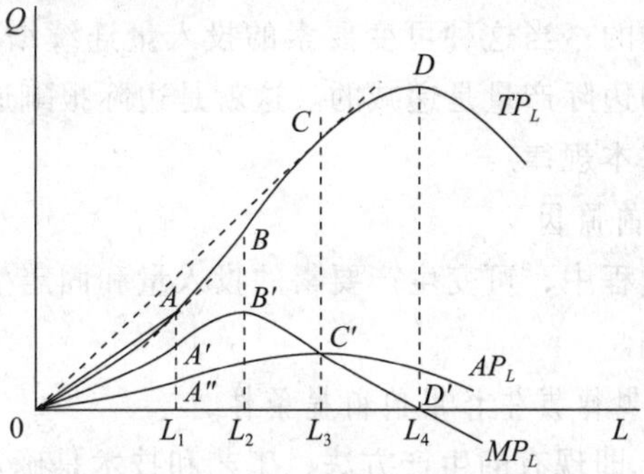

图 5-3　TP_L、AP_L、MP_L之间的关系

由图 5-3 可以看出，TP_L、AP_L、MP_L的特点如下：

(1) 总产量曲线（TP_L）的特点：初期随着可变投入的增加，总产量以递增的增长率上升，然后以递减的增长率上升，达到某一极大值后，随着可变投入的继续增加反而下降。

(2) 平均产量（AP_L）变动的特点：初期，随着可变要素投入的增加，平均产量不断增加，到一定点达到极大值，之后随着可变要素投入量的继续增加，转而下降。

(3) 边际产量（MP_L）曲线变动的特点：边际产量在开始时，随着可变要素投入的增加不断增加，到一定点达极大值，之后开始下降，边际产量可以下降为零，甚至为负。边际产量是总量增量的变动情况，它的最大值在 TP_L 由递增上升转入递减上升的拐点。

2. TP_L、AP_L、MP_L之间的关系

通过观察图 5-3 可以发现它们之间存在如下关系：

(1) 总产量曲线与边际产量曲线之间的关系：A. 当 $MP_L>0$ 时，总产量以递增的

速率增加；当 $MP_L<0$ 时，总产量绝对减少；B. 某一点的边际产量就是某一点总产量的导数；C. $MP_L=0$ 时，总产量达到最大值。

（2）总产量曲线与平均产量曲线关系：连接总产量曲线上任何一点与坐标原点的线段的斜率，就是相应的平均产量值。A. 当 AP_L 上升时，总产量以递增的速率增加；B. 当 AP_L 下降时，总产量以递减的速率增加，直到总产量达到极大值。

（3）平均产量曲线与边际产量曲线的关系：当 $MP_L>AP_L$ 时，平均产量上升；当 $MP_L<AP_L$ 时，平均产量下降；当 $MP_L=AP_L$ 时，平均产量达到最大值。

三、边际报酬递减规律

（一）边际报酬递减规律的含义

对于一种可变生产要素的生产函数来说，边际产量表现出先上升而最终下降的规律，称之为边际报酬递减规律。有时也称为边际产量递减规律或边际收益递减规律。

具体来说，西方经济学家指出，在生产中普遍存在这么一种现象：在技术水平不变的前提下，在连续等量地把某一种可变生产要素增加到其他一种或几种数量不变的生产要素上去的过程中，当这种可变生产要素的投入量小于某一特定值时，增加该要素投入所带来的边际产量是递增的；当这种可变要素的投入量连续增加并超过这个特定值时，增加该要素投入所带来的边际产量是递减的。这就是边际报酬递减规律。边际报酬递减规律是短期生产的一条基本规律。

（二）边际报酬递减的原因

在任何产品的生产过程中，可变生产要素的投入量和固定生产要素的投入量之间都存在着一种最佳组合比例。

（三）边际报酬递减规律发生作用的前提条件

（1）技术水平不变。即现有的生产方法、工艺和技术是确定不变的；

（2）生产要素投入的比例是可变的。即技术系数是可变的；

（3）增加的生产要素必须具有同等的效率，或者投入的生产要素是同质的。

四、生产的三个阶段

如图 5－4 所示：

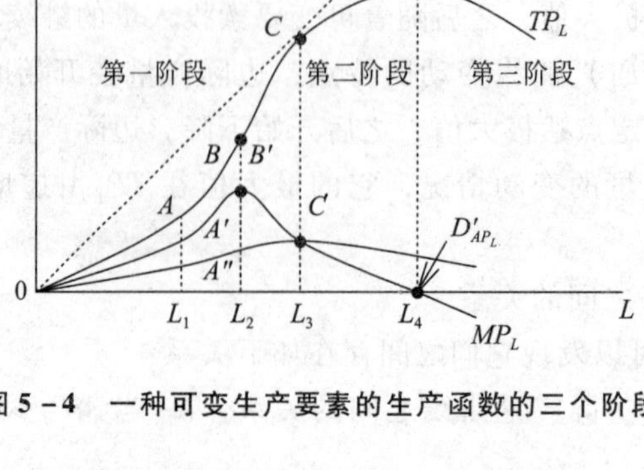

图 5－4　一种可变生产要素的生产函数的三个阶段

第Ⅰ阶段（$O—L_3$ 阶段）：收益递增阶段，生产者不应停留的阶段。在这一阶段中，劳动的边际产量始终大于劳动的平均产量，从而劳动的平均产量和总产量都在上升，且劳动的平均产量达到最大值。说明在这一阶段，可变生产要素相对于不变生产要素投入量显得过小，不变生产要素的使用效率不高，因此，生产者增加可变生产要素的投入量就可以增加总产量。因此，生产者将增加生产要素投入量，把生产扩大到第Ⅱ阶段。

第Ⅱ阶段（$L_3—L_4$ 阶段）：收益递减阶段，劳动的边际产量小于劳动的平均产量，从而使平均产量递减。但由于边际产量仍大于零，所以总产量仍然连续增加，但以递减的变化率增加。在这一阶段的起点 L_3，AP_L 达到最大，在终点 L_4，TP_L 达到最大。

第Ⅲ阶段（L_4 之后）：负收益阶段，生产者不能进入的阶段。在这一阶段，平均产量继续下降，边际产量变为负值，总产量开始下降。这说明，在这一阶段，生产出现冗余，可变生产要素的投入量相对于不变生产要素来说已经太多，生产者减少可变生产要素的投入量是有利的。因此，理性的生产者将减少可变生产要素的投入量，把生产退回到第Ⅱ阶段。

由此可见，合理的生产阶段在第Ⅱ阶段，理性的厂商将选择在这一阶段进行生产。至于选择在第Ⅱ阶段的哪一点生产，要看生产要素的价格和厂商的收益。如果相对于资本的价格而言，劳动的价格相对较高，则劳动的投入量靠近 L_1 点对于生产者有利；如果相对于资本的价格而言，劳动的价格相对较低，则劳动的投入量靠近 L_4 点对于生产者有利。

【案例】

边际实物报酬是怎样递减的？

某电工机械厂厂长王钧：现以转盘生产为例，具体说明边际实物报酬是怎样递减的。转盘是我厂大型连续卷管机 400 多种零件中的关键件之一，用 4 台机床进行加工。

开始时，我们用 4 名工人加工，一人一台机床。由于每个人既要操作机床，又要做些必要的辅助工作（如卡零件，借用工具，相互传递，打扫卫生等），使机床的生产效率没有得到充分发挥，结果日总产量为 32 件，人均产量只有 8 件。当增加一个人后，就可以有一个人做辅助工作，其他 4 个人能够把大部分时间用在机床上，日总产量增加到 41 件，人均产量为 8.2 件，边际产量为 9 件。再增加一个人后，就能将绝大部分辅助工作担当起来，有 4 人盯住机床上，充分发挥了设备的效率，日总产量又增加到 54 件，人均产量为 9 件，边际产量为 13 件。这就是边际实际报酬的递增阶段，总产量以递增的速度增加。

当增加到 7 个人时，由于新投入的第三个人只能担负一部分辅助工作，有一部分时间没活干，因此总产量虽然增加到 63 件，平均产量保持不变，边际产量反而下降。此后，随着投入的劳动力进一步增加，不但剩余时间越来越多，而且互相干扰，废品率也相应上升，结果平均产量不断下降，边际产量下降更快。直到总劳动力为 10 人时，总产量达到最大，平均产量从递增到递减，边际产量从最大到 0。这就是边际实物报酬递减阶段，总产量以递减的速度增加。

在这以后，当劳动力增加到 10 人以上时，便人浮于事，人多手杂，职责不清，互相扯皮，废品率进一步增加，导致边际产量为负，平均产量继续下降，总产量也开始下降。这就出现了负报酬阶段。中国有句古话："一个和尚挑水喝，两个和尚抬水喝，三个和尚没水喝。"看来人多未必是好事。

由此可见，边际实物报酬递减法则，是生产中的一条客观规律，我们应该学好它，用好它，以求最大的经济效益。

【案例】

从小学到大学，同学们看到的课程表几乎都不是一天只学习一门课程，作为考研生应该体会最深，如果一天时间都用来学英语，到最后面几个小时效率是非常低的。科学的学习方法是将时间（比如一天 12 个小时）分割成几块（比如 4 块，每块 3 小时），比如在第一个时间段复习英语，第二个时间段复习数学，第三个时间段复习专业课，如果你觉得英语需要加大时间，在第四个时间段再复习英语，这样的"分而治之"比一天全学英语或者一天全学数学或者一天全学专业课的效果要强很多。此外，在工作中也是一样的，收到领导的任务后一定要学会将工作进行分割，先做什么后做什么，轮换着来做，免得使自己"边际激情递减"，很多时候大家通常是用听音乐、聊天的方式来进行调节，未尝不可，但要控制，而不要娱乐中迷失自我。思考：为什么不要长时间做同一件事，而要"分而治之"？

第四节

两种可变生产要素的生产函数

本节介绍长期生产理论。在长期内，所有的生产要素的投入量都是可变的。

一、两种可变生产要素的生产函数表达式

$$Q = f(L, K) \tag{5.14}$$

式中 L 表示可变要素劳动的投入量，K 表示可变要素资本的投入量，Q 表示产量在长期内，在技术水平不变的条件下，两种可变要素投入量的组合与能生产的最大产量之间的依存关系。

在两种可变投入生产函数下，如何使要素投入量达到最优组合，以使产量一定条件下的成本最小，或使用一定成本时的产量最大？西方经济学运用了等产量曲线与等成本曲线的分析。其中，等成本曲线是在既定的成本和要素价格条件下生产者可以购买的两种要素的各种不同的最大数量组合的轨迹。

二、等产量曲线

（一）等产量曲线含义

等产量曲线是在技术水平不变的条件下，生产同一产量的两种生产要素投入的所有不同组合点的轨迹（类似于消费者行为分析中的无差异曲线）。假设：与等产量曲线相

对应的生产函数是：

$$Q = f(L, K) = Q^0 \tag{5.15}$$

式中 Q^0 为常数，表示既定的产量水平，这一函数是一个两种可变要素的生产函数。

图 5-5 是等产量曲线图形。这一等产量曲线图是从三维空间中的等产量点向 L—K 平面投影而来的，因此曲线的纵坐标与横坐标所表示的并不是变量与自变量的关系。图中，L 与 K 都是自变量，Q 才是因变量。

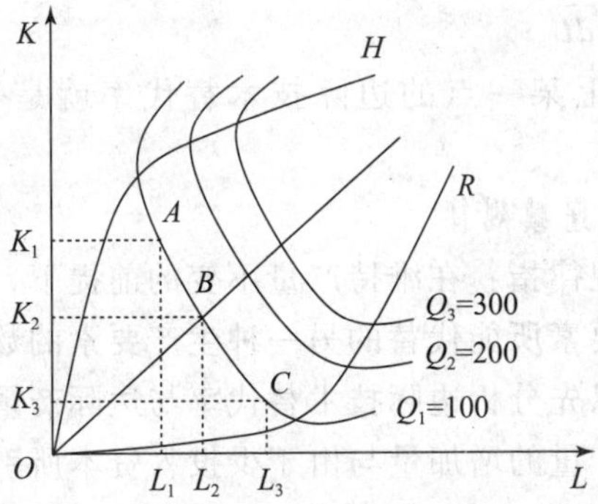

图 5-5　等产量曲线

图 5-5 中三条等产量曲线，它们分别表示产量为 100、200、300 单位。以代表 100 单位产量的等产量曲线为例，即可以使用 A 点的要素组合（OL_1，OK_1）生产，也可以使用 B 点的要素组合（OL_2，OK_2）或 C 点的要素组合（OL_3，OK_3）生产。这是连续性生产函数的等产量线，它表示两种投入要素的比例可以任意变动，产量是一个连续函数，这是等产量曲线的基本类型。

（二）等产量曲线的特点

第一，距原点越远的等产量曲线表示的产量水平越高，反之，则低。

第二，同一平面坐标上的任何两条等产量曲线不会相交。因为每一条产量线代表不同的产量水平。

第三，等产量曲线上任何一点的边际技术替代率为负，因此曲线向右下方倾斜。意味着在产量水平一定时，增加某一要素的投入量，减少另一要素投入量。这样的调整才是有意义的。即假设厂商希望减少资本的使用，为保持产量水平不变，就必须多使用劳动；相反，减少劳动的使用，则必须多使用资本。

第四，等产量线的边际技术替代率递减，等产量线凸向原点。

三、边际技术替代率及递减规律

（一）边际技术替代率的含义

长期生产的主要特征是不同比例的要素组合可以生产同一产量水平，即在维持同一产量水平时，要素之间可以相互代替。

边际技术替代率（marginal rate of technical substitution，MRTS）是研究要素之间替代关系的一个重要概念，它是指在生产技术和产量水平不变的条件下，增加一单位某种生产要素投入量时所减少的另一种要素的投入数量。例如，以 $MRTS_{LK}$ 表示劳动对资本的边际技术替代率，则：

$$MRTS_{LK}=\frac{\Delta K}{\Delta L} \tag{5.16}$$

由于ΔK和ΔL呈反方向变化，为便于研究两种要素之间的数量替代关系，在上式中加一个负号，取其正值。如果投入要素是连续可分的，要素投入量的变化量为无穷小，则可以用导数的形式表示劳动对资本的边际技术替代率，即

$$MRTS_{LK}=\lim_{\Delta\to 0}-\frac{\Delta K}{\Delta L}=-\frac{dK}{dL}$$

上式说明等产量曲线上某一点的边际技术替代率就是等产量曲线该点斜率的绝对值。

（二）边际技术替代率递减规律

边际技术替代率递减规律指：在维持产量不变的前提下，当一种要素的投入量不断增加时，每一单位的这种要素所能代替的另一种生产要素的数量是递减的。

要解释这一规律，可以先分析边际技术替代率与边际产量的关系。在维持产量不变时，多投入劳动所引起的产量的增加量与由于少投入资本所引起的产量的减少量的代数和为零，由此可以得出：

$$MP_L\cdot dL+MP_K\cdot dK=0 \tag{5.17}$$

即：$-\frac{dK}{dL}=\frac{MP_L}{MP_K}$

由边际技术替代率公式可知：

$$MRTS_{LK}=\frac{MP_L}{MP_K} \tag{5.18}$$

所以，边际技术替代率（绝对值）等于两种要素的边际产量之比。一方面，由于边际报酬递减规律的作用，当一种生产要素（如劳动L）不断增加，其MP_L逐步下降；另一方面，由于另一种生产要素（如资本K）不断被替代，其总的使用量不断减少，其MP_K相应增加，进而MP_L/MP_K逐步下降，即边际技术替代率（$MRTS_{LK}$）递减。由此可见，边际技术替代率递减规律实质上是短期生产函数分析中要素边际报酬递减规律在长期生产函数分析中的反映。而等产量曲线一般凸向原点的特征，恰好是由边际技术替代率递减规律所决定的。

本章小结

本章的内容分为三个部分，第一部分主要分析了厂商的本质及目标，在厂商的本质问题上，介绍了新制度经济学关于企业作为生产的一种组织形式，在一定程度上是对市场的替代的理论。第二部分着重分析了一种可变生产要素的短期生产函数，该部分以边际报酬递减规律为基础，对生产要素的合理投入区域进行了分析。第三部分分析了两种可变生产要素的长期生产函数，该部分通过对等产量曲线、等成本曲线的分析，提出生产要素的最优组合原则为边际技术替代率等于两种要素的价格之比。

思考与练习

一、选择题

1. 厂商从销售其生产的产品中获得的金额为（　　）。

A. 超额利润　　B. 经济利润

C. 收益　　D. 边际收益

2. 下列关于边际成本和平均成本的说法中（　　）是正确的。

A. 如果平均成本上升，边际成本可能上升或下降

B. 在边际成本曲线的最低点，边际成本等于平均成本

C. 如果边际成本上升，平均成本一定上升

D. 在平均成本曲线的最低点，边际成本等于平均成本

3. 下列说法中正确的是（　　）。

A. 生产要素的边际技术替代率递减是规模报酬递减造成的

B. 边际收益递减是规模报酬递减造成的

C. 规模报酬递减是边际收益递减规律造成的

D. 生产要素的边际技术替代率递减是边际收益递减规律造成的

4. 等产量曲线是指在这条曲线上的各点代表（　　）。

A. 为生产同等产量投入要素的各种组合比例是不能变化的

B. 为生产同等产量投入要素的价格是不变的

C. 不管投入各种要素量如何，产量总是相等的

D. 投入要素的各种组合所能生产的产量是相等的

5. 等成本线平行往外移动表明（　　）。

A. 产量提高了

B. 成本增加了

C. 生产要素的价格按相同比例提高了

D. 生产要素的价格按不同比例提高了

6. 当某厂商以最小成本生产出既定产量时，那他（　　）。

A. 总收益为零　　B. 一定获得最大利润

C. 一定未获得最大利润　　D. 无法确定是否获得最大利润

7. 在生产者均衡点上（　　）。

A. $MRTS = P/P$　　B. $MP/P = MP/P$

C. 等产量曲线与等成本线相切　　D. 上述都正确

8. 在边际产量发生递减时，如果要增加同样数量的产品，应该（　　）。

A. 增加变动的生产要素的投入量

B. 减少变动的生产要素的投入量

C. 停止增加变动的生产要素

D. 同比例增加各种生产要素

9. 当 MP 为负时，我们是处于（　　）。

A. 对 L 的第一阶段　　B. 对 K 的第三阶段

C. 对 L 的第二阶段　　D. 上述都不正确

10. 如果规模报酬不变，单位时间里增加了 20% 的劳动使用量；但保持资本量不变，则产出将（　　）。

A. 增加 20%　　B. 减少 20%

C. 增加大于 20%　　D. 增加小于 20%

二、分析讨论题

1. 如果总产量曲线是一条经过原点的直线，说明并做出平均产量和边际产量曲线。这样的总产量曲线是否有可能出现。

2. 在生产的三个阶段中，问：

（1）为什么厂商的理性决策应在第二阶段？

（2）厂商将使用什么样的要素组合？

（3）如果 $P=0$，或 $P=0$，或 $P=P$，厂商应在何处经营？

3. 规模报酬的递增、不变和递减这三种情况与可变比例生产函数的报酬递增、不变和递减的三种情况的区别何在？“规模报酬递增的厂商不可能也会面临报酬递减的现象”这个命题是否正确？

三、计算题

1. 已知生产函数 $Q=f(L, K)=2KL-0.5L^2-0.5K^2$，假定厂商目前处于短期生产，且 $K=10$。

（1）写出短期生产中该厂商关于劳动的总产量 TPL 函数、劳动的平均产量 APL 函数和劳动的边际产量 MPL 函数。

（2）分别计算当劳动产量 TPL 函数、劳动的平均产量 APL 和劳动的边际产量 MPL 各自达到极大值时厂商的劳动投入量。

（3）什么时候 $APL=MPL$？它的值又是多少？

2. 假设某厂商的短期生产函数为 $Q=35L+8L^2-L^3$。求：

（1）该企业的平均产量函数和边际产量函数。

（2）如果企业使用的生产要素的数量为 $L=6$，是否处理短期生产的合理区间？

第六章

成本理论

【学习目标】

本章成本理论，旨在说明厂商供给产品的价格最主要、最基本的决定因素是产品的生产成本。而产量又是影响成本的主要因素，本章进而分析短期生产成本函数与长期生产成本函数是如何随产量变化而变化的。最后分析出厂商利润最大化的均衡条件。通过本章学习，要求大家：

(1) 理解成本、显性成本、隐性成本、机会成本、短期成本、经济利润、正常利润、固定成本和可变成本的含义；

(2) 掌握短期成本函数中短期总成本、平均成本和边际成本之间的相互关系；平均可变成本、平均固定成本与平均成本之间的关系；

(3) 理解长期成本函数的形成及长期总成本、长期平均成本和长期边际成本的关系；

(4) 掌握总收益、平均收益、边际收益之间的关系以及利润最大化的均衡条件。

【本章脉络图】

- 成本理论
  - 成本及相关概念
    - 显明成本与隐含成本
    - 经济成本与会计成本
    - 短期成本与长期成本
  - 短期成本曲线
    - 总成本曲线、固定成本曲线、变动成本曲线关系及特征
    - 平均成本曲线、平均固定成本曲线、平均变动成本曲线关系及特征
    - 边际成本曲线与平均成本曲线、平均变动成本关系及特征
  - 长期成本曲线
    - 长期总成本曲线及其特征
    - 长期平均成本曲线及其特征
    - 长期边际成本曲线及其特征
  - 收益与利润最大化
    - 总收益曲线、平均收益、边际收益
    - 利润最大化均衡条件*TR*=*TC*

厂商对要素组合的选择，一方面取决于各种投入和产出之间的物质技术关系，另一方面依赖于成本或各种投入的价格水平。成本是决定产品供给价格的主要因素。本节以成本函数的方法，从短期成本函数和长期成本函数来研究生产者所面临的经济条件的约束——成本问题。最后推导出厂商实现利润最大化的均衡条件。

第一节

成本及其相关概念

一、成本

成本是指厂商为了得到一定数量的产品或服务所需要付出的代价，这种代价既包括以货币形式表现出现的部分，也包括以非货币如时间、精力等表现出来的代价。厂商要想生产一定的产品或提供一定的服务就必须使用各种生产要素，那么厂商生产这些产品或服务所投入的每种生产要素的数量与各要素价格乘积的和就是其生产成本。

二、相关成本概念

（一）显明成本与隐含成本

（1）显明成本是厂商在生产要素市场上购买或租用所需要的生产要素的实际支出，包括支付给雇员的工资薪金、原料、材料、燃料、动力和运输等所支付的费用，以及为借入资金支付的利息。例如，厂商雇佣一定数量的工人，取得一定数量的银行贷款，租用一定数量的土地，为此需要向工人支付工资，向银行支付利息，向土地出租者支付地

租。总之，显明成本是厂商支付并记录在账目上的所有支出。

（2）隐含成本是指厂商对自己提供的资源所应该支付的费用。这种费用应该支付，但并没有实际支出，因此也就不反映在账目上。这种实际存在而并没有反映在账目上的支出费用就称为隐含成本。例如，厂商使用自有资金和土地，并亲自管理企业，应向自己支付相应的利息、地租和工资。

【案例】

某厂商为了生产15条牛仔裤，租用了1个工厂、1台缝纫机，雇用了1名操作工，购买了1.5卷斜纹粗棉布，该厂商一天的总支出见表6-1：

表6-1

每天资源投入	单位价格（美元）	成本（美元）
1个工厂	100/天	100
1台缝纫机	20/天	20
1个操作工	80/天	80
1.5卷斜纹粗棉布	30/卷	45
总成本		245

显明成本：假如厂房和缝纫机是经营者自有的，则该厂商的显明成本是雇佣工人的工资80美元和购买原材料的资金45美元，一共125美元。

隐含成本：厂商的隐含成本就是自有工厂的租金100美元，自有缝纫机的租金20美元，一共120美元。

（二）经济成本与会计成本

（1）会计成本是指在购买生产要素时实际发生的且高度可见的成本。它包括：使用他人劳动力所支付的工资和奖金，从其他企业购买的原材料和半成品价值、租用他人拥有的厂房的租金、支付他人资本的利息等，这些成本被概括为显明成本。

会计成本 = 显明成本

（2）经济成本不仅仅包括了显明成本，它还包括了隐含成本。后者是指在生产过程中使用的，但又未被支付报酬的那一部分费用。从以上讨论可知：

经济成本 = 显明成本 + 隐含成本 = 会计成本 + 隐含成本

例：小王用自己的一所临街的房子开了一家小餐馆并亲自管理。他雇用了1名厨师和2名杂工。厨师的工资是每年30 000元，杂工每人工资是每年10 000元。水、电、材料等支出合计每年200 000元。按照当时的市场情况，他的这所房子本来可以按照每年50 000元租出去。另外他本来可以受雇于别人，每年得到20 000元的工资。按照通常的算法，在这一年里，他的会计成本是：

$30\,000 + 2 \times 10\,000 + 200\,000 = 250\,000$（元）

但是，如果让经济学家来算，他的经济成本是：

$30\,000 + 2 \times 10\,000 + 200\,000 + 50\,000 + 20\,000 = 320\,000$（元）

如果有隐含成本的话，经济成本大于会计成本。

（三）会计利润与经济利润

（1）经济利润是指企业的总收益和总成本之间的差额，简称为企业的利润，也称为超额利润。

（2）会计利润是指企业的总收益和会计成本（显明成本）之间的差额。

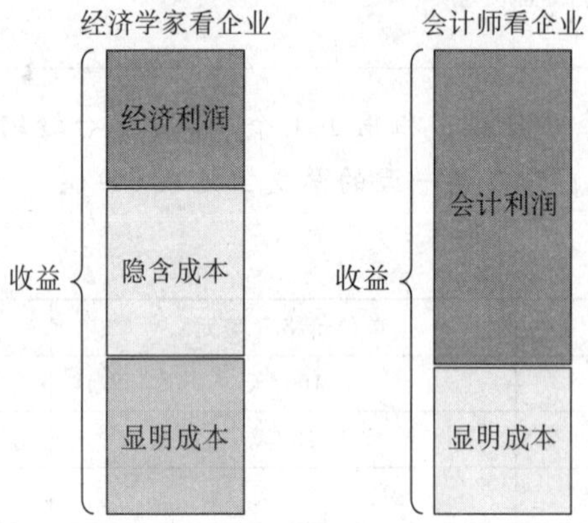

图 6－1　经济学家与会计师眼里的利润

经济利润与会计利润之间的关系，总结如下：

（1）经济学上厂商成本＝显明成本＋隐含成本

（2）正常利润＝隐含成本

（3）经济利润（超额利润）＝总收益－总成本

＝总收益－（显明成本＋隐含成本）

＝总收益－显明成本－隐含成本

＝会计利润－正常利润

需要注意的是由于会计师忽略了隐含成本，所以会计利润通常大于经济利润。而当厂商的经济利润（超额利润）为零时，厂商仍得到了全部正常利润。这是因为从会计的计算方法上，隐含成本被作为正常利润。而从经济学分析来看，隐含成本则应该是成本，因为它也是生产要素的报酬。要使企业有利可图，总收益必须弥补全部机会成本，包括显明成本与隐含成本。

（四）短期成本与长期成本

长期和短期并不是指时间长短，而是根据生产要素是否可以调整来划分的。

短期是指部分生产要素可以调整的时期。短期内，某些生产要素的投入量是固定的，企业只能调整其他生产要素投入量来增加或减少产量。可以调整的生产要素主要是原材料、工人人数、燃料等，而不可以调整的生产要素主要是机器设备、厂房、管理人员等。比如在短期内，企业只能在既定的厂房设备的生产能力内，通过增减工人和原材料的方法来改变产量。因此，短期成本就是指企业只调整某些生产要素量时发生的成本。

长期是指所有生产要素均可以调整的时期。在长期内，企业有足够的时间增购在短期内固定不变的生产要素，即在这个阶段任何生产要素的投入量都是可变的。因此长期成本是指调整所有生产要素量时所发生的成本。

在短期中，有变动成本（TVC）和固定成本（TFC）之分，而长期就没有固定成本和可变成本的分别了，一切成本都是可变的。

【专栏6－1】

利润在经济学家与会计师眼中的是不同的

为了说明这个问题我们假设一例。假设王先生用自己的银行存款30万元收购了一个小企业，如果不支取这30万元钱，在市场利息5%的情况下他每年可以赚到1.5万元的利息。王先生为了拥有自己的工厂，每年放弃了1.5万元的利息收入。这1.5元就是王先生开办企业的机会成本之一。经济学家和会计师以不同的方法来看待成本。经济学家把王先生放弃的1.5万元也作为他企业的成本，尽管这是一种隐性成本。但是会计师并不把这1.5万元作为成本表示，因为在会计的账面上并没有货币流出企业去进行支付。

为了进一步分析经济学家和会计师之间的差别，我们换一个角度，王先生没有买工厂的30万元，而是用自己的储蓄10万元，并以5%的利息从银行借了20万元。王先生的会计师只衡量显性成本，将把每年为银行贷款支付的1万元利息作为成本，因为这是从企业流出的货币量。与此相比，根据经济学家的看法，拥有的机会成本仍然是1.5万元。

第二节

短期成本曲线

短期内，厂商受到固定生产要素如厂房、机器设备以及高级管理人员的薪金等的限制，生产规模（或最大生产能力）是给定的，这时的决策就是在既定的生产规模下选择最优的产出量。短期内厂商投入的生产要素就有固定要素和可变要素的区分，与生产理论相对应，短期内厂商的成本也可以分为固定成本和可变成本。本节将分析短期成本如何随产量的变化而变化，以及各类短期成本的特征。

一、短期成本的分类

（一）短期总成本、固定成本、可变成本

短期是指厂商不能根据它所要达到的产量来调整其全部生产要素的时期。在这一时期内它只能调整原料、燃料及生产工人数量这类生产要素，而不能调整厂房、设备和管理人员这类生产要素。

（1）总成本（Total Cost，TC）是指企业生产某一特定数量产品所需要付出的成本总额。短期总成本（Short Total Cost，STC）是指在短期中投入的所有生产要素的成本，其包括两个部分：固定成本（TFC）和变动成本（TVC）。

（2）固定成本（Total fixed cost，TFC）是指厂商在短期内必须支付的不能调整的生产要素的费用。这种成本不随产量的变动而变动，是固定不变的。其中主要包括厂房和

设备的折旧，以及管理人员的工资等。

(3) 可变成本（Total Variable Cost，TVC）是指厂商购买可变要素投入带来的成本，或者指随着产量变化而变化的成本。当厂商停止营业时，这部分成本不需要支出。这类成本主要包括原材料、一般员工工资、燃料等支出。随着厂商的产量水平的提高，这部分成本也会增加。由于可变成本随着产量变化而变化，我们将产量作为自变量，可变成本作为因变量，可以得出可变成本函数的一般表达式：

$$TVC = f(Q)$$

在短期内：$STC = TFC + TVC = TFC + TVC = TFC + f(Q)$

【阅读材料】

固定成本与可变成本的区别

一家餐馆生意不好，中午没有几个人，你会问为什么这种餐馆还要开门呢？

分析：在做出是否经营的决策时，餐馆老板必须记住固定成本与可变成本的区分。餐馆的许多成本包括租金、厨房设备、桌子、盘子、餐具等，停止营业并不能减少这些成本。可变成本包括增加的食物价格和额外的服务员工资。只有在午餐时从顾客得到的收入少到不能弥补餐馆的可变成本，老板才在午餐时间关门。

（二）短期平均成本

(1) 平均固定成本（Average fixed cost，AFC）是厂商在短期内平均每生产一单位产品所消耗的固定成本。表示为：

$$AFC(Q) = \frac{TFC}{Q}$$

(2) 平均可变成本（Average Variable Cost，AVC）是厂商在短期内平均每生产一单位产品所消耗的可变成本。表示为：

$$AVC(Q) = \frac{TVC(Q)}{Q}$$

(3) 短期平均成本（Average Cost，AC）是厂商在短期内平均每生产一单位产品所消耗的成本。它是平均不变成本和平均固定成本之和。表示为：

$$AC(Q) = \frac{TC(Q)}{Q} = AFC(Q) + AVC(Q)$$

（三）短期边际成本

短期边际成本 MC 是厂商在短期内每增加一单位产品时所增加的成本。表示为：

$$MC(Q) = \frac{\Delta TC(Q)}{\Delta Q} \quad 或\ MC(Q) = \lim_{\Delta Q \to 0}\frac{\Delta TC(Q)}{\Delta Q} = \frac{dTC}{dQ}$$

二、短期成本曲线

（一）总成本曲线、固定成本曲线、变动成本曲线变动规律及关系

根据表 6－2 中的数字，可以分别绘制出总固定成本、总可变成本和总成本曲线，

如图 6－2 所示。

表 6－2　　某厂商短期条件下的七种成本

产量 Q	总成本（短期）			平均成本（短期）			边际成本
	固定成本 TFC	可变成本 TVC	总成本 TC	平均固定成本 AFC	平均可变成本 AVC	平均总成本 AC	边际成本 MC
0	1 200	0	1 200				
1	1 200	600	1 800	1 200.0	600.0	1 800.0	600
2	1 200	800	2 000	600.0	400.0	1 000.0	200
3	1 200	900	2 100	400.0	300.0	700.0	100
4	1 200	1 050	2 250	300.0	262.5	562.5	150
5	1 200	1 400	2 600	240.0	280.0	520.0	350
6	1 200	2 100	3 300	200.0	350.0	550.0	700

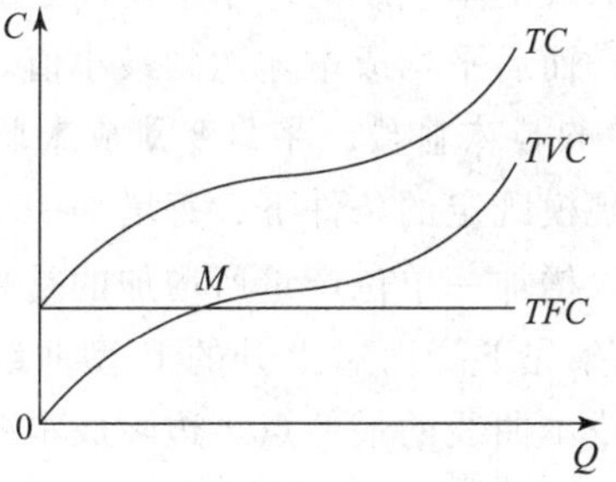

图 6－2　*TC*、*TVC*、*TFC* 曲线形状

（1）固定成本曲线（*TFC*）是一常数，是一条与横轴平行的直线，表示不随产量的变动而变动。即使产量为零，也存在固定成本，总成本最小也等于固定成本。

（2）变动成本（*TVC*）曲线是一条从原点出发且向右上方倾斜的曲线。表示随产量的增加而增加，但先以递减的速率增加，后以递增的速率增加。它变动的规律是最初在产量开始增加时由于固定生产要素与可变生产要素的效率未得到充分发挥，因此，可变成本的增加率要大于产量的增长率。以后随着产量的增加，固定生产要素与可变生产要素的效率得到充分发挥，可变成本的增加率小于产量的增加率。最后由于边际产量递减规律可变成本的增加率又大于产量增加率。

（3）由于总成本等于固定成本加上可变成本，而固定成本为一常数，因此总成本曲线的形状与可变成本相同，两者之间的垂直距离即为固定成本。

（二）平均成本曲线、平均固定成本曲线、平均变动成本曲线变动规律及关系

根据表 6－2 中的数字，可以分别绘制出平均成本曲线、总可变成本和总成本曲线，如图 6－3 所示。

（1）平均固定成本等于总固定成本除以产量。平均固定成本的曲线向右下方倾斜。它表示平均不变成本随产量的增加而减少。

（2）平均变动成本是短期内每单位产品平均所需要的变动。平均变动成本是 U 形曲线。平均可变成本起初随着产量的增加，平均可变成本减少；但产量增加到一定程度

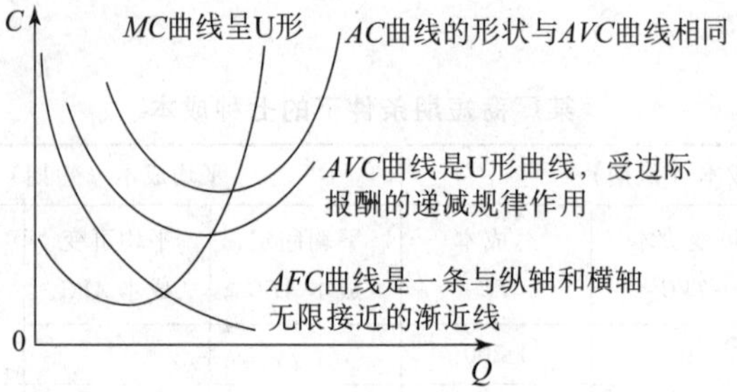

图 6-3 *MC*、*AC*、*AVC*、*AFC* 曲线形状

后，平均可变成本由于边际产量递减规律而增加。因此平均可变成本曲线是一条先下降而后上升的“U”形曲线，表明随着产量增加先下降而后上升的变动规律。

（3）平均成本等于平均固定成本与平均变动成本之和，因此平均成本的变动规律是由平均固定成本与平均变动成本决定。平均成本曲线呈 U 型，始终位于平均变动成本曲线上方，与平均变动成本曲线的垂直距离等于平均固定成本。并且随着产量增加，平均变动成本率先达到最小值，而后平均成本才达到最小值。

（三）边际成本曲线与平均成本曲线、平均变动成本曲线的关系

短期边际成本是指工厂规模既定的条件下，每增加一单位产量所增加的总成本。由于短期内固定成本不变，所以增加一单位产量所增加的是总变动成本。从图 6-3 看出，短期边际成本 SMC 曲线是一条先下降而后上升的 U 型曲线。边际成本曲线也一定相交于平均成本曲线与平均变动成本曲线的最低点。边际成本曲线与平均成本曲线的关系有三种情况：

（1）边际成本小于平均成本。即边际成本曲线位于平均成本曲线的下方。

（2）边际成本大于平均成本。即边际成本曲线位于平均成本曲线的上方。

（3）边际成本等于平均成本。即边际成本曲线于平均成本曲线相交。

边际成本曲线与平均成本曲线的相交点称为收支相抵点，在此点上 $MC = AC$，如果此时价格等于平均成本，即 $P = AC = MC$，企业的成本与收益相等。企业仍愿意进行生产，这是因为可以获取正常利润。其因在于经济学中将正常利润作为成本的一个组成部分。

边际成本曲线与平均成本曲线的相交点被称为停止营业点，在此点上 $MC = AVC$，如果此时的价格等于平均变动成本，企业仍有可能进行生产，因为即便不生产也要支付平均固定成本。如果价格低于平均变动成本，企业就不会进行生产，因为此时不停止营业，企业不仅要蒙受固定成本的损失，还有蒙受变动成本的损失。

【专栏 6-2】

青岛的饭店冬天为什么不关门？

青岛市是中国著名的旅游城市，但是每年的十月到次年的四月，长达半年多的时间里，海滨的高级饭店和旅游景点生意很清淡，但是他们仍然在惨淡经营，这是为什么呢？既然生意清淡，肯定已经亏本，为什么还不关门呢？你也许会说，等到夏季旺季他们又可以赚回来啊。是的，这是一个支持他们的希望。但是，如果淡季实在难以维系，他们也会关门的，关键在于他们还没有到那个必须关门的程度。

思考：他们什么时候就必须关门呢？

第三节

长期成本曲线

经济学上所说的长期是指厂商能根据所要达到的产量来调整其全部生产要素的时期。因此一切生产要素都是可以调整的，一切成本都是可变的。在长期中也就没有固定成本与可变成本之分，厂商的长期成本只包括长期总成本、长期平均成本和长期边际成本。

一、长期总成本函数及其曲线

（一）长期总成本函数

从长期看，厂商总是可以在每一个产量水平上选择最优的生产规模进行生产。长期总成本 *LTC* 指厂商长期中在各种产量水平上通过改变生产规模所能达到的最低总成本。长期总成本随产量的变动而变动。没有产量时没有总成本。随着产量的增加，总成本增加。

长期总成本函数写为：$LTC = LTC\ (Q)$

（二）长期总成本曲线及其特征

特征一：长期总成本 *LTC* 曲线是从原点出发向右上方倾斜的。当产量为零时，长期总成本为零，以后随着产量的增加，长期总成本是增加的。长期总成本 *LTC* 曲线的斜率先以递增速度增加；进而以递减速度增加，经拐点之后，又变为以递增的速度增加。*LTC* 曲线的形状主要是由规模经济因素决定的。在开始生产时，要投入大量生产要素，而当产量少时，这些生产要素无法得到充分利用。

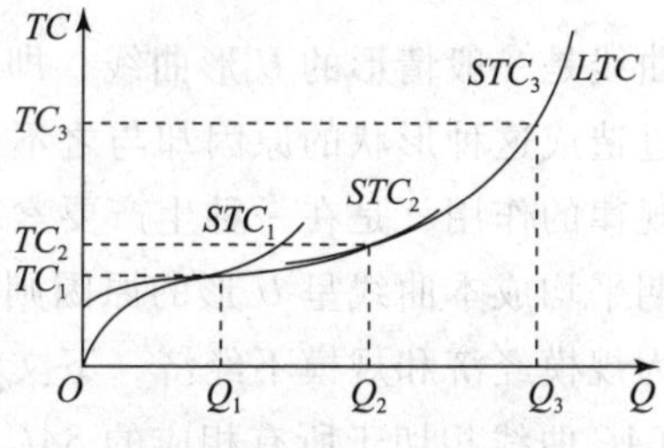

图 6－4　长期总成本曲线与短期总成本曲线的关系

因此，*LTC* 曲线很陡。随着产量的增加，生产要素开始得到充分利用，这时成本增加的比率小于产量增加的比率，表现为规模报酬递增。最后，由于规模报酬递减，成本的增加比率又大于产量增加的比率。可见，*LTC* 曲线的特征是由规模报酬的变化所决定的。

特征二：长期总成本 LTC 曲线是无数条短期总成本 STC 曲线的包络线。在这条包络线上，在连续变化的每一个产量水平上，都存在着 LTC 曲线和一条 STC 曲线的相切点，该 STC 曲线所代表的生产规模就是生产该产量的最优生产规模，该切点所对应的总成本就是生产该产量的最低总成本。

二、长期平均成本函数及其曲线

（一）长期平均成本函数

长期平均成本（long－run average cost，LAC）表示厂商在长期内平均每单位产量的成本水平。长期平均成本函数写为：

$$LAC(Q)=\frac{LTC(Q)}{Q}$$

（二）长期平均成本曲线及其特征

在长期中，生产者要根据所要达到的产量来调整生产规模以使平均成本达到最低。如果每个短期中平均成本都达到了最低，那么长期中平均成本也就达到了最低。

特征一：长期平均成本 LAC 曲线是无数条短期平均成本 SAC 曲线的包络线。在这条包络线上，在连续变化的每一个产量水平上，都存在着 LAC 曲线和一条 SAC 曲线的相切点，该 SAC 曲线所代表的生产规模就是生产该产量的最优生产规模，该切点所对应的平均成本就是生产该产量的最低平均成本。

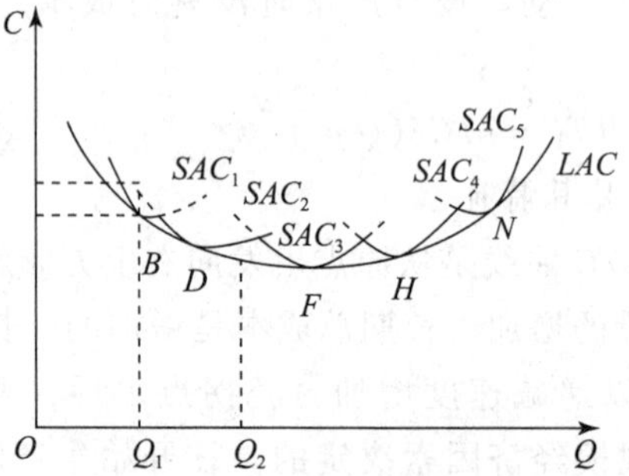

图 6－5　长期平均成本与短期平均成本曲线之间关系

特征二：长期平均成本曲线是一般情形的 U 形曲线，即先降低后增加，这与短期平均成本曲线的形状类似，不过造成这种形状的原因却与之不同。短期平均成本曲线呈 U 形的原因在于边际收益递减规律的作用，是在一种生产要素固定不变情况下单纯增加另一种生产要素带来的。而长期平均成本曲线呈 U 形的原因则在于规模报酬由递增、不变到递减，与此相适应的概念为规模经济和规模不经济，下文将专门分析。

在 LAC 曲线的下降段，LAC 曲线相切于所有相应的 SAC 曲线最低点的左边；在 LAC 曲线的上升段，LAC 曲线相切于所有相应的 SAC 曲线最低点的右边；只有在 LAC 曲线的最低点上，LAC 曲线才相切于相应的 SAC 曲线的最低点。

注意：长期平均成本曲线和短期平均成本曲线都呈先降后升的 U 形特征。但是，两者形成 U 形的原因各不相同。短期平均成本曲线呈 U 形的原因是短期生产函数的边际报酬递减规律的作用。长期平均成本曲线呈 U 形的原因是规模报酬变动作用。

三、长期边际成本函数及其曲线特征

（一）长期边际成本函数

长期边际成本 LMC 是指长期中增加一单位产品所增加的成本。长期边际成本函数写为：

$$LMC(Q)=\frac{\Delta LTC(Q)}{\Delta Q}\text{或}\ LMC(Q)=\lim_{\Delta Q\to 0}\frac{\Delta LTC(Q)}{\Delta Q}=\frac{dLTC(Q)}{dQ}$$

（二）长期边际成本曲线

如图 6－6 所示，在连续变化的每一个产量水平上，都存在着长期边际成本 LMC 曲线和一条短期边际成本 SMC 曲线的相交点，该 SMC 曲线所代表的生产规模就是生产该产量的最优生产规模，该交点所对应的边际成本就是生产该产量的最低边际成本。

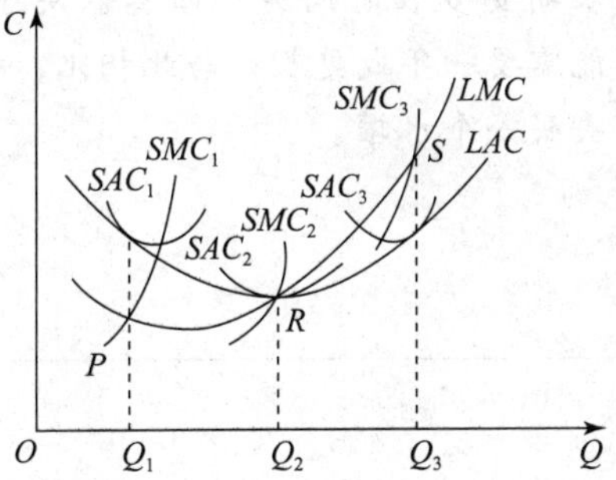

图 6－6　短期成本曲线和长期成本曲线

注意：与长期总成本曲线和长期平均成本曲线不同，长期边际成本曲线不是短期边际成本曲线的包络线。

特征一：长期边际成本 LMC 曲线呈 U 形，与长期平均成本曲线相交于长期平均成本曲线的最低点。原因在于：根据边际量和平均量的关系，在 LAC 曲线的下降段，LMC 必定小于 LAC，LMC 将 LAC 拉下；在 LAC 曲线的上升段，LMC 必定大于 LAC，LMC 将 LAC 拉上。由于 LAC 曲线呈 U 形，所以 LMC 曲线也必然呈 U 形，而且两者必然相交于 LAC 曲线的最低点。

特征二：由于 LMC 曲线呈 U 形，LMC 的值是 LTC 曲线上相应的点的斜率，所以 LTC 曲线的斜率呈先递减后递增的特征。

【专栏 6－3】

福特公司产量的安排

对于许多企业来说，总成本分为固定和可变成本取决于时间框架。例如，考虑一个全机车公司，比如福特汽车公司。在只有几个月的时期内，福特公司不能调整它汽车工厂的数量与规模。它可以生产额外一辆汽车的唯一方法是，在已有的工厂中多雇佣工人。因此，这些工厂的成本在短期中是固定成本。与此相比，在几年的时期中，福特公司可以扩大其工厂规模，建立新工厂和关闭旧工厂。因此，其工厂的成本在长期中是可变成本。

由于许多成本在短期中是固定的，但在长期中是可变的，所以，企业的长期成本曲线不同与其短期成本曲线。长期平均总成本曲线是比短期平均总成本曲线平坦得多的U型曲线。此外，所有短期曲线在长期成本曲线上和以上。这些特点的产生，是因为企业在长期中又更大的灵活性。实际上，在长期中，企业可以选择它想用的哪一条短期成本曲线。但在短期中，它不得不用它过去选择的任何一条短期曲线。当福特公司想把每天的产量从1 000辆汽车增加到1 200辆时，在短期中除了在现有的中等规模工厂中多雇工人之外别无选择。由于边际产量递减，每辆汽车的平均总成本从1万美元增加到1.2万美元。但是，在长期中，福特公司可以扩大工厂和车间的规模，而平均总成本人保持在1万美元的水平上。

对一个企业来说，进入长期要多长时间呢？回答取决于企业。对一个大型制造企业，例如，汽车公司，这可能需要一年或更长。与此相比，一个人经营的柠檬水店可以在一小时甚至更短的时间内去买一个水罐。

第四节

收益与利润最大化

一、总收益、平均收益与边际收益

总收益 TR 是指厂商按一定价格出售一定量产品时所获得的全部收入，简单地表示为 R，它等于产品的价格乘以产品的销售量：$TR = P \cdot Q$。

平均收益 AR 是指厂商在销售每一单位产品平均所获得的收入，$AR = TR/Q$。

边际收益 MR 是指厂商增加一单位产品销售所获得的收入增量。

$MR = \dfrac{\Delta TR}{\Delta Q}$ 或 $MR = \dfrac{dTR}{dQ}$

例题：已知线性的需求函数 $P = a - bQ$。

此时，总收益 TR 可表示为：$TR = P \cdot Q = a \cdot Q - b \cdot Q^2$

平均收益 AR 为：$AR = TR/Q = a - bQ$

边际收益 MR 为：$MR = \dfrac{dTR}{dQ} = a - 2bQ$

二、收益曲线

仍以线性的需求函数为例，可以绘制出总收益曲线、平均收益曲线和边际收益曲线，如图6-7所示。

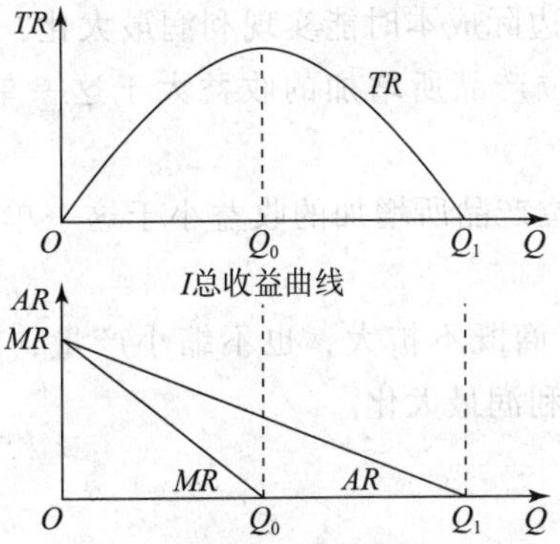

图 6-7　线性需求函数的收益曲线

三、边际收益与需求的价格弹性之间的关系

在总收益函数和需求函数可导时，边际收益与价格以及需求的价格弹性之间的关系推导如下：

$$MR = \frac{dTR}{dQ} = P + \frac{dP}{dQ}Q - P\left(1 + \frac{dP}{dQ} \cdot \frac{Q}{P}\right)$$

根据需求的价格弹性公式：$E_d = -\frac{dQ}{dP} \cdot \frac{P}{Q}$

就有：$MR = P\left(1 - \frac{1}{E_d}\right)$

四、利润最大化的均衡条件

（一）利润最大化的数学推导

利润等于总收益减总成本，即：$\pi = TR - TC$

利润最大化就是总收益超出总成本的差距最大。这就转化为求 π 的极大值问题。当总收益函数和总成本函数都是连续可导时，π 取极大值时的条件是：

$d\pi/dQ = dTR/dQ - dTC/dQ = 0$

得到利润最大化的必要条件：

$MR = MC$

（二）利润最大化的图形表示

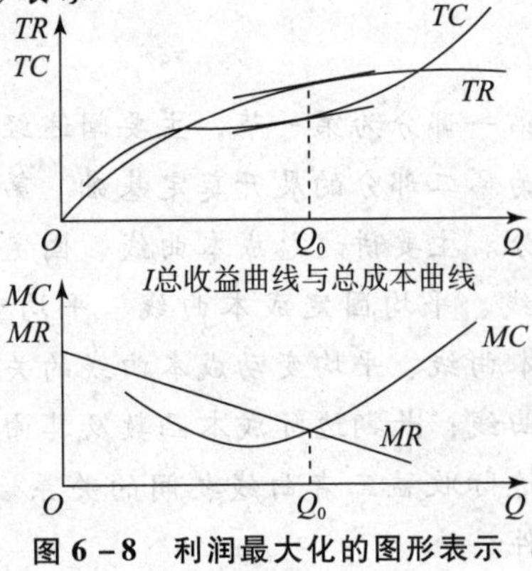

图 6-8　利润最大化的图形表示

为什么在边际收益等于边际成本时能实现利润最大化？

$MR > MC$，每增加一单位产品所增加的收益大于这一单位的成本，厂商有利可图，必然扩大产量；

$MR < MC$，每增加一单位产品所增加的收益小于这一单位的成本，厂商会亏损，必然减少产量；

只有在 $MR = MC$ 时，厂商既不扩大，也不缩小产量，而是维持产量，表明该赚的利润都赚到，即实现生产者利润最大化。

【专栏 6－4】

大商场平时为什么不延长营业时间？

节假日期间天津劝业场和许多大型商场都延长营业时间，为什么平时不延长？现在我们用这边际分析理论来解释这个问题。

从理论上说延长时间一小时，就要支付一小时所耗费的成本，这种成本即包括直接的物耗，如水、电等，也包括由于延时而需要的售货员的加班费，这种增加的成本就是我们这一章所学习的边际成本。假如延长一小时增加的成本是 1 万元，（注意这里讲的成本是西方成本概念，包括成本和正常利润）那么在延时的一小时里他们由于卖出商品而增加收益大于1万，作为一个精明的企业家他还应该再将营业时间在此基础上再延长，因为这是他还有一部分该赚的钱还没赚到手。相反如果他在延长一小时里增加的成本是1万，增加的收益是不足1万，他在不考虑其他因素情况下就应该取消延时的经营决定，因为他延长一小时成本大于收益。节假日期间，人们有更多的时间去旅游购物，使商场的收益增加，而平时紧张工作繁忙家务人们没有更多时间和精力去购物，就是延时服务也不会有更多的人光顾，增加的销售额不足以抵偿延时所增加的成本。这就能够解释在节假日期间延长营业时间而在平时不延长营业时间的经济学的道理。

无论是边际收益大于边际成本还是小于边际成本，厂商都要进行营业时间调整，说明这两种情况下都没有实现利润的最大化。只有在边际收益等于边际成本时，厂商才不调整营业时间，这表明已把该赚的利润都赚到了，即实现了利润的最大化。

本章小结

本章共分为三个部分。第一部分为第一节，主要阐述经济学中成本的分类，尤其是短期成本与长期成本的区别为第二部分的展开奠定基础。第二部分为第二节和第三节内容，是本章的重点与难点部分。主要讲述总成本曲线、固定成本曲线、变动成本曲线变动规律及关系；平均成本曲线、平均固定成本曲线、平均变动成本曲线变动规律及关系；边际成本曲线与平均成本曲线、平均变动成本曲线的关系；长期总成本函数及其曲线；长期平均成本函数及其曲线；长期边际成本函数及其曲线。第三部分为第四节，主要讲述总收益、平均收益与边际收益三者曲线之间的关系。最后，将收益与成本结合，推导出利润最大化的均衡条件。

思考与练习

一、名词解释

显性成本　隐性成本　经济成本　会计成本　短期成本　长期成本　边际成本　利润最大化原则

二、选择题

1. 老板王某从企业的总收入中取出一部分作为自己所提供的店铺的租金，这部分资金被视为（　　）。

A. 显性成本　　B. 隐性成本

C. 经济利润　　D. 会计利润

2. 以下哪一条关于短期边际成本曲线的论述不正确（　　）?

A. 通过短期平均成本曲线最低点　　B. 通过平均可变成本曲线最低点

C. 通过平均不变成本曲线最低点　　D. 短期总成本曲线在每一产量水平的斜率

3. 在长期平均成本曲线 *LAC* 和一条代表最优生产规模的短期平均成本曲线 *SAC* 相切的产量上必定有（　　）。

A. 相应的 *LMC* 曲线和代表最优生产规模的 *SMC* 曲线的一个交点，以及相应的 *LTC* 曲线和代表最优生产规模的 *STC* 曲线的一个切点

B. 代表最优生产规模的 *SAC* 曲线达到最低点

C. *LAC* 曲线达最低点

D. *LTC* 曲线达到拐点

4. 经济学中短期与长期的划分取决于（　　）。

A. 时间长短　　B. 可否调整产量

C. 可否调整产品价格　　D. 可否调整生产规模

5. 期内在每一产量上的 *MC* 值应该（　　）。

A. 是该产量上的 *TVC* 曲线的斜率，但不是该产量上的 *TC* 的斜率

B. 是该产量上的 *TC* 曲线的斜率，但不是该产量上的 *TVC* 的斜率

C. 既是该产量上的 *TVC* 曲线的斜率，又是该产量上的 *TC* 的斜率

D. 以上都不对

6. 在长期中，下列成本中哪一项是不存在的（　　）。

A. 固定成本　　B. 平均成本

C. 机会成本　　D. 隐性成本

7. 短期平均成本呈 *U* 形的原因是（　　）。

A. 规模报酬变动　　B. 要素的边际报酬变动

C. 固定成本和变动成本之比变动　　D. 规模经济与不经济

8. 当边际成本等于平均成本时，平均变动成本（　　）。

A. 处于递减阶段　　B. 处于递增阶段

C. 等于零　　D. 无法确定

9. 长期平均成本曲线成为U形的原因与（　　）。

A. 规模报酬有关　　B. 外部经济与不经济有关

C. 要素的边际生产率有关　　D. 固定成本与可变成本所占比重有关

10. 已知产量为99单位时，总成本等于995元，产量增加到100单位时，平均成本等于10元，由此可知边际成本为（　　）。

A. 10元　　B. 5元

C. 15元　　D. 7.5元

11. 随着产量的增加，平均固定成本（　　）。

A. 在开始时下降，然后趋于上升　　B. 在开始时上升，然后趋于下降

C. 一直趋于上升　　D. 一直趋于下降

12. 当 SAC 曲线达到最低点时，一定有（　　）。

A. $AVC = AFC$　　B. $SMC = SAC$

C. $P = AVC$　　D. $P = SMC$

13. 当 SAC 曲线相切 LAC 曲线的左边切点上时，必然有（　　）。

A. $SAC = LAC < SMC$　　B. $SAC = LAC = SMC$

C. $SAC = LAC$，$SMC = LMC$　　D. $SAC = LAC = LMC = SMC$

14. 当收益递减规律发生作用时，TVC 曲线（　　）。

A. 以一递减的速率上升　　B. 以一递减的速率下降

C. 以一递增的速率下降　　D. 以一递增的速率上升

15. 在 LAC 曲线上，（　　）。

A. 当 $LMC < LAC$ 时下降，而当 $LMC > LAC$ 时上升

B. 通过 LMC 曲线的最低点

C. 随 LMC 曲线下降而下降

D. 随 LMV 曲线上升而上升

16. 假设大学生决定参加培训班而放弃获取1 000元收入的打工机会，参加培训班需要花费的学费为1 000元，课本费为500元，参加培训班期间的生活费为500元。请问参加培训班的机会成本为（　　）。

A. 1 500元　　B. 2 000元

C. 2 500元　　D. 3 000元

17. 假设短期生产厂商在某一产量水平上实现其平均成本的最小值，这意味着（　　）。

A. 边际成本等于平均成本　　B. 厂商已获得最大利润

C. 厂商已获得最小利润　　D. 厂商的经济利润为零

18. 如果一个企业经历规模报酬不变阶段，则 LAC 曲线是（　　）。

A. 上升的　　B. 下降的

C. 垂直的　　D. 水平的

19. 长期总成本曲线是各种产量的（　　）的轨迹。

A. 最低成本点　　B. 最低平均成本点

C. 最低边际成本点　　D. 平均成本变动

20. 随着产量的增加，平均固定成本（　　）。
A. 在开始时下降，然后趋于上升　　B. 一直趋于上升
C. 在开始时上升，然后趋于下降　　D. 一直趋于下降

三、判断题

1. 正常利润是利润的一部分。（　　）
2. 随着生产技术水平的变化，生产函数也会发生变化。（　　）
3. 平均收益就是单位产品的价格。（　　）
4. 边际产量可由总产量线上的任一点的切线的斜率来表示。（　　）
5. 短期边际成本的变动取决于可变成本的变动。（　　）
6. 只要边际产量减少，总产量一定也在减少。（　　）
7. 随着某生产要素投入量的增加，边际产量和平均产量增加到一定程度将同时趋于下降。（　　）
8. 边际产量曲线一定在平均产量曲线的最高点与它相交。（　　）
9. 会计利润可能小于经济利润。（　　）
10. MC 曲线与 AC 曲线相交于 AC 曲线的最低点。（　　）
11. 在 LAC 曲线下降的阶段，LAC 曲线是 SAC 曲线最低点的连线。（　　）
12. 在 AC 曲线最低点的左侧 $MC > AC$，在其右侧 $MC < AC$。（　　）
13. 已知产量为 8 个单位时，平均成本为 10 元，当产量增加到 9 个单位时，平均成本为 11 元，此时边际成本为 1 元。（　　）

四、计算题

1. 假定某企业的短期成本函数是 $TC = Q^3 - 10Q^2 + 17Q + 66$，求：
(1) 指出该成本函数中的可变成本部分和固定成本部分；
(2) 写出下列函数：TVC、AC、AVC、AFC、MC。

2. 已知某厂商的短期边际成本函数为 $SMC = 3Q^2 + 4Q + 40$，若当产量 $Q = 10$ 时总成本为 1 630，求短期总成本函数 STC、短期平均成本函数 SAC、总可变成本函数 TVC 和平均可变成本函数 AVC。

五、作图题

1. 画图并解释短期边际成本曲线 SMC、短期平均成本曲线 SAC、平均可变成本曲线 AVC 的形状以及它们之间的关系。

2. 画图并解释短期总产量曲线 TP_L 和短期总成本曲线 STC、平均产量曲线 AP_L 和平均可变成本曲线 AVC，以及边际产量曲线 MP_L 和短期边际成本曲线 SMC 之间的关系。

六、案例分析题

上大学值吗

我们用经济学的观点分析一下，为什么家长舍得把大把的钱花在子女教育上？我们

简单的介绍经济学说所的成本。经济学所说的成本有两种：一个是实际发生的成本，即会计成本；另一个是机会成本。会计成本是厂商在生产过程中按市场价格直接支付的一切费用，这些费用一般均可以通过会计账目反映出来。利用这个原理我们计算一个大学生上大学四年的会计成本是上大学的学费、书费和生活费，按照现行价格标准，一个普通家庭培养一个大学生的这三项费用之和是 4 万元。机会成本是某种东西的成本是为了得到它而放弃的东西。大学生如果不上学，会找份工作，按照现行劳动力价格标准假如也是 4 万元，也就是说一个大学生上大学四年的机会成本也是 4 万元。大学生上大学经济学概念的成本是 8 万元。这还没算上在未进大学校门前，家长为了让孩子接受最好的教育从小学到中学的择校费用。

上大学成本如此之高，为什么家长还选择让孩子上大学，因为这种选择符合经济学理论，收益的最大化原则。我们算一下上大学与不上大学一生的成本与收益。假设不上大学 18 岁工作，工作到 60 岁，共 42 年，平均每年收入是 1 万元，共 42 万元。假设上大学 22 岁工作，工作到 60 岁，共 38 年，平均收入是 2 万元，共 76 万元，减去上大学的经济学成本 8 万元，剩下 68 万元。与不上大学收入比较上大学多得到的收入是 26 万。这还没考虑学历高所带来的名誉、地位等其他效应。为什么家长舍得在子女教育上投入，就在情理之中了。

这里说的选择是有两种机会，你能考上大学的情况下。另外我们说的只是一般情况。在这里顺便纠正一个错误的说法，有人说教育是消费行为，其实教育不是消费而是投资。消费与投资的区别是消费不会给你增值一分钱，比如你今年买一台电视，明年再卖，会大大的贬值不会增值；投资是有可能增值，一个大学生尽管投资 8 万元，但与不投资的多得的收益是 26 万元。但投资是有风险的，如果一个家长不考虑孩子的实际情况，从小学到中学在教育上的高投入，如果考不上大学或考上大学毕不了业。其投入与产出之比是可想而知的。

但对一些特殊的人，情况就不是这样了。比如，一个有足球天赋的青年，如果在高中毕业后去踢足球，每年可收入 200 万元人民币。这样，他上大学的机会成本就是 800 万元人民币。这远远高于一般大学生的收入。因此，有这种天赋的青年，即使学校提供全额奖学金也不去上大学。这就是把机会成本作为上大学的代价，不上大学的决策就是正确的。同样，有些具备当模特气质与条件的姑娘，放弃上大学也是因为当模特时收入高，上大学机会成本太大。当你了解机会成本后就知道为什么有些年轻人不上大学的原因了。可见机会成本这个概念在我们日常生活决策是十分重要的。

第七章

完全竞争市场

【学习目标】

◆ 了解市场经济下，不同市场结构的划分及划分依据；

◆ 理解完全竞争厂商价格接受者的特征及完全竞争市场的构成条件；

◆ 掌握完全竞争厂商短期均衡与长期均衡的形成及均衡条件，理解完全竞争厂商短期供给曲线与长期供给曲线的分析过程；

◆ 掌握完全竞争行业的三种类型：成本不变行业、成本递增行业和成本递减行业。

【本章脉络图】

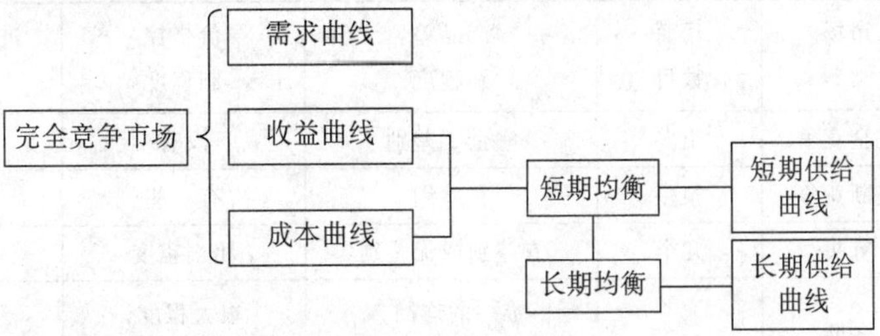

本章首先进行了市场的分类，然后重点分析了完全竞争市场下厂商的短期均衡和长期均衡以及短期供给曲线的形成和长期供给曲线。最后对完全竞争市场的长期均衡进行了分析。

第一节

厂商和市场的类型

一、市场的定义

市场是指商品交换的场所，即物品买卖双方相互作用并得以决定其交易价格和交易数量的一种组织形式或制度安排。包括生产要素市场和商品市场，本章主要讨论商品市场，例如，陶瓷市场、中药材市场。

与此相对应的一个概念是行业：指为同一个商品市场生产和提供产品的所有厂商的总体。市场和行业的类型是一致的。

二、市场的类型

（一）划分市场类型的标准

在微观经济学中，划分市场类型的标准是商品的供求态势。它具体体现在商品市场竞争的强与弱。而影响市场竞争程度的具体因素主要有以下四点：

（1）市场上厂商的数目；

（2）厂商之间各自提供的产品的差别程度；

（3）单个厂商对市场价格控制的程度；

（4）厂商进入或退出一个行业的易难程度。

（二）四种市场类型

表 7－1 是关于划分市场类型的一个简单的说明，后 3 个类型也称为不完全竞争市场。在以后的学习中会对每一类市场进行详细的分析。

表 7－1　　市场和厂商类型的划分和特征

市场类型	厂商数目	产品差别程度	价格控制程度	进出一个行业的难易程度	举例
完全竞争	很多	完全无差别	没有	很容易	一些农产品
垄断竞争	很多	有差别	有一些	比较容易	香烟、糖果
寡头	几个	有差别或无差别	相当程度	比较困难	钢铁、汽车
垄断	一个	唯一的产品，没有接近的替代产品	很大程度，但经常受到管制	很困难，几乎不可能	公用事业，如水、电

思考题：根据导入案例结合市场类型分析洛克菲勒起家的关键因素。

分析：爱克斯城的火油市场，在洛克菲勒介入以前，基本上可归入完全竞争市场。这里有很多卖者（杂货店）和很多顾客；火油同质无差别；开办一个杂货店的资金很少，退出也没有太大的障碍；信息可以自由流动，因为所有的顾客和杂货店的老板都知道火油不久将会运来。因此，洛克菲勒介入前，没有一个老板能够控制火油的价格。它们只能根据市场价格出售火油。

洛克菲勒介入后，火油市场就不是一个完全竞争市场了，因为洛克菲勒垄断了市场信息，继而垄断了整个市场，成为唯一的火油供给者，对市场价格的形成起了决定性的作用。

【课外阅读】

美国的石油大王洛克菲勒是怎样起家的?

19世纪50年代，洛克菲勒是某银行的一个小职员，在一次坐轮船出差的旅途中，得知该轮船上装满了火油。将要在爱克斯城卸下，那里的居民正等着火油点灯。

不幸的是，轮船在海上爆炸了。别的死里逃生的旅客都在忙着晒衣服、找饭吃、找住宿。而洛克菲勒却租了一匹快马，长途跋涉，飞速来到爱克斯城，走进一家杂货店，买下了库存的全部火油。对老板说："我先存在你这里，两天后来取货"。同样地他将城里所有的火油都买下了。

当时，美国既没有发电厂，也没有电话和电报，爱克斯城里的人都不知道轮船失事的消息。

第二天中午，其他落水的旅客带来了轮船失事的消息。居民们急忙去杂货店抢购火油。但是所有的杂货店的火油都卖光了。此时洛克菲勒来了，说："我的火油可以卖给你们，但需要支付双倍的价钱"。所有的人都同意了，并支付了双倍。从此，洛克菲勒辞去了银行的工作，拿赚来的大笔利润开始了石油交易。后来，洛克菲勒成为美国历史上有名的石油大王。

第二节

完全竞争厂商的需求曲线和收益曲线

一、完全竞争市场的含义与条件

（一）完全竞争市场的含义

完全竞争（perfect competition）又称为纯粹竞争。完全竞争市场是指竞争充分而不受任何阻碍和干扰的一种市场结构。具体来讲是指在市场中任何一个买者和卖者都是市场价格的接受者，无法用增加或减少自己的购销量对产品的价格施加影响，只能按既定的价格来调整自己的购销量。

（二）完全竞争市场具备的条件

1. 市场上有大量的卖者和买者

作为众多参与市场经济活动的经济单位的个别厂商或个别消费者，单个的销售量和购买量都只占很小的市场份额，其供应能力或购买能力对整个市场来说是微不足道的。这样，无论卖方还是买方都无法左右市场价格，或者说单个经济单位将不把价格作为决策变量，他们是价格接受者。显然，在交换者众多的市场上，若某厂商要价过高，顾客可以从别的厂商购买商品和劳务，同样，如果某顾客压价太低，厂商可以拒绝出售给顾客而不怕没有别的顾客光临。

2. 参与经济活动的厂商出售的产品具有同质性

这里的产品同质不仅指商品之间的质量、性能等无差别，还包括在销售条件、装潢等方面是相同的，即完全竞争市场下厂商生产的产品具有完全的替代性。例如：农产品，石油，铜，铁，木材。

3. 厂商可以无成本地进入或退出一个行业

所有的资源都可以在各行业之间自由流动。劳动可以随时从一个岗位转移到另一个岗位，或从一个地区转移到另一个地区；资本可以自由地进入或撤出某一行业。资源的自由流动使得厂商总是能够及时地向获利的行业运动，及时退出亏损的行业，这样，效率较高的企业可以吸引大量的投入，缺乏效率的企业会被市场淘汰。资源的流动是促使市场实现均衡的重要条件。

4. 参与市场活动的经济主体具有完全信息

市场中的每一个卖者和买者都掌握与自己决策、与市场交易相关的全部信息，这一条件保证了消费者不可能以较高的价格购买，生产者也不可能以高于现行价格出卖，每一个经济行为主体都可以根据所掌握的完全信息，确定自己最优购买量或最优生产量，从而获得最大的经济利益。

显然，理论分析上所假设的完全竞争市场的条件是非常严格的，在现实的经济中没有一个市场真正具有以上四个条件，通常只是将某些农产品市场，如小麦市场、玉米市场、大米市场看成接近于完全竞争的市场类型。但是完全竞争市场作为一个理想经济模型，有助于我们了解经济活动和资源配置的一些基本原理，解释或预测现实经济中厂商和消费者的行为。因此建立和研究完全竞争市场模型仍然具有重大意义。

二、完全竞争厂商的需求曲线和收益曲线

（一）完全竞争市场的需求曲线

在任何一个商品市场中，市场需求是针对市场上所有厂商组成的行业而言的，消费者对整个行业所生产的商品的需求称为行业所面临的需求，相应的需求曲线称为行业所面临的需求曲线，也就是市场的需求曲线，它一般是一条从左上方向右下方倾斜的曲线。图 7-1（a）中的 D 曲线就是一条完全竞争市场的需求曲线，是向右下方倾斜的。

消费者对行业中的单个厂商所生产的商品的需求量，称为厂商所面临的需求量，相应的需求曲线称为厂商所面临的需求曲线，简称为厂商的需求曲线。在完全竞争条件下，厂商所面临的需求曲线是一条由既定的市场均衡价格出发的水平线。图 7-1（b）中的 d 曲线就是一条完全竞争厂商的需求曲线，是一条与横轴平行的水平线，这是因为：

在完全竞争市场上，单个厂商是市场价格的接受者，而不是价格的设定者。假设某家厂商把价格定得略高于市场价格，由于产品具有同质性，且消费者有完备信息并可以

自由流动，那么将没有人购买该厂商的产品。也就是说，厂商一旦涨价，它所面临的需求会下降为零。如果厂商的价格等于市场价格，则由于厂商数目众多的条件，一个厂商的供应是无足轻重的，无论厂商供应多少，价格都维持不变，或者说在既定的市场价格下，厂商可能销售掉任意数量的商品。厂商会不会把价格降到市场价格以下呢？降价原本是为了刺激需求，既然每个厂商在市场价格下可以供应任意数量，那又何必降价呢？因此，在完全竞争市场上，厂商既不能提高价格，又不愿降低价格，只能是市场价格接受者。从需求的角度看，完全竞争厂商所面临的需求是水平的，水平需求的弹性是无穷大的，价格趋近于零的上升，需求降为零，价格趋近于零的下降，购买者会蜂拥而至，厂商面对的需求会变成无穷大。

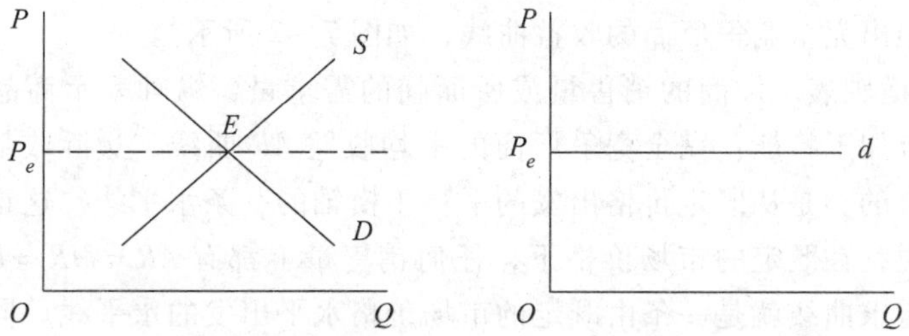

(a) 完全竞争市场的需求曲线　　(b) 完全竞争厂商的需求曲线

图 7-1　完全竞争市场和完全竞争厂商的需求曲线

图（b）中的厂商的需求曲线 d 是相对于图（a）中的市场需求曲线和市场供给曲线共同作用所决定的均衡价格 P_e 而言的。注意：P_e 大小并不是固定的，在其他因素的影响下，例如先进技术的应用、消费者收入水平的普遍提高等，使得消费者需求和生产者供给量发生变化，供求曲线位置就有可能发生变化，就会形成新的市场均衡价格，相应地，在图（b）中便会形成另一条新的均衡价格水平出发的呈水平线形状的厂商的需求曲线。

（二）完全竞争市场的收益曲线

厂商收益就是厂商的销售收入。厂商的收益可以分为总收益（TR）、平均收益（AR）和边际收益（MR）。

1. 总收益（TR）

总收益 TR 指厂商按一定价格出售一定量产品时所获得的全部收入，即价格与销售量的乘积，以 P 表示商品的市场价格，以 Q 表示销售量，则有：

$$TR(Q) = P \cdot Q$$

由于完全竞争市场的一个基本特征就是单个厂商是价格的接收者，单个厂商无法通过改变销售量来影响市场价格，厂商每销售一单位的商品都接受相同的价格。这样随着厂商销售量的增加，它的总收益是不断增加的。但由于商品的单位市场价格是固定不变的，所以总收益曲线是一条从原点出发的斜率不变的直线。

2. 平均收益（AR）

平均收益指厂商出售一定数量商品，每单位商品所得到的收入，也是平均每单位商品的卖价。它等于总收益与销售量之比。由于完全竞争市场厂商只能按既定价格出售，因此平均收益也等于商品的单位价格。即：

$AR(Q)=\frac{TR(Q)}{Q}=\frac{P\cdot Q}{Q}=P$

3. 边际收益（MR）

边际收益指厂商增加一单位产品销售所获得的收入增量。商品价格为既定时，边际收益就是每单位商品的卖价。即：

$MR=\frac{\Delta TR}{\Delta Q}$

可见在完全竞争市场，厂商的平均收益与边际收益相等，且都等于既定的价格，或者说在任何销售量水平上都有：

$AR=MR=P$

相应可以绘出完全竞争厂商的收益曲线，如图 7-2 所示。

图 7-2 中横轴表示厂商的销售量或所面临的需求量，纵轴表示商品的价格。图中的收益曲线具有如下特征：完全竞争厂商的平均收益 AR 曲线、边际收益 MR 曲线与需求曲线 d 是重合的，是从既定价格出发的平行于横轴的一条水平线。这正是因为对于完全竞争厂商来说，在既定的市场价格下，任何销售量上都有 $AR=MR=P$，而完全竞争厂商所面临的需求曲线就是一条由既定的市场价格水平出发的水平线。同时也由于每一销售量上的边际收益值是相应的总收益曲线的斜率，且边际收益是不变的，等于既定的市场价格，所以决定了总收益曲线是斜率不变的直线。

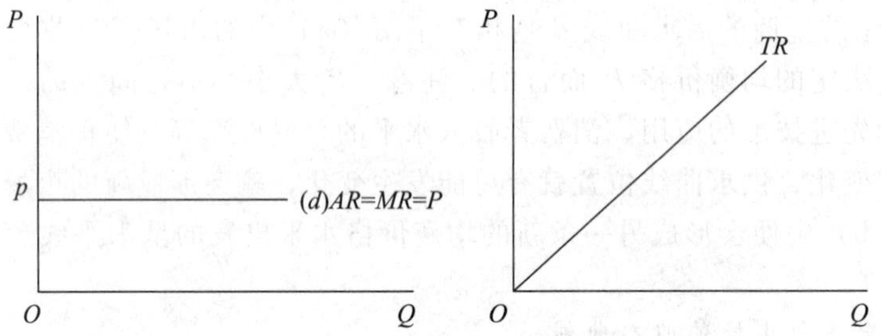

图 7-2　完全竞争厂商平均收益与边际收益曲线

思考题：某完全竞争厂商价格 $P=1$，当销售量 $Q=100$，200，300，400，500 时，试列表计算总收益 TR、平均收益 AR、边际收益 MR，并画出图形。

第三节

厂商实现利润最大化的均衡条件

一、利润最大化的必要条件

我们知道，利润等于总收益减总成本，即：

$\pi(Q)=R(Q)-C(Q)$

其中 π 为利润，R 为总收益，C 为总成本。成本包括显成本与隐成本。由于收益与成本都是产出的函数，即 $R=R(Q)$，$C=C(Q)$，所以利润也是产出的函数，即 $\pi=\pi(Q)$。就 $\pi(Q)=R(Q)-C(Q)$ 式的利润函数对产出求一阶导数，并令该导数值等于0，可以得到利润最大化的必要条件。由：

$$\frac{d\pi}{dq}=\frac{dR}{dq}-\frac{dC}{dq}=0$$

得到 $MR=MC$，其中 $MR=dR/dq$，为某产量点的边际收益；$MC=dc/dq$，为某产量点的边际成本，即厂商达到利润最大化的必要条件是生产推进到边际成本等于边际收益的产量点。

二、对于利润最大化必要条件 MR = MC 的理解

在 $MR=MC$ 的均衡点上，并不意味着厂商一定能获得利润，厂商可能是盈余的，也可能是亏损的。如果是盈利的，这时的利润就是相对最大利润；如果是亏损的，这时的亏损就是相对最小亏损。不管是盈还是亏，在 $MR=MC$ 点上，厂商都处在收益曲线和成本曲线所能产生的最好的结果之中。

三、利润最大化的充分条件

$MR=MC$ 仅仅满足利润最大化的必要条件并不能保证厂商获得最大化利润。所以除了给出利润最大化的必要条件外，我们还要给出利润最大化的充分条件。利润最大化的充分条件是在某产量点上的二阶导数小于零，即：

$$\frac{d^2\pi}{dq^2}=\frac{d^2TR}{dq^2}-\frac{d^2TC}{dq^2}<0$$

即 $$\frac{d^2TR}{dq^2}<\frac{d^2TC}{dq^2}$$

$$\frac{d}{dq}\left(\frac{dTR}{dq}\right)<\frac{d}{dq}\left(\frac{dTR}{dq}\right)$$

【例题】

已知某完全竞争企业的短期总成本函数为 $STC=1\,000+150q-20q^2+q^3$

试求：(1) 该企业的短期供给函数。(2) 当价格是550时，该企业的产量和利润各是多少？(3) 当价格是102时，产量和利润各是多少？(4) 当价格是40时，其产量和利润各是多少？

解：(1) 由企业的总成本函数的表达式可知，总可变成本为：

$TVC=150q-20q^2+q^3$

因此，平均可变成本：$AVC=TVC/q=150-20q+q^2$

短期边际成本为：$SMC=150-40q+3q^2$

令 $AVC=SMC$ 即 $150-20q+q^2=150-40q+3q^2$，可求得平均可变成本。

AVC 曲线的最低点相对应的产量 $q_1=10$（另一个解 $q=0$ 舍去），

此时，平均可变成本 $AVC_{min}=150-20\times10+10^2=50$。

(2) 价格 $P=550$ 时，由 $P=SMC$ 有 $150-40q+3q^2=550$，

求得该方程的解 $q_2=20$（另一个解 $q=-20/3$ 舍去），

此时利润 $\pi=TR-STC=550\times20-1\ 000-150\times20+20\times20^2-20^3=7\ 000$，即盈利7 000，

企业继续生产，产量为20，利润为7 000。

(3) 价格 $P=102$ 时，由 $P=SMC$ 有 $150-40q+3q^2=102$，

求得该方程的解 $q_3=12$ 此时，总收益 $TR=102\times12=1\ 224$，

总成本 $STC=1\ 000+150\times12-20\times122+12^3=1\ 648$，

利润 $\pi=1\ 224-1\ 648=-424$，即亏损424。

若停产，则企业的亏损为总不变成本，等于1 000。

所以，此时企业应继续生产，产量为12。

企业应继续生产的结果也可根据 $P=102>AVC_{min}=50$ 而得到。

(4) 价格 $P=40$ 时，由于 $P<AVC$，企业不得不停产。

此时产量为零，亏损为1 000。

思考题：为什么利润最大化原则 $MC=MR$ 在完全竞争条件下可以表达为 $MC=P$？

第四节

完全竞争厂商的短期均衡和短期供给曲线

一、完全竞争厂商的短期均衡

（一）短期均衡涉及的三个问题

(1) 完全竞争市场：因为是完全竞争市场，短期内市场供求可能会发生变化，市场价格可能会发生波动。厂商只能被动接受市场价格。

(2) 短期：短期是指厂商在这一期限内并不能根据市场需求情况来调整全部生产要素即生产规模是给定的。

(3) 均衡：均衡是指实现利润最大化下的最优产量点的决定。

本节所学完全竞争厂商的短期均衡就是在上述三个背景下，研究如何找到最优产量点的问题。

（二）完全竞争厂商短期均衡产量的决定

当厂商的生产水平保持不变，既不扩大也不缩小时，厂商达到并处于均衡状态。在短期里，不仅产品的市场价格是既定的，而且生产中的不变要素投入量是无法改变的，或者说厂商只能通过变动可变要素的投入量来调整产量，从而通过对产量的调整来实现 $MR=MC$ 的利润最大化均衡条件。在完全竞争的市场中，市场供给和需求相互作用形成的产品价格，可能高于、等于、低于厂商的平均成本，因此在短期内，厂商出售产品就有可能处于盈利、盈亏平衡或亏损等不同状态。完全竞争厂商短期均衡时的盈亏状态可以用图7-3来说明。

图7-3中成本曲线表示了厂商短期内既定的生产规模，从分析中可以看到，完全

竞争厂商短期均衡的基本条件满足 $MR=MC$ 的原则，但不同的市场价格水平将直接影响既定规模下的厂商短期均衡的盈亏状况。

第一，价格或平均收益大于平均总成本，即 $P=AR>SAC$，厂商处于盈利状态。

如图 7－3（a）当市场价格较高，达到 P_1 时，厂商面临的需求曲线为 d_1，为获取最大利润，厂商根据 $MR=SMC$ 的利润最大化原则，把产量确定在 Q_1 上，SMC 曲线与 MR_1 曲线的交点 E_1 即为厂商的短期均衡点。这时平均收益为 OP_1，平均总成本为 Q_1F，单位产品获得的利润为 E_1F，总收益为 $OQ_1 \cdot OP_1$，总成本为 $OQ_1 \cdot Q_1F$，利润总量为 $OQ_1 \cdot E_1F$，图中矩形 HP_1E_1F 的面积。如果产量超过 OQ_1 以后，$MC>P_1$，增加产量会降低总利润，若产量小于 OQ_1，增加产量都能增加总利润，只有使产量确定在 OQ_1，$MR=P=SMC$，总利润达到最大。

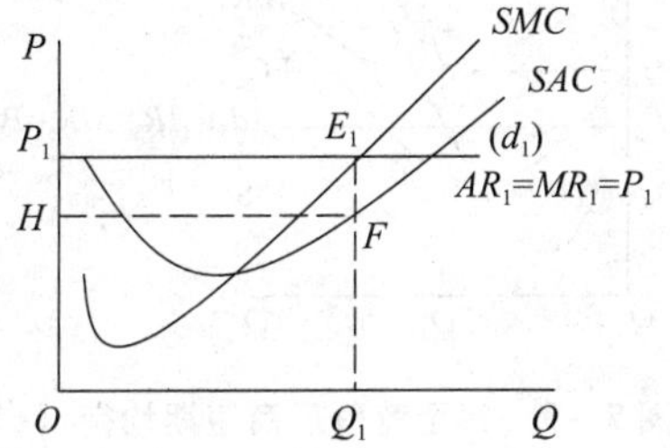

图 7－3　完全竞争厂商短期均衡（a）

第二，价格或平均收益等于平均总成本，即 $P=AR=SAC$，厂商的经济利润恰好为零，处于盈亏平衡状态。

如图 7－3（b）当市场价格为 P_2 时，厂商面临的需求曲线为 d_2，这条需求曲线刚好相切于短期平均总成本曲线 SAC 的最低点，同时短期边际成本 SMC 曲线也通过此点，SMC 曲线与 MR_2 曲线的交点 E_2 就是均衡点，相应的均衡产量确定在 Q_2。在 Q_2 产量上，平均收益等于平均成本，总收益也等于总成本，如图中矩形 $OP_2E_2Q_2$ 面积，此时厂商的经济利润为零，但实现了全部的正常利润。由于在该点上，厂商既无经济利润，又无亏损，所以也把 SMC 与 SAC 的交点称为"盈亏平衡点"或"收支相抵点"。

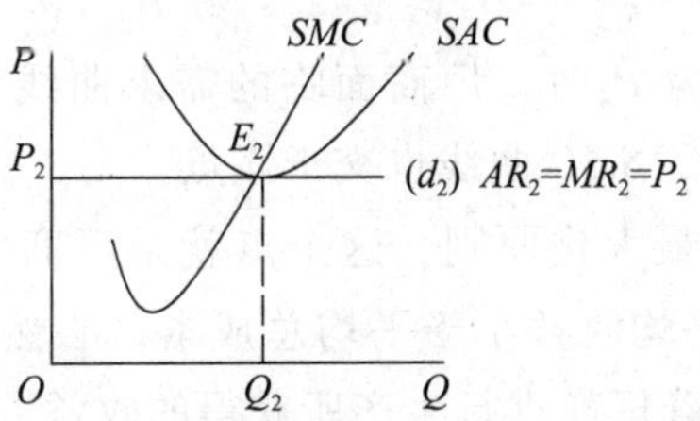

图 7－3　完全竞争厂商短期均衡（b）

第三，价格或平均收益小于平均总成本，但仍大于平均可变成本，即 $AVC<AR<SAC$，厂商亏损，在存在沉没成本时，厂商还应继续生产。

如图 7－3（c）当市场价格为 P_3 时，厂商的平均总成本已经高于产品的市场价格，整个平均总成本曲线 SAC 处于价格 P_3 线之上，出现了亏损。为使亏损达到最小，产量由 SMC 曲线和 MR_3 曲线的相交的均衡点 E_3 决定，在 Q_3 的均衡产量上，平均收益为 OP_3，

平均总成本为 OG，总成本与总收益的差额构成厂商的总亏损量，如图 7-3（c）中矩形 P_3GIE_3面积。不过平均可变成本小于平均收益。厂商在这种情况下，应立即停止生产，还是应继续进行生产？这取决于是否存在沉没成本。沉没成本是指一旦停止生产，已投入的不能再收回的成本。这里我们假定厂商的某些不变成本或许全部不变成本是沉没成本，则当价格或平均收益介于平均总成本和平均可变成本之间时，虽然出现亏损，厂商仍会继续生产，因为此时厂商获得的全部收益，不仅能够弥补全部的可变成本，还能够收回一部分固定成本，即厂商继续生产所获得的收益超过继续生产所增加的成本。当然，如果某厂商一旦停止生产，成本就会变为零，并且所有的不变成本都可以收回，也就是说厂商没有沉没成本，那么只要价格降到平均总成本水平以下，厂商就会停止生产。

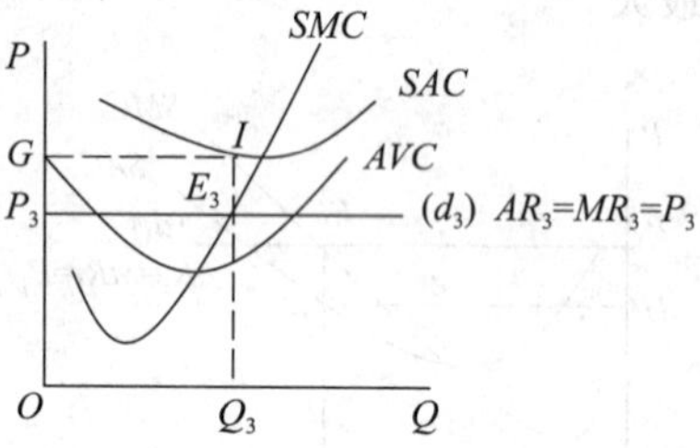

图 7-3　完全竞争厂商短期均衡（c）

第四，价格或平均收益等于平均可变成本，即 $P=AR=AVC$，厂商处于亏损状态，且处于生产与停产的临界点。

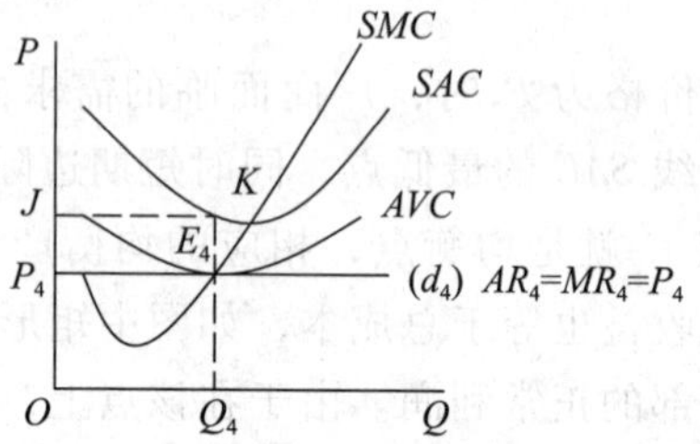

图 7-3　完全竞争厂商短期均衡（d）

如图 7-3（d）当价格为 P_4时，厂商面临的需求曲线为 d_4，此线刚好相切于平均可变成本 AVC 曲线的最低点，SMC 曲线也交于该点。

根据 $MR_4=SMC$ 的利润最大化原则，这个点就是厂商短期均衡点 E_4，决定的均衡产量为 Q_4。在 Q_4产量上，平均收益小于平均总成本，必然是亏损的。同时平均收益仅等于平均可变成本，这意味着厂商进行生产所获得的收益，只能弥补可变成本，而不能收回任何的不变成本，生产与不生产对厂商来说，结果是一样的。所以，SMC 曲线与 SVC 曲线的交点是厂商生产与不生产的临界点，也称为“停止营业点”或“关闭点”。

第五，价格或平均收益小于平均可变成本，即 $AR<AVC$，厂商处于亏损状态，且停止生产。

如图 7-3（e）当价格进一步下降至 P_5 时，厂商面临的需求曲线为 d_5，MR_5 曲线与 SMC 曲线相交之点为短期均衡点 E_5，相对应的产量为 Q_5。在这一产量上，平均收益已小于平均可变成本，意味着厂商若继续生产的话，所获得的收益连可变成本都收不回来，更谈不上收回固定成本了，所以厂商停止生产。

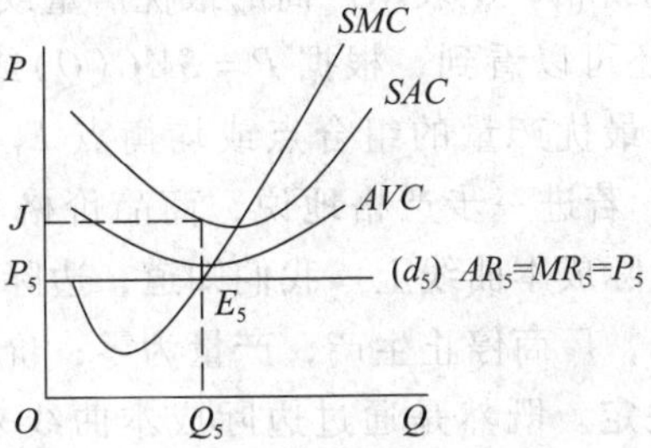

图 7－3　完全竞争厂商短期均衡（e）

总结：当 $MR=SMC$ 时，厂商短期均衡有五种情况：

（1）当 $P>SAC$ 时，厂商获得最大利润。

（2）当 $P=SAC$ 时，厂商利润为零。（收支相抵点）

（3）当 $AVC<P<SAC$ 时，厂商亏损。

（4）当 $P=AVC$ 时，此时厂商亏损固定成本。（停止营业点）

（5）当 $P<AVC$ 时，此时厂商停止生产。

（三）完全竞争厂商短期均衡的条件

上述分析表明，完全竞争厂商短期均衡的条件是：

短期内，在完全竞争的市场条件下，无论市场价格怎样变化，由于厂商不能根据市场需求情况来调整全部生产要素，厂商只能按 $AR\geqslant AVC$；$SMC=MR$ 原则来调整自己的产量点。企业应该将生产点推进到边际成本与边际收益相等点。

即可得出：$AR\geqslant AVC$；$SMC=MR$

也就是我们在上面所说的企业的最佳产量点 Q_1、Q_2、Q_3、Q_4、Q_5；在上述的最佳产量点上，厂商或者可以获得最大利润；或者可以利润为零；或者可以蒙受最小亏损。

二、完全竞争厂商的短期供给曲线

（一）厂商短期供给曲线

前面的论证已经表明使利润最大化的产量是由边际收益等于边际成本决定的，而在完全竞争市场上，厂商的产量并不会影响价格，它面对的需求是水平的，因此厂商多出售一单位产品所增加的收益就等于价格，即厂商的边际收益等于价格。于是厂商利润最大化的产量也决定于如下条件：

$P=SMC(Q)$

该式表明，完全竞争厂商为了获得短期最大利润，应该把最优产量确定在使得商品的价格和边际成本相等的水平上。就是说在每一个短期均衡点上，厂商的产量与价格之间都存在着一种对应的关系。在图 7－3 中可以看到，根据 $P=SMC(Q)$ 或 $MR=SMC(Q)$ 的短期均衡条件，当商品市场价格为 P_1 时，厂商所选择的最优产量为 Q_1，当商品市场价格为 P_2 时，厂商所选择的最优产量为 Q_2，等等。由于每一个商品价格水平都是市场给定的，所以，在短期均衡点上商品价格与厂商的最优产量之间的对应关系可以明确地表示为以下的函数关系：

$Q_s = f(P)$

其中 P 表示商品的市场价格，Q_s表示厂商的最优产量或供给量。

同时，在下图 7－4 中还可以看到，根据 $P = SMC(Q)$ 或 $MR = SMC(Q)$ 的短期均衡条件，商品的价格和厂商的最优产量的组合点或均衡点 E_1、E_2、E_3、E_4，都出现在厂商的边际成本 SMC 曲线上。若进一步严格地说，商品价格与厂商愿意提供的产量的组合点，并非出现在全部的边际成本曲线上。我们知道，边际成本曲线穿过平均可变成本的最低点，价格低于这一点，厂商停止生产，产量为零；价格超过这一点，产量与价格的关系由边际成本曲线所决定。既然是通过边际成本曲线来确定厂商在该价格下的产量，因此边际成本曲线反映了产量与市场价格之间的关系。

基于以上分析，可以得到如下结论：完全竞争厂商的短期供给曲线，就是完全竞争厂商的短期边际成本 SMC 曲线上等于和高于平均可变成本 AVC 曲线最低点的部分。毫无疑问，完全竞争厂商的短期供给曲线是向右上方倾斜的。图 7－4 中实线部分所示即为完全竞争厂商短期供给曲线。

完全竞争厂商短期供给函数说明了厂商的产量是如何随着价格变化而变化，但是只有作为价格接受者的厂商其产量才随着价格变化而变化。厂商若是价格设定者，则价格和产量都是厂商的决策变量。这时，问"给定某一价格，企业将生产多少"是没有意义的。因此只有价格接受者才有供给函数。

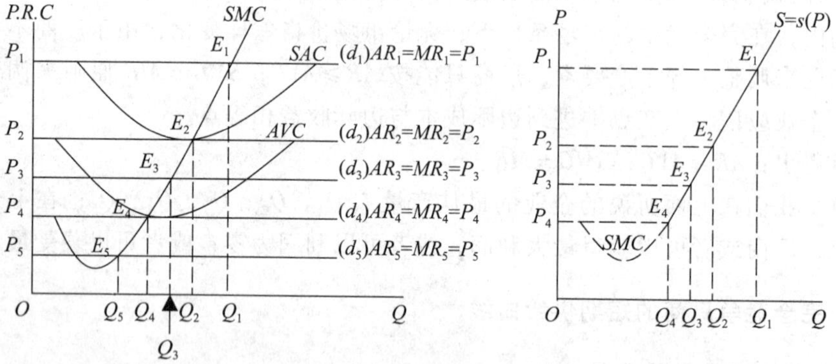

图 7－4　完全竞争厂商短期供给曲线

从对完全竞争厂商短期供给曲线的推导过程中，可以清楚地看到供给曲线背后的生产者追求最大利润的经济行为。供给曲线不仅仅是表示在其他条件不变的条件下，生产者在每一价格水平愿意而且能够提供的产品的数量，更重要的是，生产者所提供的产品数量是在既定价格水平下能够给他带来最大利润或最小亏损的产品数量。

思考题：①在短期内，完全竞争厂商可以处于什么状态：获得超额利润，盈亏平衡，还是亏损？②在短期内，完全竞争厂商亏损的极限状态是什么？

三、生产者剩余

生产者剩余指厂商在提供一定数量的某种产品时实际接受的总价格与愿意接受的最小总价格之间的差额。已知厂商从事生产或经营，总是要追求利润最大化，而保证利润最大化的条件就是要使 $MR = MC$，只要 $MR > MC$，厂商就是有利的，由于在完全竞争市场里，$MR = P$，因此只要价格 P 高于边际成本 MC，厂商进行生产，就可以得到生产者剩余。此时厂商实际接受的总价格就是价格线以下的总收益，而厂商愿意接受的最小总价格便是边际成本线以下的总边际成本。用图形来表示，则价格直线和边际成本曲线所围成的面积即为生产者剩余。如图 7－5（a）中阴影部分的面积。

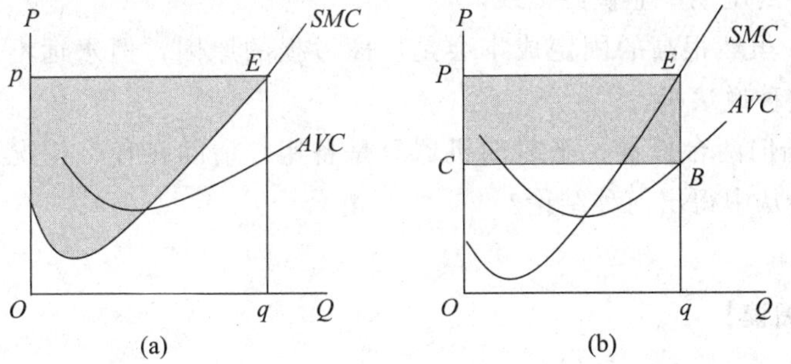

图 7－5　生产者剩余

在短期里，生产者剩余还可以用厂商的总收益与总可变成本的差额来衡量。因为在短期里，厂商的固定成本是无法改变的，总边际成本必然等于总可变成本。当产量为 1 时，可变成本即是边际成本，即 $VC(1) = MC(1)$，当产量为 2 时，$VC(2) = MC(1) + MC(2)$，以此类推，$VC(Q) = MC(1) + MC(2) + \cdots + MC(Q)$。表明可变成本可以用边际成本曲线与横轴之间的面积来表示。此外在短期里厂商无论生产还是不生产，固定成本都是要支付的，实际上只要价格高于可变成本，厂商生产就是有利的。这时继续生产不仅能收回全部的可变成本，还能够补偿一部分固定成本，可以减少损失，若厂商不生产，将损失全部的固定成本。

所以图 7－5（b）中阴影矩形 $CPEB$ 的面积便是生产者剩余，它等于总收益减去总可变成本。

在以后的内容中我们将会看到，生产者剩余，与消费者剩余这两个概念结合在一起，是分析经济效率和社会福利的十分有用的工具。

四、完全竞争行业的短期供给曲线

假定生产要素价格不变：完全竞争行业的短期供给曲线就是由行业内所有厂商的短期供给曲线的水平加总而成的。用公式表示就是：

$S(P) = \sum S_i(P) \quad I = 1,2,3,\cdots n$。同时，完全竞争行业的短期供给曲线也是向右上方倾斜的。

为什么要假定生产要素价格不变？消费者需求理论告诉我们，通过对单个消费者需求曲线的加总可以得到市场需求曲线。在讨论完单个厂商的短期供给曲线以后，是否可以通过对单个厂商短期供给曲线的加总得出市场供给曲线？一般而言，我们不能像通过对个人需求曲线的简单加总得到市场需求曲线那样通过对单个厂商供给曲线的简单加总而得到产业供给曲线。因为在得出各个厂商的短期供给曲线时是假定生产要素的价格不变，所以边际成本不变，从而供给曲线与边际成本曲线一致。若所有的厂商都扩大产量，则生产要素的价格将会发生变化。比如，若所有的农户都增加农产品的生产，将会引起农药、化肥等投入物价格的上涨。厂商投入物价格的上涨将会导致单个厂商边际成本内线向上移动，因而导致短期供给曲线变化，其变动的量难以确定。在这种情况下，会通过对单个厂商短期供给曲线的加总而得到短期产业供给曲线是困难的。如果所有的厂商同时扩大产量时不会引起生产要素的价格上涨，则可以通过对单个厂商短期供给曲线的简单加总得到短期产业供给曲线。

思考题：1. 虽然很高的固定成本会是厂商亏损的原因，但永远不会是厂商关门的原因，你同意这种说法吗？

2. 企业有新旧两台机器，平时旧机器只是备用，请问在什么情况下这台机器才会投入使用？你会从中得出何种结论？

【课外阅读】

房屋粉刷

房屋粉刷是一个夏季的行业，因为天气炎热而且白天很长，高中和大学正好放假，因而有大量的低技能的劳动力，为了挣点钱，迈克尔打算在修满经济学入门课程后，在夏季开设一个粉刷公司。开设公司需要一笔固定费用。迈克尔在他父母家里作生意，估计固定费用为 9 000 美元。

迈克尔雄心勃勃开展工作。他接听潜在的顾客打来的电话，上门估计粉刷房屋需要多少钱，然后提出一个价格。当然他面对许多竞争对手，因而他的价格必须与竞争对手的价格差不多，不然就揽不着活。

迈克尔核算出粉刷房屋房子的可变成本是：

粉刷房屋数	可变成本
5	1 000
10	3 000
15	6 000
20	10 000
25	15 000
30	21 000

如果条件允许，他向每栋房屋索取 1 000 美元，那么他要粉刷多少栋房屋才能保本？多少栋房屋才能赚取利润？

假设还有一家餐厅侍者的工作正等着迈克尔。他可以在 12 周的暑期每周工作 40 小时，每小时挣 6 美元。因此他可以在夏天挣 2 800 美元，并且没有压力和风险。如果将这一机会成本计算在他自己开设公司的固定成本中，那么他显然亏本。由于开办公司不能赚回迈克尔的机会成本和补偿他经营公司所承担的风险与压力，因此与其粉刷房屋不如去做餐厅的侍者，这在经济上更划算。

第五节

完全竞争厂商的长期均衡

一、完全竞争厂商的长期均衡与短期均衡不同

从厂商均衡的角度来分析，短期与长期的含义在于：在短期内，厂商的规模和厂商的数目都是不变的（因为时间过短，厂商来不及调整规模，新厂商也来不及加入该行业），而在长期内，不仅厂商的规模可以调整，而且厂商的数目也是可以增减的。

在短期的情况下，只要厂商出售产品的平均收益大于平均变动成本就可以开工生产。长期厂商则不能这样做。长期内厂商必须使得自己所出售的产品的平均收益能够弥补平均总成本，即平均变动成本加平均固定成本。如果长期调整也不能改变企业的亏损状态，则企业应该退出该行业，而转入那些其平均收益可以弥补其平均成本的行业生产。

在完全竞争市场价格给定的条件下，厂商在长期生产中对全部要素的调整可以表现为两个方面：一方面表现为对最优生产规模的选择，另一方面表现为进入或退出一个行业的选择。

二、完全竞争厂商的长期均衡

在长期里，完全竞争厂商的所有要素都是可变的，厂商通过对全部生产要素的调整，来实现最大利润的原则。完全竞争厂商在长期中对生产要素的调整表现为两方面，一是厂商自身对最优生产规模的调整，二是厂商进入或退出一个行业即厂商数目的调整。

（一）完全竞争厂商自身对最优生产规模的调整

在短期里，如果厂商能够获得利润，它会进一步加以调整，以得到更多的利润。从图 7－6 可以看到，假定产品的市场价格为 P_0，且既定不变，短期里厂商已拥有的生产规模以 SAC_1 曲线和 SMC_1 曲线，在短期里厂商生产规模给定，只能在既定的生产规模下进行生产，根据利润最大化均衡条件，厂商选择的最优产量为 Q_1，所获得的利润为图中 P_0E_1GF 面积。但是，在长期里，厂商会调整生产规模，假设厂商将生产规模调整为 SAC_2 曲线和 SMC_2 曲线所代表的最优生产规模进行生产，按照 $MR = LMC$ 的利润最大化原则，相应的最优产量达到 Q_2，此时厂商获得的利润增大为图中 P_0E_2IH 所示的面积。很显然，在长期内，厂商通过对生产规模的调整，能够获得比在短期所能获得的更大的利润。

不过，这里是假定产品的市场价格始终不变。但实际上，如果市场需求不变的话，各个厂商自身都调整规模，即使厂商数量没有变化，整个行业的产量也会相应的发生变化，随着整个市场供给量的增加，往往会引起价格下降。

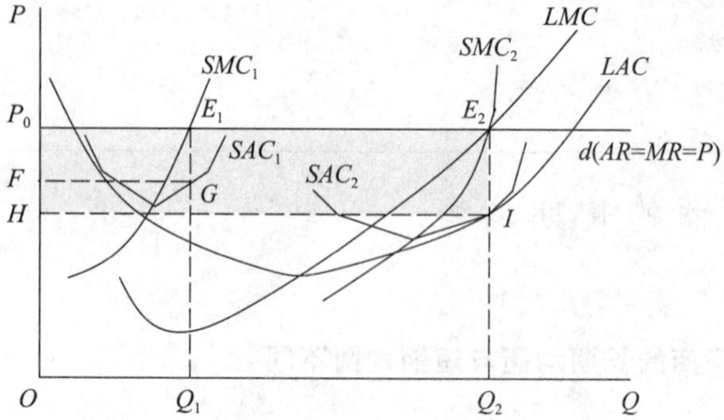

图 7－6　长期内厂商对最优生产规模的调整

（二）行业中厂商数目的调整

分析完全竞争厂商在长期中进入或退出一个行业即厂商数量的调整及对单个厂商利润的影响。

前面已经指出，在完全竞争市场，要素可以在不同部门之间自由流动，或者说厂商可以自由进入或退出一个行业。实际上生产要素总是会流向能获得更大利润的行业，也总是会从亏损的行业退出，正是由于行业之间生产要素的自由流动或厂商的自由进出，导致了完全竞争厂商长期均衡时的经济利润为零。具体来看，如果当某一行业开始时的产品价格较高为 P_1，厂商根据利润最大化均衡条件，将选择最优生产规模进行生产，如图 7－7 中的 Q_1产量。此时厂商获得了利润，这会吸引一部分厂商进入到该行业中。随着行业内厂商数量的增加，市场上的产品供给就会增加，在市场需求相对稳定的情况下，市场价格就会不断下降，单个厂商的利润随之逐步减少，厂商也将随着价格的变化进一步调整生产规模。只有当市场价格水平下降到使单个厂商的利润减少为零时，新厂商的进入才会停止，至此厂商的生产规模调整至 Q_2产量上。

相反，如果市场价格较低为 P_3，厂商根据 $MR=MC$ 的条件，相应的最优生产规模选择在 Q_3产量上。此时，厂商是亏损的，这会使得行业内原有厂商中的一部分退出该行业的生产，随着行业内厂商数量的逐步减少，市场上产品的供给就会减少，若市场需求相对稳定，产品的市场价格就会上升，单个厂商的利润又会随之逐步增加。只有当市场价格水平上升到使单个厂商的亏损消失即利润为零时，厂商的退出才会停止。

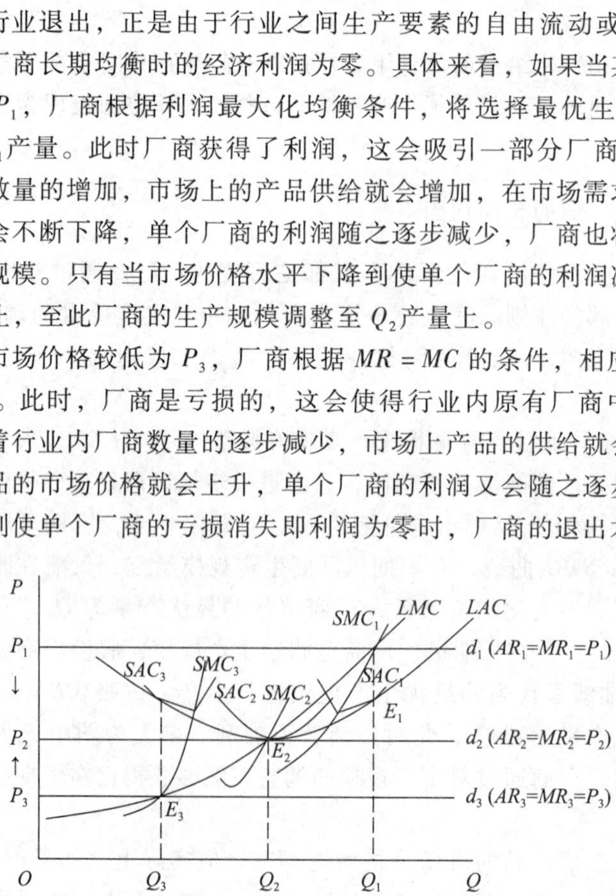

图 7－7　厂商进入或退出行业

总之，不论是新厂商的加入，还是原有厂商的退出，最终这种调整将使市场价格达到等于长期平均成本最低点的水平，如图中的价格水平 P_2。在这一水平，行业中的每个厂商既无利润，也无亏损，但都实现了正常利润小，实现了长期均衡。

图中 E_2 点是完全竞争厂商的长期均衡点。在这个长期均衡点上，LAC 曲线达到最低点，代表最优生产规模的 SAC_2 曲线相切于该点，相应的 SMC_2 曲线和 LMC 曲线都从该点通过，厂商面对的需求曲线与 LAC 曲线相切于这一点。总而言之，完全竞争厂商的长期均衡出现在 LAC 曲线的最低点。此时不仅生产的平均成本降到长期平均成本的最低点，而且商品的价格也等于最低的长期平均成本。

因此我们得到完全竞争厂商的长期均衡条件为：

$MR = LMC = SMC = LAC = SAC = AR = P$

此时单个厂商的利润等于零。

【例题】

某完全竞争、成本不变的单个厂商长期总成本函数 $LTC = Q^3 - 12Q^2 + 40Q$。求长期均衡时的价格和单个厂商的产量？

解：长期均衡时，必定位于 LAC 最低点。

$LAC = Q^2 - 12Q + 40$

求其最低点，$LAC' = 2Q - 12$ 得到 $Q = 6$。

$LAC = Q^2 - 12Q + 40 = 36 - 72 + 40 = 4$，即价格 $P = 4$。

第六节

完全竞争行业的长期供给曲线

在进行短期分析的时候，我们知道，在生产要素价格不变的情况下，通过对厂商供给的简单加总可以得到行业的供给曲线。行业的长期供给曲线是否也可以通过这种方法得到？答案是否定的。即使生产要素价格在长期不发生变化，我们也不能通过对单个厂商供给的简单加总得到行业的供给曲线。因为长期内，厂商自由进出该产业，我们不知道对哪些企业的供给进行加总。何况在长期内，产业的扩张、收缩会引起生产要素价格的变化，我们更不可能通过对单个厂商供给的简单加总得到行业供给曲线。根据行业产量变化对生产要素价格所可能产生的影响，本节我们将分别成本不变行业、成本递增行业以及成本递减行业三种情况讨论行业长期供给曲线。

一、成本不变行业的长期供给曲线

成本不变行业是指该行业的产量变化所引起的生产要素需求的变化，不对生产要素的价格发生影响。当成本不变时，完全竞争行业达到长期均衡的供给曲线是一条水平线。它表明：成本不变的行业是在不变的均衡价格水平提供产量，该均衡价格水平等于厂商的不变的长期平均成本的最低点。或者说，当市场需求变化时，会引起行业长期均衡产量的同方向变化，但长期均衡价格不会发生变化。

在图 7-8 中，起初该行业及其中的厂商都处于均衡状态，由市场需求曲线 D 和市场短期供给曲线 S 的交点所决定的市场均衡价格为 P，行业的生产量是厂商生产量的总和。现在假定由于各种因素使市场需求增加，需求曲线由 D 向右移到 D_2，与原来的供给曲线 S 相交，相应的市场价格提高到 P_2。

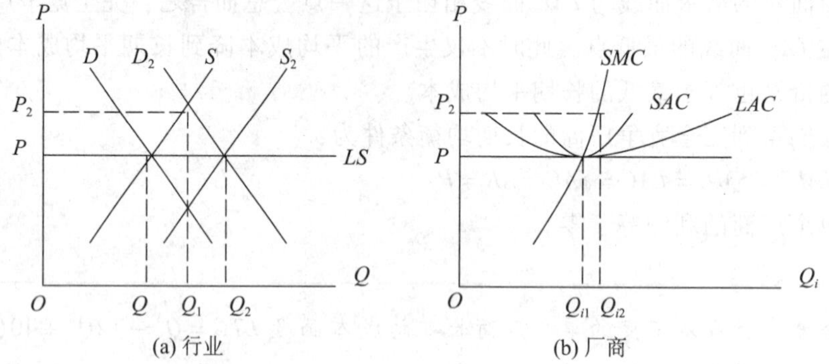

图 7-8 成本不变行业长期均衡及供给曲线

图 7-8 中基于新的价格水平 P_2，厂商不仅可以获得净利润，而且在原有规模上扩大产量至 Q_{i2}，获得更多的利润。从长期看，新的厂商受着利润的吸引，会不断进入到该行业中来，新厂商的加入，虽然没有引起生产要素价格的变化，从而企业的成本曲线位置不变，但却使供给曲线不断向右移动，总产量增加使价格下降，单个厂商的利润也随之下降，原有厂商沿着它们的边际成本曲线削减生产。这个过程一直要延续到单个厂商的利润消失为止，即供给曲线移动到 S_2 的位置，使得市场价格又回到原来的长期价格水平，单个厂商在原来的长期平均成本曲线 LAC 的最低点实现均衡，仍然生产原来的产量，市场的均衡产量的增加量为 Q_1Q_2，它是由新加入的厂商提供的。将各个短期需求曲线和相应的供给曲线的长期均衡点连接起来，就是完全竞争行业成本不变时的长期供给曲线 LS。总之，不变成本行业有着一条水平的长期供给曲线。如果需求增加，产品价格将提高，随着新厂商加入该行业，供给曲线向右移动，最终迫使价格恢复到原有水平。厂商能长期维持成本不变，主要是由于生产要素的供给是完全弹性的。

二、成本递增行业的长期供给曲线

成本递增行业是指该行业的产量增加所引起的生产要素需求的增加，会导致生产要素的价格上升。当成本递增时，完全竞争行业达到长期均衡的供给曲线是一条向右上方倾斜的曲线。它表明：当行业实现长期均衡时，虽然产量增加了，但是其价格也上涨了。这是由于外部不经济提高了投入物的价格或降低了投入物的生产效率引起的。例如增加投入物的供应量必须提高其价格才能获得；或者由于行业扩大生产后不得不增雇效率较低的工人；再或者一些产业随着行业的扩展，它的产出率发生递减现象等等，这些都使行业的长期平均成本曲线 LAC 上移。

图 7-9 表明需求增加时，成本递增行业调整供给的过程。设该行业和其中的厂商是在价格为 P_1 时达到初始的均衡状态。假如这时需求增加，需求曲线向右移动，短期

价格上涨，厂商在短期内仍以短期的边际成本曲线所代表的既定的生产规模调整生产，并因此获得利润。长期来看，净利润的出现吸引新厂商进入到该行业，整个行业的供给增加。行业供给增加，会增加对生产要素的需求，生产要素的增加使得生产要素的市场价格上升，从而使得厂商的长期平均成本曲线 LAC 的位置上移。同时行业内新厂商的加入，产量还是增加了，供给增加使供给曲线向右移动为 S_2。最终在 LAC_2 曲线和 SMC_2 曲线的位置及 S_2 曲线的位置，实现厂商和行业的长期均衡。虽然新厂商的进入增加了全行业的产量，但成本的上升不会使价格回跌到原来的水平，而是形成一个新的均衡价格水平 P_2，厂商在 LAC_2 曲线的最低点实现长期均衡，每个厂商的利润又都为零。连接行业的两个长期均衡点的直线就是行业的长期供给曲线 LS。它是一条向右上方倾斜的长期供给曲线。很显然，对于成本递增行业，在长期内，行业的产品价格和供给量呈同方向变动，市场需求的变动不仅会引起行业长期均衡价格同方向变动，还引起行业长期均衡产量的同方向变动。

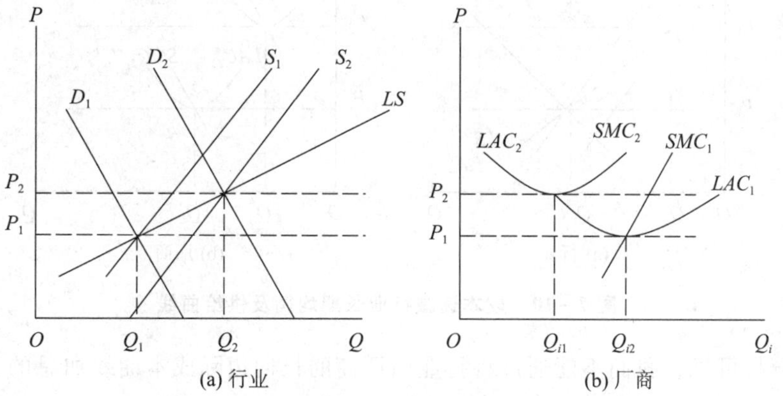

图 7－9　成本递增行业长期均衡及供给曲线

三、成本递减行业的长期供给曲线

成本递减行业是指该行业的产量增加所引起的生产要素需求的增加，会导致生产要素的价格下降。当成本递减时，完全竞争行业达到长期均衡的供给曲线是一条向右下方倾斜的曲线。它表明：当行业实现长期均衡时，不但产量增加，而且其价格也降低了。这主要是由于外部经济在起作用。随着一个行业的发展而产生的外部经济可以概括为两个方面：一是降低了投入物的价格，二是提高了投入物的生产效率。例如由于行业的扩大，改善了运输条件，使得行业中各家厂商降低了运输成本。行业的扩大，有条件大量供应原材料和半成品，它们的价格将会降低，质量也会提高，从而降低采购成本。行业的扩大也有可能使公共资金随之扩大，就有可能资助人员培训，从而提高劳动力的技术水平和更有效地利用已知的技术。总之外部经济能降低厂商的长期平均成本。

图 7－10 表明需求增加时，成本递减行业调整供给的过程。设该行业和其中的厂商是在价格为 P_1 时达到初始的均衡状态。假如这时需求增加，需求曲线向右移动，短期价格上涨，厂商在短期内仍以短期的边际成本曲线所代表的既定的生产规模调整生产，并因此获得利润。长期以，净利润的出现吸引新厂商进入到该行业，整个行业的供给增

加。行业供给增加，会增加对生产要素的需求，但生产要素的增加使得生产要素的市场价格下降了，从而使得厂商的长期平均成本曲线 *LAC* 的位置下移。同时行业内新厂商的加入，产量还是增加了，供给增加使供给曲线向右移动为 S_2。最终在 LAC_2 曲线和 SMC_2 曲线的位置及 S_2 曲线的位置，实现厂商和行业的长期均衡。虽然新厂商的进入增加了全行业的产量，但成本的下降不会使价格回跌到原来的水平，而是形成一个新的均衡价格水平 P_2，厂商在 LAC_2 曲线的最低点实现长期均衡，每个厂商的利润又都为零。连接行业的两个长期均衡点的直线就是行业的长期供给曲线 *LS*。它是一条向右下方倾斜的长期供给曲线。很显然，对于成本递减行业，在长期内，行业的产品价格和供给量呈反方向变动。市场需求的变动引起行业长期均衡价格反方向变动，引起行业长期均衡产量的同方向变动。

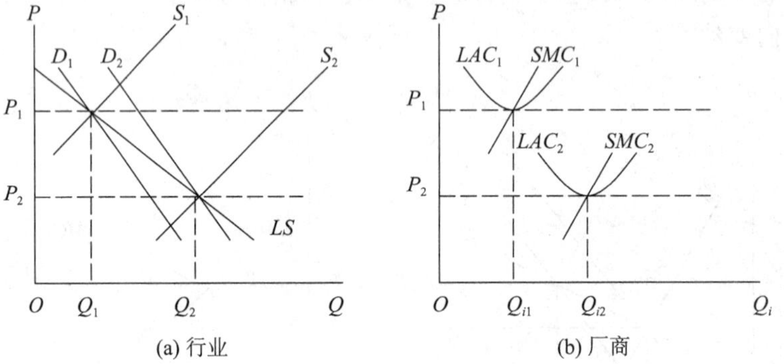

图 7－10　成本递减行业长期均衡及供给曲线

以上分析可见，我们不能通过将行业内厂商的长期边际成本曲线加总的方法推导行业的长期供给曲线。不能否认，每个厂商都是在长期供给曲线上 $LMC=P$ 的每一个点上进行生产的，但当行业沿 *LS* 曲线进行调整时，厂商正在进入或退出该行业。因此，不可能像在短期那样，对一既定数量厂商 *LMC* 曲线进行加总。而且对于成本递增或递减行业来说，*LMC* 曲线本身也会由于要素价格的变化而移动。

需要指出，这里所讨论的不变成本产业、递增成本产业与递减成本产业与我们在生产理论中所讨论的常数规模报酬、递增规模报酬以及递减规模报酬属于不同的概念范畴。不变成本产业、递增成本产业或递减成本产业是就整个产业进行讨论的，而常数规模报酬、递增规模报酬以及递减规模报酬则往往是就某个厂商进行讨论的。况且，即使把产业与厂商结合起来分析，常数规模报酬也并不意味着不变成本；递减规模报酬也不一定产生递增成本；递增规模报酬也并不总是导致递减成本。拿常数规模报酬与不变成本这两个概念来讲，即使厂商的生产是在常数规模报酬下进行，只要产业规模的调整会引起生产要素价格的变化，也会引起厂商长期平均成本的变化，从而导致产业长期供给价格的变化。此种情况下产业长期供给曲线不是水平的。相反，即使厂商的长期平均成本曲线是 *U* 型曲线，但是只要产业的扩张不会引起生产要素的价格发生变化，厂商的长期平均成本就不会发生变化，产业的长期供给价格将是一个常数，长期供给曲线是水平的。

第七节

完全竞争市场的短期均衡和长期均衡

一、完全竞争市场的短期均衡和长期均衡

完全竞争市场的均衡综合图如图 7－11 所示：

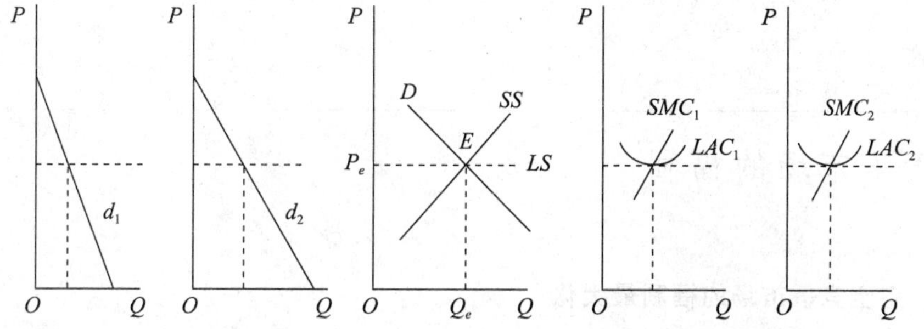

图 7－11　完全竞争市场的均衡综合图

（1）c 图的 D 曲线是由 a、b 两图中的 d_1、d_2 曲线水平加总而得到的；

（2）SS 曲线是由 d、e 两图中的 SMC_1、SMC_2 曲线水平加总而得到的；

（3）c 图的 E 点同时又是市场的一个长期均衡点；

（4）在长期均衡点 E 上，厂商的生产成本降到了最低点，一方面，所有的厂商都以最低的成本提供产品，所有的消费者都以最低的价格购买产品；

（5）在完全竞争市场条件下，生产者与消费者在市场上讨价还价，自动实现均衡，生产者实现了成本的最低化，消费者实现了效用最大化，从而也就自动实现的资源的优化配置。

二、消费者统治说法的理论基础

消费者统治是指在买方市场下，消费者在商品生产这一最基本的经济问题上所起的决定作用。这种作用表现为：消费者用货币购买商品是向商品投货币选票。生产者为了获得最大利润，必须依据货币选票的情况来安排生产。这种消费者统治的经济关系，可以促使社会的经济资源得到综合利用，从而使全社会的消费者得到最大的满足。完全竞争行业的长期均衡状态的分析通常被用来作为对消费者统治说法的一种证明。

【例题】

已知单个厂商的长期成本函数为 $LTC = Q^3 - 20Q^2 + 200Q$，市场价格为 $P = 600$。求：

（1）该厂商利润最大化的产量、平均成本和利润是多少？

（2）该行业是否处于长期均衡？为什么？

(3) 该行业处于长期均衡时每个厂商的产量、平均成本和利润是多少?

(4) 判断 (1) 中厂商是处于规模经济阶段还是规模不经济阶段?

解:(1) $\Pi = 600Q - Q^3 + 20Q^2 - 200Q = -Q^3 + 20Q^2 + 400Q$,求导得:$-3Q^2 + 40Q + 400 = 0$,得厂商利润最大化的产量 $Q = 20$,平均成本 $= 200$,利润 $= 8\ 000$。

(2) 该行业没有处于长期均衡,因为存在超额利润。

(3) 该行业处于长期均衡时,每个厂商的利润 $= 0$,平均成本 $= Q^2 - 20Q + 200$ 应该最低,求导得:$Q = 10$,$LAC = 100$。

(4) 在 (1) 中,$LAC = 200 > 100$,厂商处于规模不经济阶段。因为其产量处于成本最低点右边。

第八节

完全竞争市场的福利

一、完全竞争市场的福利最大化

(一) 生产者剩余

1. 生产者剩余的含义

指厂商在提供一定数量的某种产品时实际接受的总支付和愿意接受的最小总支付之间的差额。

2. 表示方法

生产者剩余(PS) = (卖者得到的量) - (卖者的成本) = 卖者参与市场得到的收益

(二) 消费者剩余

1. 消费者剩余的含义

指消费者在消费一定数量的某种产品时愿意接受的最大总支付与实际接受的总支付之间的差额。

消费者剩余(CS) = (买者的评价) - (买者实际支付的价格)

= 买者参与市场得到的收益

(三) 总剩余

总剩余 = 社会福利 = 生产者剩余 + 消费者剩余

= $PS + CS$

= 参与市场贸易得到的总收益

= (买者的评价) - (卖者的成本)

(四) 社会福利的图形分析

如图 7-12 所示,在完全竞争市场的均衡点,均衡价格和均衡数量分别为 P^* 和 Q^*;市场的消费者剩余为图中三角形 CEP^* 的面积,市场的生产者剩余为图中阴影三角形面积(三角形 FEP^* 的面积),市场总剩余为 $S_{\triangle CEF}$。

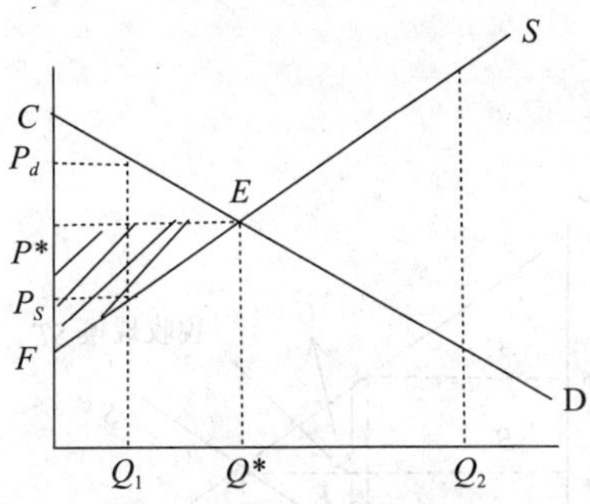

图 7-12　完全竞争市场的社会福利

图中的总剩余表示完全竞争市场的均衡实现了福利最大化。因为：在图中，任何小于均衡数量 Q^* 的数量上，例如在 Q_1 上，市场的总剩余不是最大的，因为在 Q_1 单位的数量上，由需求曲线可知消费者愿意支付的最高价格 P_d 高于市场均衡价格 P^*，所以，消费者愿意增加这一单位产品的购买，由此获得更多的消费者剩余，同时，由供给曲线可知，生产者能够接受的最低价格 P_s 低于市场均衡价格 P^*，所以，生产者也愿意增加这一单位产品的销售，由此获得更多的生产者剩余。所以，在自愿互利的交易原则下，只要市场的交易量小于均衡数量 Q^*，市场的交易数量就会增加，并使交易双方的福利都增加，市场的总福利也由此增大。这一交易数量的扩大一直持续到 Q^* 为止，市场的总福利达到不可能再增大的地步，即福利最大化。

反之，在任何大于 Q^* 的数量上，例如 Q_2 的数量上，情况怎样呢？其实，Q_2 的交易量是不可能发生的。因为消费者愿意支付的最高价格低于市场均衡价格 P^*，生产者能够接受的最低价格高于市场均衡价格 P^*，这种使双方都受损的买卖是不可能成交的。所以自愿互利的市场交易最后达到均衡数量和均衡价格时，整个市场的福利最大化。

即：市场均衡产量使总剩余最大：在其他任何产量条件，向市场均衡产量移动都能使总剩余增加。

二、价格管制

价格管制通常包括最高限价和最低限价。

最高限价：出售一种物品或服务的法定最高价格。比如：租金控制。

最低限价：出售一种物品或服务的法定最低价格。比如：最低工资。

三、消费税

若政府征收消费税，对每单位商品征收 T 元的消费税，那么，我们会反思以下问题：商品价格是否也上涨 T 元呢？消费税最终由谁来承担呢？消费者还是生产者？消费者的福利效应又如何？

如图 7-13 没有税收时的均衡：价格 $= P_E$

均衡数量 $= Q_E$

每单位物品征税 $\$T$ 时的均衡：

买者支付 P_B，卖者得到 PS 税收收入：$\$T \cdot Q_T$

均衡数量 = Q_T

此时税收收入 = $\$T \cdot Q_T$

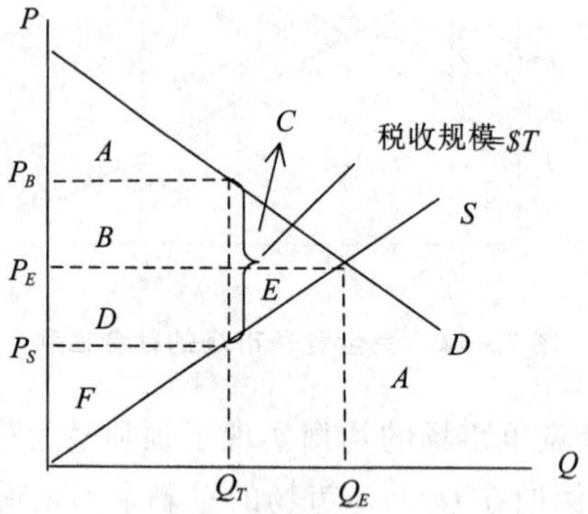

图 7－13　消费税的福利效应

(1) 没有税收时：$CS = A + B + C$

$PS = D + E + F$

税收收入 = 0

总剩余 = $CS + PS = A + B + C + D + E + F$

(2) 有税收时：$CS = A$

$PS = F$

税收收入 = $B + D$

总剩余 = $A + B + D + F$

税收使总剩余减少 = $C + E$

本章小结

本章的内容可分为四个部分，第一部分把市场分为完全竞争、垄断竞争、寡头和垄断四个市场类型，并证明了适用于一切市场类型的利润最大化条件——边际成本等于边际收益；第二部分对完全竞争厂商的短期均衡进行了分析，并在此基础上证明了厂商的短期供给曲线，指出厂商的短期供给曲线实际上是能够为厂商带来最大利润的生产曲线；第三部分指出，尽管在短期内，完全竞争厂商可能获得超额利润，也可能存在亏损，但在长期内，完全竞争厂商实现均衡时，只能获得正常利润，并在长期平均成本的最低点进行生产；第四部分是对完全竞争市场长期均衡进行了分析，针对成本不变、递增、递减三种情况进行详细论述。

思考与练习

一、选择题

1. 完全竞争厂商所面临的需求曲线是一条水平线，它表示（　　）。

A. 厂商可以通过改变销售量来影响价格
B. 厂商只能接受市场价格
C. 厂商通过联合生产来改变市场价格
D. 厂商通过改进生产技术，获得经济利润

2. 企业使其利润最大意味着（　　）。
A. 避免亏损
B. 使平均成本最小
C. 根据边际收益和边际成本相等来决定产出水平
D. 使产量最大

3. 如果厂商在短期均衡产量上，*AR* 小于 *SAC*，但大于 *AVC*，则厂商（　　）。
A. 亏损，立即停产　　B. 亏损，但继续生产
C. 亏损，生产与否都可　　D. 获利，继续生产

4. 若在最优产出水平上，市场均衡价格 *P* 超过 *AVC*，但小于 *AC* 时，则企业是（　　）。
A. 获取利润　　B. 亏损，但在短期内继续生产
C. 亏损，应立即停产　　D. 盈亏相抵

5. 完全竞争厂商的短期供给曲线应该是（　　）。
A. *SMC* 曲线上超过停止营业点的部分
B. *SMC* 曲线超过收支相抵点的部分
C. *SMC* 曲线上停止营业点和超过停止营业点以上部分
D. *SMC* 曲线的上升部分

6. 价格完全竞争条件下，若厂商把产量调整到短期平均成本曲线最低点所对应的水平（　　）。
A. 他将取得利润最大　　B. 他没能获得最大利润
C. 他是否获得最大利润仍无法确定　　D. 他一定亏损

7. 假如某厂商的平均收益曲线由水平线变为向右下方倾斜的曲线，这说明（　　）。
A. 既有厂商进入也有厂商推出该行业
B. 完全竞争被不完全竞争所取代
C. 新的厂商进入该行业
D. 原有厂商退出了该行业

8. 短期出现下面哪种情况时，完全竞争企业停产？（　　）。
A. 在所有可能的产量水平上，价格均低于平均成本
B. 没有边际收益和边际成本相等的点
C. 在所有产量水平上，价格低于平均固定成本
D. 在所有产量水平，价格低于平均变动成本

9. 假定短期内在某一产量水平上，某厂商的平均成本达到了最小值，这意味着（　　）。
A. 边际成本等于平均成本　　B. 厂商获得了最大利润

C. 厂商获得了最少利润　　　　D. 厂商的超额利润为零

10. 在完全竞争厂商的长期均衡产量上，必然有（　　）。

A. $MR = LMC \neq SMC$，其中 $MR = AR = P$

B. $MR = LMC = SMC \neq LAC$，其中 $MR = AR = P$

C. $MR = LMC = SMC = LAC \neq SAC$，其中 $MR = AR = P$

D. $MR = LMC = SMC = LAC = SAC$，其中 $MR = AR = P$

11. 完全竞争企业在长期均衡状态下，成本不变的行业中，产量的增加量（　　）。

A. 完全来自新企业

B. 完全来自原有企业

C. 要么完全来自新企业，要么完全来自原有企业

D. 部分来自新企业，部分来自原有企业

12. 成本递减行业的长期供给曲线是（　　）。

A. 水平直线　　　　B. 自左向右上倾斜

C. 垂直于横轴　　　　D. 自左向右下倾斜

二、判断题

1. 虽然很高的固定成本会是厂商亏损的原因，但永远不会是厂商关门的原因。（　　）

2. 在长期均衡点，完全竞争市场中每个厂商利润都为0，因而，当价格下降时，所有这些厂商就无法继续经营。（　　）

3. 当行业处于长期均衡状态时，同一行业的所有厂商均无经济利润。（　　）

4. 如果一完全竞争行业的规模报酬不变，那么认为该行业的长期供给曲线就有完全弹性。（　　）

5. 如果某一行业的产品是同质的，或者是相互之间有很好的替代性，则这一行业一定是竞争市场。（　　）

6. 对于完全竞争市场上的厂商来说，每个厂商都获得相同的利润率水平。（　　）

7. 在短期内，完全竞争行业的供给曲线上的每一点都表示在相应的价格水平下能够使全体厂商获得最大利润（或最小亏损）的行业短期供给量。（　　）

8. 在市场经济条件下，消费者统治理论的说法不论在什么条件下都是能够成立的。（　　）

三、计算题

1. 某一彩电制造商认为他所在的行业是完全竞争行业。他觉得同其他彩电制造商之间存在激烈的竞争，其他彩电制造商一旦大做广告，采取降价措施或提高服务质量时，他也及时做出反应。请你根据所学的有关完全竞争知识判断彩电制造商所在行业是完全竞争行业吗？

2. 完全竞争行业中某厂商的成本函数为 $TC = Q^3 - 6Q^2 + 30Q + 40$，试求：

（1）假设产品价格为66元，利润最大化时的产量及利润总额；

（2）由于竞争市场供求发生变化，由此决定的新价格为30元，在新价格下厂商是

否会发生亏损？若会最小的亏损额为多少？

（3）该厂商在什么情况下会停止生产？

（4）厂商的短期供给函数。

3. 在一个完全竞争的成本不变行业中单个厂商的长期成本函数为 $LTC = Q^3 - 40Q^2 + 600Q$，该市场的需求函数为 $Q^d = 13\,000 - 5P$，求：（1）该行业的长期供给曲线；（2）该行业实现长期均衡时的厂商数量。

4. 已知完全竞争市场上单个厂商的长期成本函数为 $LTC = Q^3 - 20Q^2 + 200Q$，市场的产品价格为 $P = 600$。求：

（1）该厂商实现利润最大化时的产量、平均成本和利润各是多少？

（2）该行业是否处于长期均衡？为什么？

（3）该行业处于长期均衡时每个厂商的产量、平均成本和利润各为多少？

（4）判断（1）中的厂商是处于规模经济阶段，还是处于规模不经济阶段？

第八章

不完全竞争市场

【学习目标】

- ◆ 了解不同厂商的特征及其形成原因；
- ◆ 掌握不同市场中厂商需求曲线、收益曲线及其关系；
- ◆ 掌握完全竞争市场与垄断竞争市场的短期均衡条件；
- ◆ 掌握完全垄断市场下的价格歧视；
- ◆ 理解不同市场下的长期均衡；
- ◆ 了解寡头垄断市场的模型。

【本章脉络图】

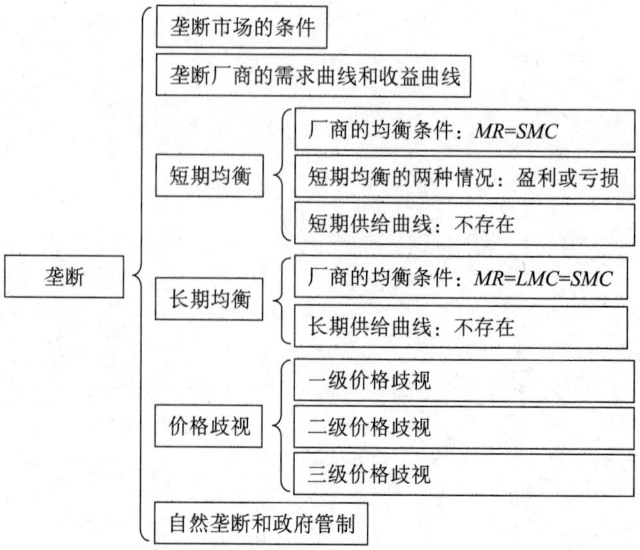

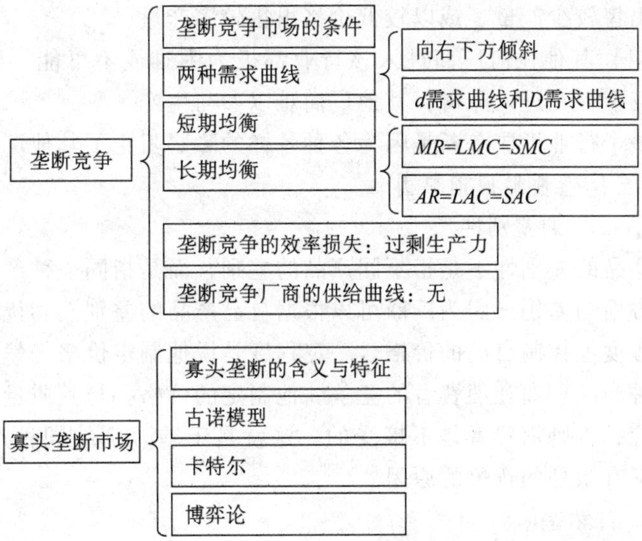

除了完全竞争之外的其他市场，都或多或少的带有一定的垄断，被称为不完全竞争市场。不完全竞争的厂商对价格都有一定的控制能力，也就是有一定的垄断势力。这会影响厂商的价格和产量的决定，进而影响市场的资源配置效率。不完全竞争市场分为垄断市场，寡头市场和垄断竞争市场三个类型，其中垄断市场垄断程度最高，寡头市场居中，垄断竞争市场垄断程度最低。

第一节

完全垄断市场

一、完全垄断的含义、特征及其形成原因

完全垄断市场也叫作纯粹垄断市场，一般简称为垄断市场，是一种与完全竞争市场相对立的极端形式的市场类型，含义是指一个厂商在一个给定市场上对某一产品具有排他性的控制权。

（一）垄断的特征

经济学中所谓的完全垄断市场具有以下四个方面的特征：

(1) 厂商数目唯一，市场上只有一个售卖者，一家厂商控制了某种产品的全部供给。

(2) 完全垄断企业的产品不存在任何相近的替代品。否则，其他企业可以生产替代品来代替垄断企业的产品，完全垄断企业就不可能成为市场上唯一的供给者。因此消费者无其他选择。

(3) 完全垄断企业是市场价格的制定者。垄断企业控制了整个行业的供给，也就控制了整个行业的价格，成为价格制定者。完全垄断企业可以有两种经营决策：以较高

价格出售较少产量，或以较低价格出售较多产量。

（4）其他任何厂商进入该行业都极为困难或不可能，要素资源难以流动。完全垄断市场上存在进入障碍，其他厂商难以参与生产。

一个行业形成垄断是因为各种各样的障碍阻止了其他厂商进入这个行业。

（二）垄断形成的原因

1. 产品的差别性

产品的差别性不是指不同产品的差别，而是指同一种产品在质量、款式、花色、品牌等方面的差别。因为厂商可以根据自己产品的差别性和优势制定较高的价格，从而在一定程度上控制自己的价格。一定程度是说他制定价格仍然要受到供求关系的影响，受到同种产品厂商和消费者的竞争。他制定的价格要与其质量、花色、款式等方面的差别相适应，否则消费者是不接受的。这就是千差万别的同种产品市场上既有不同价格差别，又有激烈的竞争的原因。

2. 自然垄断

优胜劣汰是竞争的法则。一些在竞争中开发出新技术、新产品或在其他方面具有优势的厂商在竞争中会逐渐扩大自己的经济实力和生产规模。一旦获得规模收益的优势，他就会以更低的成本优势把其他厂商挤出该行业，自然形成几家大厂商或一家大厂商垄断一个行业的情况。这就是自然垄断。自然垄断包含的另一层意思是，从技术上讲，一些行业要求较高的生产技术水平和较大的生产规模。比如汽车、钢铁、通信等行业。一些在竞争中具有优势的企业，以自己雄厚的经济技术实力优先涉足这些行业，形成规模收益和低成本的优势。一般小厂商是很难与他们竞争的，从而自然形成行业壁垒和垄断。

3. 控制重要的生产资源

生产资源对于厂商的重要意义不言自明，如果某种重要的生产资源被一个厂商所控制的话，就可以阻止竞争者的进入。例如加拿大有个国际制镍公司，原因就在于加拿大拥有世界上80%左右的镍矿资源。

4. 政府特许

与政府相关的垄断行为包括两种行为：一个是“政府垄断”；一个是“政府授予垄断”。前者是政府直接行使垄断权力（比如酒类专卖、烟草专卖），是政企合一的体制下特殊产品或者服务专营、专卖行为，譬如邮政局的邮政专营行为、烟草专卖局的烟草专卖行为等；后者是政府将垄断经营权授予某一个企业。在某些情况下，政府只允许一家企业生产经营某一特定产品，获取这种特权的企业，在一定时期内便获得特定产品生产经营垄断权。英国历史上的东印度公司就由于英国政府的特许而垄断了对东方的贸易。此外，铁路、邮政、广播、电视等也是特许经营，特许经营限制了竞争，同时政府也会对企业的行为做出一定的规制。

以上分析表明，垄断因素或竞争的不完全性是在市场竞争的发展中自然形成的。因为，创造出比竞争对手质量更好，设计更有特色的产品，开发新材料、新资源、新技术或者开发出独一无二的新产品等正是厂商竞争和获取最大利润的手段。在竞争中获胜的厂商自然会取得经济规模的优势并走向垄断。但是，就像我们在现实中找不到完全竞争那样，我们在现实中也找不到完全垄断。这是因为，在一定程度上，任何东西都有替代品，而且进入市场的障碍也很少是绝对的。

【专栏8-1】

钻石恒久远，一颗永流传

产生于一种关键资源所有权垄断的典型例子是南非的钻石公司德比尔。德比尔控制了世界钻石生产的80%左右。虽然这家企业的市场份额不是100%，但它也大到足以对世界钻石价格产生重大影响的程度。

德比尔拥有多大的市场势力呢？答案大部分取决于有没有这种产品的相近替代品。如果人们认为翡翠、红宝石和蓝宝石都是钻石的良好替代品，那么，德比尔的市场势力就较小了。在这种情况下，德比尔任何一种想提高钻石价格的努力都会使人们转向其他宝石。但是，如果人们认为这些其他石头都与钻石非常不同，那么，德比尔就可以在相当大程度上影响自己产品的价格。德比尔支付了大量广告费。乍一看，这种决策似乎有点奇怪。如果垄断者是一种产品的唯一卖者，为什么它还需要广告呢？德比尔广告的一个目的是在消费者心目中把钻石与其他宝石区分开来。当德比尔的口号告诉你"钻石恒久远，一颗永流传"时，你马上会想到翡翠、红宝石和蓝宝石并不是这样。（而且，要注意的是，这个口号适用于所有钻石，而不仅仅是德比尔的钻石——德比尔垄断地位的象征。）如果广告是成功的，消费者就将认为钻石是独特的，不是许多宝石中的一种，而且，这种感觉就使德比尔有更大的市场势力。

二、完全垄断厂商的需求曲线与收益曲线

（一）需求曲线

在完全垄断市场上，一家厂商就是整个行业。因此，整个行业的需求曲线也就是一家厂商的需求曲线。这时，需求曲线就是一条表明需求量与价格呈反方向变动的向右下方倾斜的曲线，如图8-1所示。因此，完全垄断厂商是价格的制定者，可以通过减少销售量来提高市场价格，在其产量水平较高时，市场价格也随之下降。这一点与完全竞争市场上厂商是价格的接受者不同。

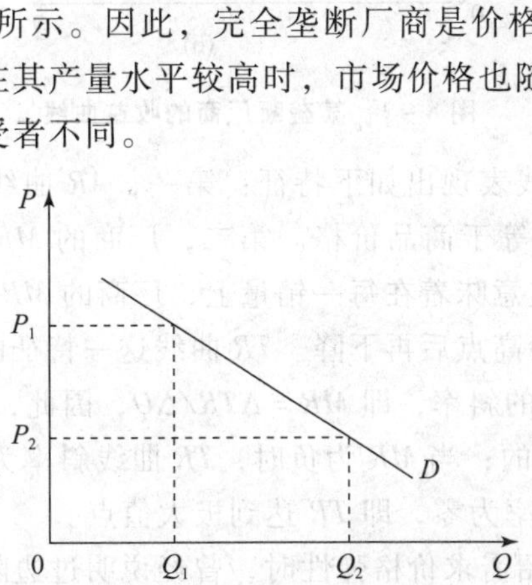

图8-1 不完全竞争厂商可以在价格和销量上选择

（二）平均收益与边际收益

在完全垄断市场上，平均收益仍等于价格，因此平均收益曲线 *AR* 仍然与需求曲线 *D* 重合。但是，在完全垄断市场上，当销售量增加时，产品的价格会下降，从而边际收益减少，边际收益曲线 *MR* 就再也不与需求曲线重合了，而是位于需求曲线下方。而且，随着产量的增加，边际收益曲线与需求曲线的距离越来越大，表示边际收益比价格下降得更快。这一点可以通过图 8－2（a）和图 8－2（b）进行说明。

表 8－1　　某垄断厂商的收益函数表

商品价格 P	11	10	9	8	7	6	5	4	3	2	1
商品销量 Q	0	1	2	3	4	5	6	7	8	9	10
总收益 $TR = P * Q$	0	10	18	24	28	30	30	28	24	18	10
平均收益 $AR = TR/Q$	0	10	9	8	7	6	5	4	3	2	1
边际收益 $MR = \Delta TR/\Delta Q$	0	10	8	6	4	2	0	－2	－4	－6	－8

图 8－2 中的横轴表示商品的需求和销售数量 *Q*。纵轴表示商品价格 *P*。图 8－2（a）是 *AR* 和 *MR* 曲线，图 8－2（b）是总收益 *TR* 曲线。

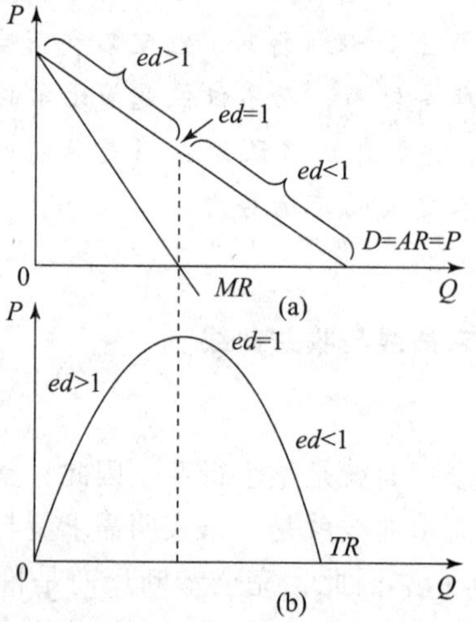

图 8－2　某垄断厂商的收益曲线

该垄断厂商的收益曲线表现出如下特征：第一，*AR* 曲线与需求曲线重合。这意味着在每一销售量上，*AR* 都等于商品价格。第二，厂商的 *MR* 曲线也向右下方倾斜，且位于 *AR* 曲线的左下方。这意味着在每一销量上，厂商的 *MR* 都小于 *AR*。第三，厂商总收益 *TR* 曲线是先上升到最高点后再下降。*TR* 曲线这一特征的原因在于每一销售量上的 *MR* 值都是相应的 *TR* 曲线的斜率，即 $MR = \Delta TR/\Delta Q$，因此，当 *MR* 为正值时，*TR* 曲线斜率为正，*TR* 曲线是上升的；当 *MR* 为负时，*TR* 曲线斜率为负，即 *TR* 曲线是下降的；当 *MR* 为零时，*TR* 曲线斜率为零，即 *TR* 达到极大值点。

此外，前面我们在介绍需求价格弹性时，曾经说明过边际收益、价格和需求价格弹性的关系，如下式所示：

$$MR = P\left(1 - \frac{1}{|E_d|}\right)$$

结合需求弹性知识，从图 8－2 中还可看到，当 $E_d > 1$ 时，MR 为正值，TR 与销量同方向变动；当 $E_d < 1$ 时，MR 为负值，TR 与销量反方向变动。

依据曲线特征可以把不完全竞争厂商的收益规律概括如下：不完全竞争厂商的总收益变动决定于边际收益的变动。当边际收益为正值时，总收益增加和上升；当边际收益为零时，总收益的增加达到最大值；当边际收益为负时，总收益下降。而且，在每一销售量上都有：平均收益等于销售价格，边际收益小于平均收益。

三、完全垄断市场的短期均衡

与完全竞争市场类似，垄断厂商利润最大化时的产量也是由需求状况和成本状况共同决定的。厂商并不能为所欲为：受市场需求状况的限制；短期内产量的调整要受到固定生产要素（厂房、设备等）无法调整的限制。

在完全垄断市场上，厂商仍然根据边际收益与边际成本相等的原则来决定产量。其利润最大化条件为 $MR = MC$，这也是垄断厂商短期均衡的条件。

由于在短期内，垄断厂商无法改变不变要素投入量，垄断厂商是在既定的生产规模下通过对产量和价格的同时调整，来实现利润最大化。

在完全垄断市场上厂商实现短期均衡也有三种情况，分别是实现盈亏平衡、取得超额利润、亏损三种情况。

（一）实现盈亏平衡厂商的短期均衡（市场价格高于平均成本）

图 8－3 中给出了某个垄断企业的需求曲线 D（$D = AR$）和短期平均成本曲线 SAC，在完全垄断市场上，厂商实现均衡的条件也是 $MR = MC$，这时的产品销售量为 Q_0。根据边际收益等于边际成本的基本原则，厂商向市场提供的产品销售量为 Q_0，与市场需求相切于 M 点，消费者可以接受的成交价格为 P_0（$P_0 = SAC$）。由于该厂商的 SAC 等于产品市场销售价格 P_0，所以在产品售销量为 Q_0时，产品销售总收入等于总成本，厂商实现了盈亏平衡，由此决定的均衡价格为 P_0，均衡数量为 Q_0。

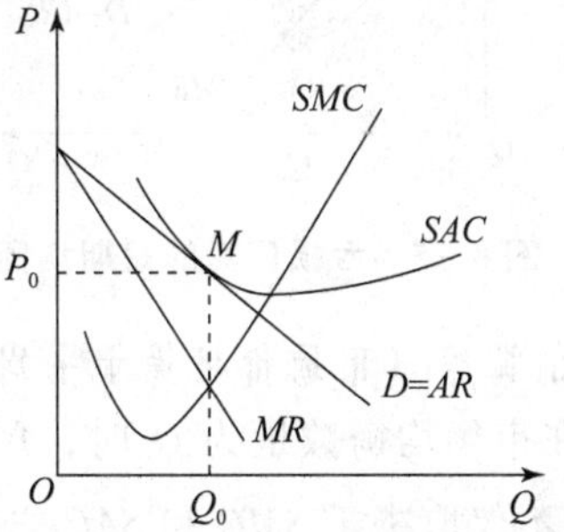

图 8－3　实现盈亏平衡厂商的短期均衡

（二）获得超额利润的厂商均衡（市场价格等于平均成本）

在图 8－4 中，某垄断企业的边际收益曲线 MR 和短期边际成本曲线 SMC 在产品销售量为 Q_0时相交，Q_0与市场需求曲线 D（$D = AR$）垂直相交于 M 点，消费者可以接受的成交价格为 P_0（$P_0 > SAC$）。由于该厂商的 SAC 小于产品市场销售价格 P_0，所以在产

品销售量为 Q_0时，产品销售总收入大于总成本（因为：$TR = P_0 \cdot Q_0$，$TC = SAC \cdot Q_0$，$TR > TC$），厂商可以获得超额利润。由此决定的厂商获得最大利润时的销售价格为 P_0，销售数量为 Q_0。厂商获得的超额利润为图 8-4 中 P_0MNP_1 的面积。

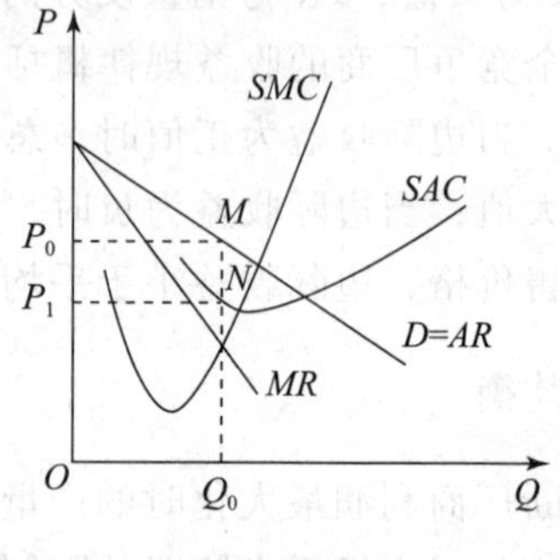

图 8-4　获得超额利润的厂商均衡

（三）亏损厂商的短期均衡（市场价格低于平均成本且高于平均可变成本）

图 8-5 反映的是某个垄断厂商产品销售价格小于平均成本时的市场均衡状态。由于在完全垄断市场上，厂商实现均衡的条件也是 $MR = MC$，这时的产品销售量为 Q_0。厂商的短期平均成本曲线 SAC 在需求曲线 D（$D = AR$）上方。根据边际收益等于边际成本的基本原则，厂商向市场提供的产品销售量为 Q_0，与市场需求相交于 M 点，消费者可以接受的成交价格为 P_0（$P_0 < SAC$）。由于该厂商的 SAC 大于产品市场销售价格 P_0，所以在产品销售量为 Q_0时，产品销售总收入小于总成本，厂商经营出现了亏损，由此决定的均衡价格为 P_0，均衡数量为 Q_0。厂商在销售量为 Q_0的亏损额为图 8-5 中 P_0MNP_1的面积。

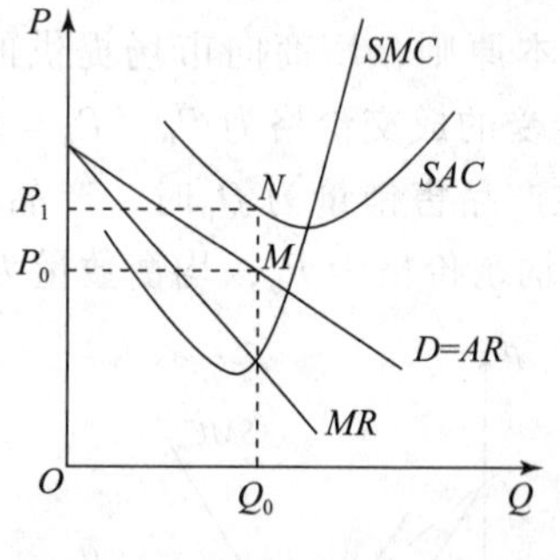

图 8-5　亏损厂商的短期均衡

（四）垄断厂商生产规模的调整（市场价格等于平均可变成本）

根据图 8-6 可以看出，在市场均衡数量为 Q_0时，厂商处于亏损状态。在这一产量水平上，厂商是否停止营业，不仅取决于 SMC 和 SAC 之间的对比，而且还要看 SMC 和 AVC 之间的对比。在实际经营过程中，由于在完全垄断竞争市场上厂商是价格的制定者，对于 Q_0这一产量水平，厂商只要产品价格高于 AVC 就可以继续生产，因为在这时厂商在补偿可变成本后，还能减少一部分固定成本的损失。如果产品价格低于 AVC，就要停止营业，因为这时厂商的销售收入不仅不能补偿固定成本，连可变成本也无法全部收回。所以在图中的 Q_0就是垄断厂商的停止营业点。

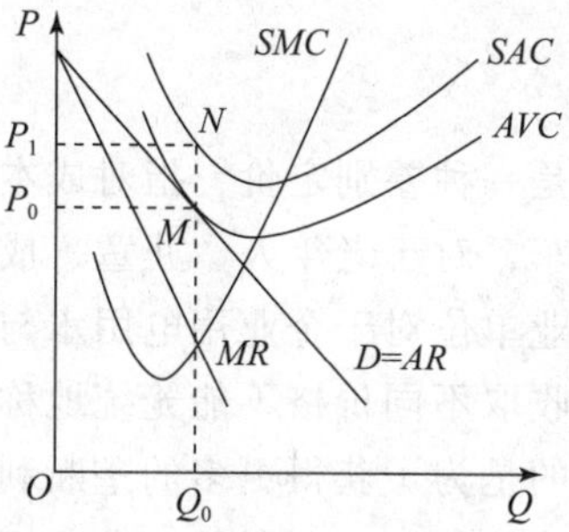

图 8 - 6 亏损厂商经营规模调整

四、完全垄断市场上的长期均衡

在长期中，垄断厂商可以通过调节产量与价格来实现利润最大化。这时厂商均衡的条件是：$MR = LMC$ 和 $MR = SMC$，即 $MR = LMC = SMC$。可用图 8 - 7 来说明这一点。

在图 8 - 7 中，假设垄断厂商现有设备的短期平均成本曲线为 SAC_1，为了赚得最大利润，销售产量是（MR 与 SMC1 相交之点相应的）Q_1，销售价格为 P_1。因为在产量为 Q_1时，$SMC1 \neq LMC$，所以这样的均衡是短期均衡，而不是长期均衡。在长期内，垄断厂商将扩大其厂房设备的规模，使产品产量增加。厂商通过调整厂房设备增加产品产量，当产量增加到 Q_2时，其短期平均成本曲线为 SAC_2，短期边际成本曲线 SMC_2与 MR 相交，销售价格为 P_2，这时 $MR = LMC = SMC_2$，实现了长期均衡。

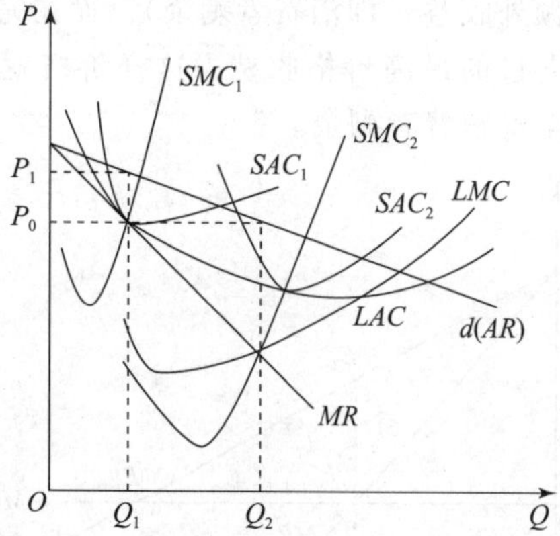

图 8 - 7 完全垄断市场上厂商的长期均衡

总结：完全垄断厂商短期均衡的条件是：$MR = SMC$；长期均衡的条件是：$MR = LMC = SMC$。长期均衡与短期均衡的区别是，后者不要求长期边际成本 LMC 与边际收益 MR 相等，而前者则要求它们相等。

通过上述图形分析说明，在短期中，垄断厂商由于无法调整全部生产要素，因此不一定能实现利润最大化。但在长期中，厂商可以调整全部生产要素，因此可以实现利润最大化，这时就可以产生垄断利润。由于垄断厂商是市场价格的决定者，在长期中，垄断厂商可以选择不同定价策略以使自己能够在所达到的产量规模上能实现利润最大化。

五、价格歧视

价格歧视即为价格差别，是一种差别定价，指对成本相同的商品或劳务向买者索取不同的价格。例如，乘坐公交车，对于老年人、儿童、成年人、残疾人、公交公司职工收取的车票是不同的；公共事业单位对于企业用电用水与居民用电用水收取不同价格等等。需要注意的是，相似商品收取不同价格不能笼统地称为价格歧视。采取价格歧视是垄断厂商的一个经营策略，目的是为了获得更多的垄断利润。

垄断厂商实行价格歧视，必须具备以下条件：垄断厂商对市场有很强的控制力，可以操控价格。不同市场的需求弹性不同，垄断厂商可以根据不同的弹性区分市场。不同弹性的市场相互分离，而且商品的转售十分困难。

在一般情况下，价格歧视被分成 3 个等级：一级价格歧视、二级价格歧视和三级价格歧视。

（一）完全价格歧视（一级价格歧视）

完全价格歧视是指厂商根据购买者每购买一单位产品愿意并且能够支付的最高价格，来单独确定每一单位产品价格的方法。如图 8－8 所示，D 为市场需求曲线，在不实行完全价格歧视情况下，厂商的边际收益曲线为 MR，厂商面临不变的边际成本曲线 MC，根据 $MR=MC$，可得厂商利润最大化的价格为 P_2，产量为 Q_2，价格为单一价格。当这一市场为完全竞争市场时，MC 曲线也就是市场供给曲线，则 E_1 点为竞争均衡点，即消费者按价格 P_1 购买 Q_1 数量的产品。可见，在单一价格情况下，完全垄断厂商获得了长方形 $P_1F_1E_2P_2$ 面积的额外收益（即消费者剩余）。而在完全价格歧视的情况下，厂商按消费者愿意并且能够支付的最高价格收费，这样价格就可以销售 Q_1 数量的产品，获得三角形 $P_1E_1P_3$ 面积的全部消费者剩余。

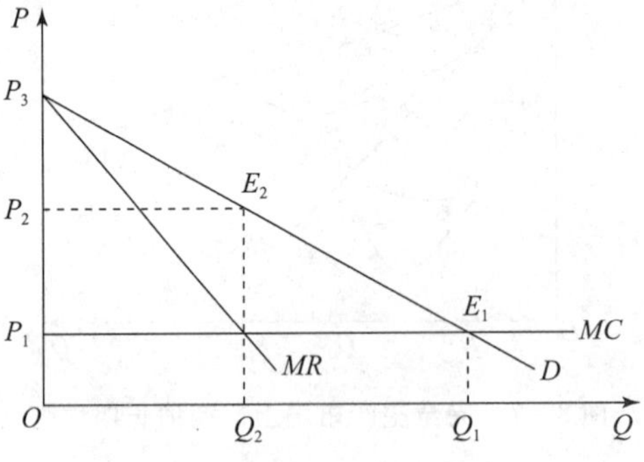

图 8－8　完全价格歧视

（二）二级价格歧视

二级价格歧视是完全价格歧视的一种不完全形式，在这种情况下，厂商不是为每单位产品定价，而是根据单个购买者购买的数量大小来确定价格，因此也称为数量折扣或分段定价。如图 8－9 所示，D 为市场需求曲线，当购买者购买量在零到 Q_1 单位时，厂商索取 P_1 价格，当购买者购买量超过 Q_l 单位，比如说 Q_1'，购买者将按两段来付费，其中 Q_1 单位产品按 Pl 价格支付，Q_l'—Q_1 单位数量产品按较低的 P_2 价格支付。即对购买者超过 Q_1 单位直到 Q_2 单位数量的产品都索取 P_2 的价格，同理，当购买量超过 Q_2 时，购买者将按三段进行支付。

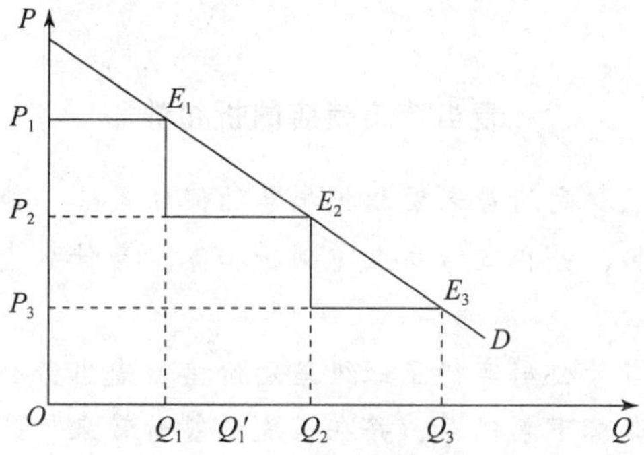

图 8－9　二级价格歧视

这方面的事例如电力公司对工业用电计费时，每月前一定数量收一个较高的价格，随着每月用电数量增加，电价越来越便宜。

（三）三级价格歧视

三级价格歧视也是完全价格歧视的一种不完全形式，其获取消费者剩余的程度相对前两种形式要低一些，一般也称为市场分割。它是指厂商通过一定的机制将不同类型的购买者分割开来，形成不同的分市场，然后厂商将总产量分配到各个分市场，并根据不同分市场的需求价格弹性确定不同的价格。

三级价格歧视是厂商在不同的市场上以不同的价格出售同种商品。这里当然要求厂商能够对市场进行区分，同时由于在不同市场上的需求弹性差异才使厂商有可能进行差别定价，对缺乏弹性的市场制定较高的价格，而对富有弹性的市场则收取相对较低的价格。目的还是获得最大的利润，如图 8－10 所示。假设某厂商在 A 和 B 两个独立的市场出售商品，厂商要获得最大利润，就得按利润最大化原则来确定产量，其总产量为 Q_{A+B}，这一产量必须在两个市场进行配置出售，每个市场上的出售量由 $MR_A = MR_B = MR_{A+B} = MC$ 决定。由此，市场 A 将出售 Q_A，市场 B 将出售 Q_B，市场 A 的价格为 P_A，而在市场 B 的价格则为 P_B。从图 8－10 可以看出，由于市场 A 的需求价格弹性比市场 B 的需求价格弹性要小，所以前者价格高于后者。

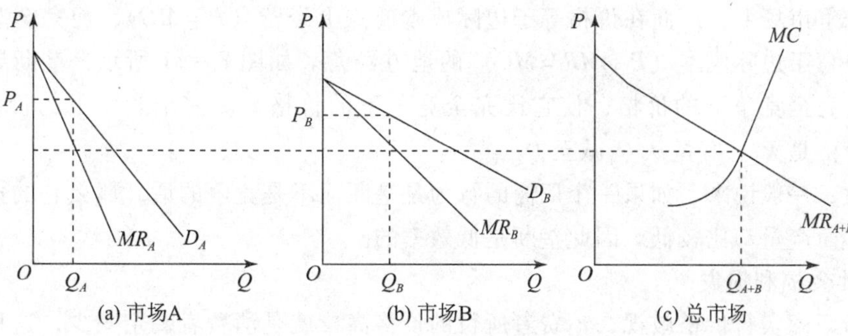

图 8－10　三级价格歧视

【专栏8-2】

麦当劳连锁店的折扣券

麦当劳连锁店一直采取向消费者发放折扣券的促销策略。他们对来麦当劳就餐顾客发放麦当劳产品的宣传品，并在宣传品上印制折扣券。为什么麦当劳不直接将产品的价格降低?

回答是折扣券使麦当劳公司实行了三级差别价格。麦当劳公司知道并不是所有的顾客都愿意花时间将折扣券剪下来保存，并在下次就餐时带来。此外，剪折扣券意愿与顾客对物品支付意愿和他们对价格的敏感相关。富裕而繁忙的高收入阶层到麦当劳用餐弹性低，对折扣券的价格优惠不敏感，不可能花时间剪下折扣券并保存随时带在身上，以备下次就餐时用。而且折扣券所省下的钱他也不在乎。但低收入的家庭到麦当劳用餐弹性高，他们更可能剪下折扣券，因为他的支付意愿低，对折扣券的价格优惠比较敏感。

麦当劳连锁店通过只对这些剪下折扣券的顾客收取较低价格，吸引了一部分低收入家庭麦当劳用餐，成功地实行了价格歧视采取了三级差别价格，并从中多赚了钱。如果直接的将产品价格降低，不带折扣券的高收入阶层的高意愿消费而多得的收入就会流失。

六、对完全垄断市场的评论

根据完全垄断市场和完全竞争市场比较分析，完全垄断的缺点包括：

1. 生产资源浪费

因为完全垄断与完全竞争相比，平均成本与价格高，而产量低。在完全竞争条件下长期均衡的条件是：$MR=AR=AC=MC$，即厂商是在最低的成本情况下，保持生产均衡，因而生产资源得到最优配置。但在完全垄断条件下的长期均衡，由 MR 曲线与 MC（包括 SMC 与 LMC）曲线的交点确定均衡产量。由于生产是在生产成本高于最低平均成本处保持均衡，因此资源未能得到最优配置。

对利润最大化厂商来说，均衡条件始终是边际成本等于边际收益（$MR=MC$），但在完全竞争市场上，厂商在价格等于边际成本的点上经营（$P=MC$），而完全垄断厂商是在价格高于边际成本（$P>MR=MC$）的地方经营。如图 8-11 所示，垄断导致市场价格偏离完全竞争下的价格，使它比完全竞争下的价格高。完全竞争下的价格是 P_1，垄断的价格是 P_2。产量从 Q_1 减至 Q_2。

因此，一般说来，如果一个厂商的行为是垄断而不是竞争的话，那么它的价格就会比较高，而产量却比较低。因此垄断是低效率的。

2. 社会福利损失

垄断厂商实行价格歧视，消费者所付的价格高，就是消费者剩余减少，这种减少就是社会福利的损失。

采用比较总剩余的方法，可以证明与完全竞争相比，垄断使效率下降，垄断造成了社会福利的损失。为此需要引入福利经济学中的两个概念：消费者剩余、生产者剩余，

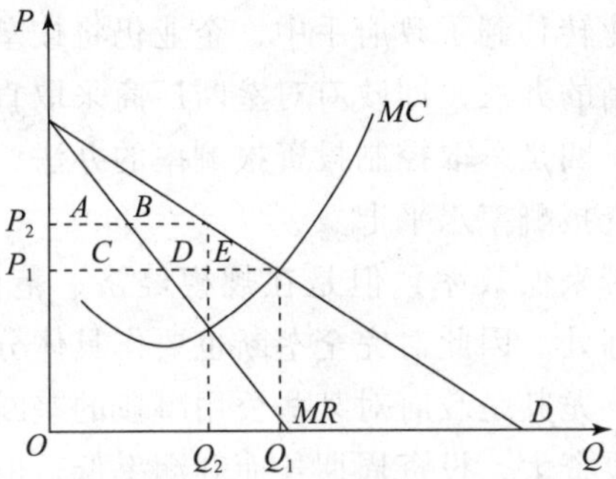

图 8-11　垄断的低效率

它们表示买卖双方在交易过程中所得到的收益。

生产者剩余（producer surplus）是卖方在出售过程中得到的收益，生产者剩余 = 卖者得到的收入 - 卖者的实际成本。如电影公司提供一部电影的成本是 5 元，可票价是 20 元，那么生产者剩余是 15 元。生产者剩余衡量生产者所得到的额外利益。

消费者剩余是买者在购买过程中从市场上得到的收益，消费者剩余 = 买者的意愿支付 - 买者的实际支付。

当我们把消费者和生产者的剩余加在一起时，可以得出：总剩余 = 买者的意愿支付 - 买者的实际支付 + 卖者得到的收入 - 卖者的实际成本。由于买者实际支付的等于卖者实际得到的，二者互相抵消，就可以简写为：总剩余 = 买者的意愿支付 - 卖者的实际成本。

图 8-12（b）中的阴影部分面积 *B* 与阴影部分面积 *C*，就是由垄断所造成的社会福利净损失，经济学上称之为无谓损失，也叫作福利损失三角形。

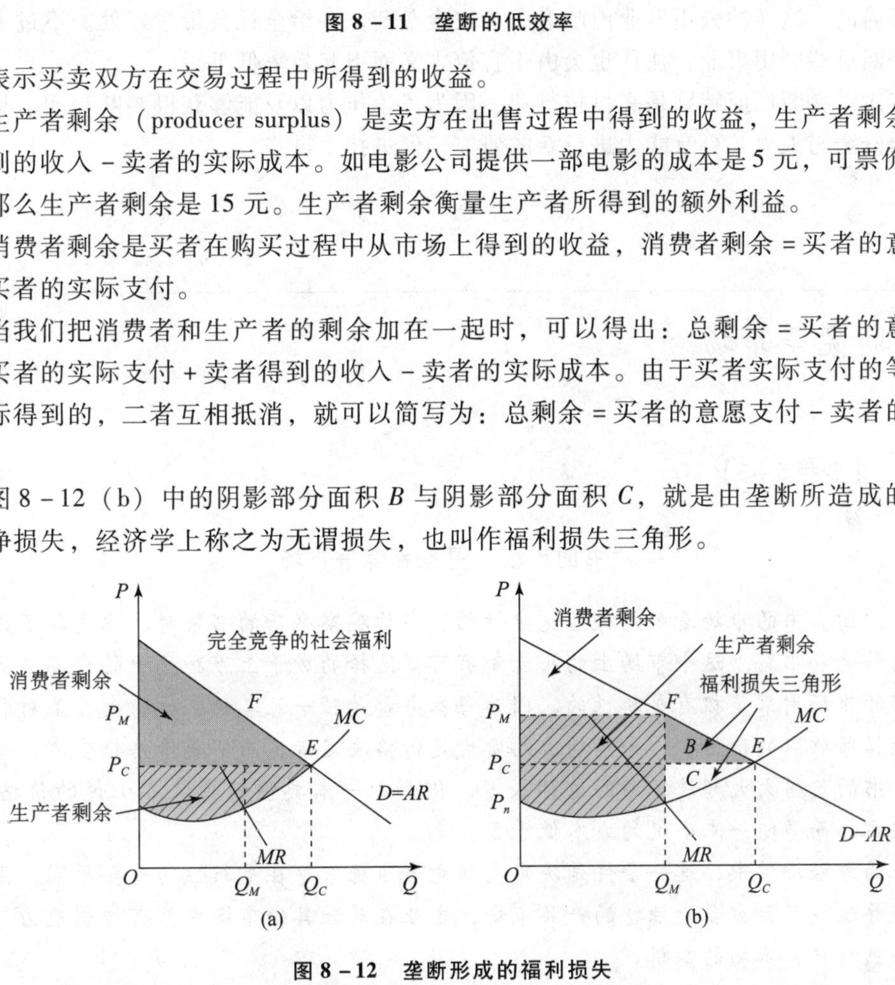

图 8-12　垄断形成的福利损失

3. 垄断者凭借其垄断地位而获得超额利润加剧了社会收入分配不平等

4. 居于垄断地位的厂商一般缺乏创新精神，对自身发展缺少危机感，因而会阻碍技术进步

对垄断进行管制采取的主要方法有：一是政府所有制，即通过由政府拥有厂商并实行政府定价，以使其经营目标转变为社会福利水平最大化，而不是企业的利润最大化。二是采取拍卖某些行业的特许经营权，通过这种做法，政府获得了由垄断所带来的经济利润。不过，这种做法并不能导致促使垄断厂商按边际成本定价法确定市场价格，而仅

仅是将这种经济利润由企业转移到了政府手中，企业仍将按垄断厂商的利润最大化原则来定价。三是采取价格管制的办法，即政府对垄断厂商采取直接控制、税收或补贴等办法来影响垄断厂商的价格。四是采取控制投资报酬率的办法，将垄断厂商的投资报酬率控制在一般市场的平均投资报酬率水平上。

通常情况下，垄断会带来低效率，但是在规模经济、范围经济及激励创新等条件下，垄断又会给社会带来好处。因此对完全垄断也要作具体分析。

首先，有些完全垄断，尤其是政府对某些公用事业的垄断，并不以追求垄断利润为目的。这些公用事业往往投资大，投资周期长而利润率低，但它又是经济发展和人民生活所必需的。这样的公用事业由政府进行完全垄断，会给全社会带来好处。不过由政府完全垄断这些公用事业，往往也会由于官僚主义而引起效率低下。

其次，垄断厂商特别是高科技行业，因为竞争压力以及能够获得垄断利润，具有更雄厚的资金与人力，更有能力进行新的研究，促进技术进步。

第二节

垄断竞争市场

【专栏8－3】

“书的市场”是垄断竞争市场

一方面，书的市场看来是极富竞争性的。当你观察书店的书架时，你发现了许多吸引你的作者和书籍。这个市场上的买者都有可供选择的成千上万种竞争的产品。另一方面，书的市场看来是极有垄断性的。因为每本书都是独一无二的，出版商在某种程度上可以选择所收取的价格。这个市场上的卖者是价格决定者，而不是价格接受者。而且实际上，书的价格大大超过了书的边际成本。例如，一本典型的精装本小说的价格是25美元左右，而多印一本小说的成本低于5美元。

在西方经济学中，这一条件是决定垄断竞争市场中存在垄断性的重要原因，因为产品的差异造成了无穷多的独特的产品市场，企业在其独具的市场中具有控制能力，形成对各个独特产品市场的垄断。

前面分析的完全竞争市场和完全垄断市场是市场结构中的两个极端，现实中的厂商不像完全竞争市场中的厂商面对市场价格无能为力，只能被动接受，也不像完全垄断市场的厂商可以单独决定价格或产量。生产者同样也不仅仅是做些定价、产量、生产规模的决策，更加现实的决策则常常涉及因应消费者需求的变化，开发新的产品，寻找市场空隙，运用各种价格的和非价格的竞争手段击败竞争对手。

一、垄断竞争市场含义及其特点

（一）垄断竞争市场含义

垄断竞争是一个既存在垄断又存在竞争的市场结构，它是介于完全竞争和完全垄断之间但又相对接近完全竞争的市场。在我们日常的经济生活中．相当多的产品是由垄断竞争厂商提供的。比如，电视机、冰箱、空调和微波炉等产品市场就属于垄断竞争市场。我国有多家空调生产商，但各厂商不同牌子的冰箱各有独到之处。与完全竞争相比，垄断竞争的关键特征是产品差异，而产品差异使得个别生产者有特定客户群，从而具有影响价格的能力，即一定程度的垄断。然而，长期来看，垄断竞争市场中的竞争是十分激烈的。这是因为，产品毕竟是同类的产品，从而是相近的替代品。另外，在没有进入障碍的情况下，创新所带来的产品差异只能使创新者在有限时期和范围内具有市场影响力。所以，垄断竞争是十分接近完全竞争的市场结构。

（二）垄断竞争市场的特点

1. 卖者数目大和规模小

有许多卖者，彼此之间存在着较为激烈的竞争。规模小，像完全竞争，对市场价格的影响小。由于每个厂商都认为自己的产量在整个市场中只占有一个很小的比例，因而厂商会认为自己改变产量和价格，不会招致其竞争对手们相应行动的报复。

2. 存在产品差别

产品差别是指同一产品在价格、外观、性能、质量、构造、颜色、包装、形象、品牌、服务及商标广告等方面的差别以及消费者想象为基础的虚幻的差别。由于存在着这些差别，使得产品成了带有自身特点的“唯一”产品，也使得消费者有了选择的必然，使得厂商对自己独特产品的生产销售量和价格具有控制力，即具有了一定的垄断能力，而垄断能力的大小则取决于它的产品区别于其他厂商的程度。产品差别程度越大，垄断程度越高。垄断竞争市场中产品差别主要来源，大致可以归纳为几类：第一类是不同厂商的产品或服务所具有的内在品质和功能方面的差异，如同样是智能手机，甲厂商的产品具有双摄像头的配置，而乙厂商的产品只具有单摄像头。第二类是不同厂商的产品或服务所处的地理位置不同，例如具有同样理发技能的两家理发店，一家位于消费者居住的小区内，而一家位于半小时车程的某地，在消费者看来，这两家理发店的服务就是有差别的。第三类是产品或服务的商誉不同。只要消费者认为是产品或服务是有差异的，产品或服务间就有差异，不管事实上这两种产品或服务多么相似，这也提供了一种差异化营销的思路，即通过制造事实上不存在的差异，增加本厂商对市场的控制力。其他造成产品差别的来源，还有如产品外观、包装、广告、售后服务等等。根据产品差别的性质还可以将其划分为名义差别和实质差别两类。实质差别是指在产品或服务的内在品质和功能方面客观上存在的差别。名义差别则是指产品或服务的内在品质和功能没有区别，而消费者认为这些产品是不同的。前者如配置不同的笔记本电脑，后者如化学成分完全相同的感冒药。

3. 厂商进入或退出该行业都比较容易，资源流动性较强

垄断竞争市场是常见的一种市场结构，如肥皂、洗发水、毛巾、服装、布匹等日用品市场，餐馆、旅馆、商店等服务业市场，牛奶、火腿等食品类市场，书籍、药品等市

场大都属于此类。

4. 厂商对价格有一定影响力

餐饮行业是典型的垄断竞争市场：一方面餐饮企业很多，众多的消费者因此存在多种选择，竞争因素存在；另一方面每家餐饮企业的产品都有自己的特色（口味、服务、就餐环境等），又具有一定程度的垄断力。

如前所述，垄断竞争厂商之间的竞争还是相当激烈的。因此，采取各种手段进行市场的争夺成了厂商重要的经济活动。其中最常见的手段为价格竞争和非价格竞争。价格竞争主要是厂商通过降低价格来争夺市场的份额，而非价格竞争则是通过非价格的形式进行的竞争。如加强销售服务、进行大量的广告宣传、提高产品的质量、开展促销活动等。随着社会经济的发展和人们收入水平的提高，非价格竞争的手段变得越来越重要。

此外，在所有的市场结构中，垄断竞争厂商尤其注重产品的广告宣传。目的有两个：第一，通过广告宣传向消费者传递产品的差异程度，力图影响消费者的偏好；第二，广告宣传是非价格竞争的一种不可或缺的手段。

二、垄断竞争厂商面临的需求曲线和收益曲线

（一）垄断竞争厂商的需求曲线

由于垄断竞争厂商生产的是有差别的产品，因而对该产品都具有一定的垄断能力，和完全竞争的厂商只是被动地接受市场的价格不同，垄断竞争厂商对价格有一定的影响力。比如，厂商如果将它的产品的价格提高一定的数额，则习惯于消费该物品的消费者可能不会放弃该物品的消费，该产品的需求不会大幅度下降。但若厂商大幅度提价的话，由于存在着大量的替代品，消费者就可能舍弃这种偏好，转而购买该商品的替代品。因此，垄断竞争厂商所面临的需求曲线相对于完全竞争厂商而言要更陡一些（即更缺乏弹性），而相对于垄断厂商来讲需求曲线要更平缓，即更富有弹性。

由于在垄断竞争行业中厂商生产的产品都是有差别的替代品，因而市场对某一厂商产品的需求不仅取决于该厂商的价格—产量决策，而且取决于其他厂商对该厂商的价格—产量决策是否采取对应的措施。比如一个厂商采取降价行动，如果其他厂商不降价，则该厂商的需求量可能上升很多，但如其他厂商也采取降价措施，则该厂商的需求量不会增加很多。这样在分析垄断竞争厂商的需求曲线时，就要分两种情况进行讨论，如图 8－13 所示。

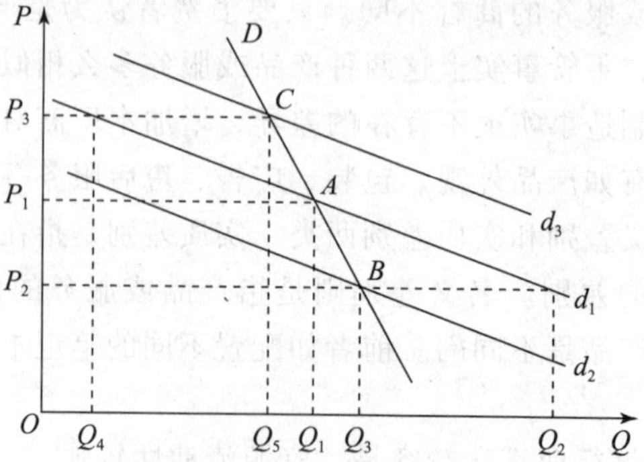

图 8－13　垄断竞争厂商所面临的需求曲线

（1）d 曲线是一条平缓向右下方倾斜的曲线，这是垄断竞争市场中的单个厂商改变产品价格，而其他厂商的产品价格保持不变时，该厂商的产品价格与销售量之间的对应关系。因为在市场中有大量的企业存在，因而单个厂商会认为自己的行动不会引起其他厂商的反应，于是自认为可以像垄断厂商那样，独自决定价格。这样单个厂商在主观上就有一条斜率较小的需求曲线，称为主观需求曲线。

（2）D 曲线是一条陡峭向右下方倾斜的曲线，这是垄断竞争市场中的单个厂商改变产品价格，而其他所有厂商也使产品价格发生相同变化时，该厂商的产品价格和销售量之间的关系。在现实中，一个垄断竞争厂商降低价格时，其他厂商为了保持自己的市场，势必也会跟着降价，该厂商因而会失去一部分顾客，需求量的上升不会如厂商想象的那么多，因而还存在着另外一条需求曲线，称之为客观需求曲线或比例需求曲线。

在图 8－13 中，垄断竞争厂商的主观需求曲线为 d_1，厂商最初的产量为 Q_1，最初的价格为 P_1，因而位于主观需求曲线上的 A 点。当该厂商将产品的价格由 P_1 下调至 P_2 后，按照其主观需求曲线 d_1，厂商预期其销售量将提高至 Q_2。但是，由于该厂商降价时，其他厂商也将采取同样的措施，以维护自己的市场占有率，因此，该厂商的销售量实际只有 Q_3，即介于 Q_1 和 Q_2 之间，厂商实际只能移动到 B 点。当厂商意识到这点之后，厂商的主观需求曲线就会做出相应的调整，改为通过 B 点的 d_2。相反，如果厂商将它的价格由 P_1 提高至 P_3，厂商按照主观需求曲线 d_1 会预期自己的需求量将降低至 Q_4，但由于其他厂商也同样采取提价措施，该厂商需求量的下降并不像预期的那么多，实际的需求量为 Q_5，即厂商实际移动到 C 点，厂商的主观需求曲线也将随之调整至通过 C 点的 d_3。根据客观需求曲线的定义，连接 A、B、C 三点的曲线 D 即是客观需求曲线。

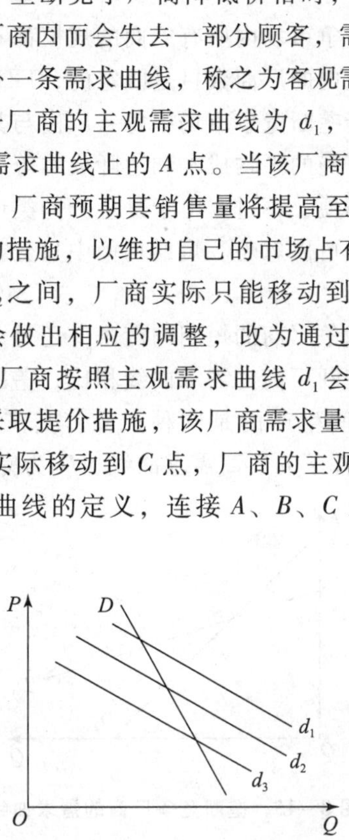

图 8－14　d 曲线与 D 曲线的关系

（3）d 曲线与 D 曲线的关系。如图 8－14 所示，当所有厂商同样调整价格时，整个市场价格的变化会使单个垄断竞争厂商的 d 曲线沿着 D 曲线上下移动。当垄断竞争市场中的所有厂商都以相同方式改变产品价格时，整个市场价格的变化会使得单个垄断竞争厂商的 d 曲线的位置沿着 D 曲线上下平移。如果市场价格下跌，则 d 曲线沿着 D 曲线向下平移；如果市场价格上升，则 d 曲线沿着 D 曲线向上平移。

d 曲线表示单个厂商改变价格时预期的产量，而 D 曲线表示单个厂商在每一价格水平实际面临的市场需求量或销售量，所以 d 曲线与 D 曲线相交，意味着垄断竞争市场的供求平衡状态。

客观需求曲线 D，更缺乏弹性，所以更陡峭一些；主观需求曲线 d 弹性较大，较平坦些。

(二) 垄断竞争厂商的收益曲线

由于厂商的平均收益 AR 总是等于该销售量是的价格 P，因此平均收益曲线就是厂商的需求曲线。需求曲线向右下方倾斜，则平均收益曲线也是向右下方倾斜的，且两线重合。平均收益递减，则边际收益必定也是递减的，并且小于平均收益。所以与垄断厂商类似，垄断竞争厂商的边际收益（MR）曲线也是位于平均收益 AR 曲线之下且较 AR 曲线更为陡峭。

三、垄断竞争市场的短期均衡

在短期的情况下，垄断竞争市场内所有厂商的规模都不发生变化，也不存在厂商的进入和退出的问题，因此行业内的厂商数目是既定的，厂商面对的市场需求曲线是不变的。需要注意的一点是，由于垄断竞争市场中每一厂商与其他厂商生产的产品或提供的服务都是有差异的，所以各厂商的平均成本和边际成本等成本曲线事实上不一致的，这会给我们的分析带来极大的不便，不过，由于是生产同类或相类似产品间的差别，成本曲线间的差异在定性的分析中可以忽略。短期均衡中只分析一个有代表性的厂商的调整问题。

与其他市场相同，垄断竞争厂商的短期均衡条件还是 $MR=MC$，其图形与完全垄断厂商有些类似。只是与完全垄断厂商的需求曲线相比，垄断竞争厂商的需求曲线要平坦一些，因为垄断竞争厂商之间生产的是同种产品，其产品具有较大的替代性。如图 8－15所示，D_1为垄断竞争条件下的厂商需求曲线，D_2为完全垄断条件下的需求曲线。

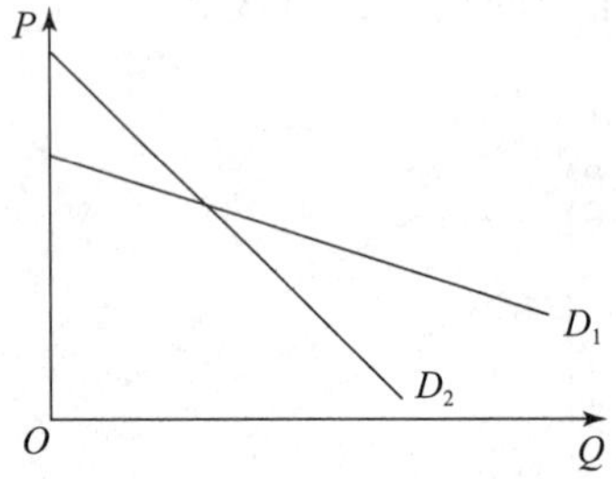

图 8－15 垄断竞争厂商的需求曲线

具体来看，垄断竞争厂商在短期可能出现以下几种情况：获得超额利润、获得正常利润、有亏损但继续生产、有亏损停产。在图 8－16（a）显示厂商有利可图，其利润额为 P_0ABP_1 的面积；图 8－16（b）则显示厂商的平均收益小于平均成本，按亏损最小化原则进行生产，其最小亏损额为 P_oABP_1 的面积，在亏损时，只要价格高于平均可变成本，厂商就会选择继续生产，否则就选择停产，道理与完全竞争市场相同。如果按利润最大化原则进行生产的产量，其平均收益等于平均成本，那么垄断竞争厂商在短期只获得正常利润。

由此可知、垄断竞争厂商短期均衡条件为：$MR=MC$。

四、垄断竞争厂商的长期均衡

由于垄断竞争市场中厂商进出行业比较容易，所以当厂商获得超额利润时，其他行

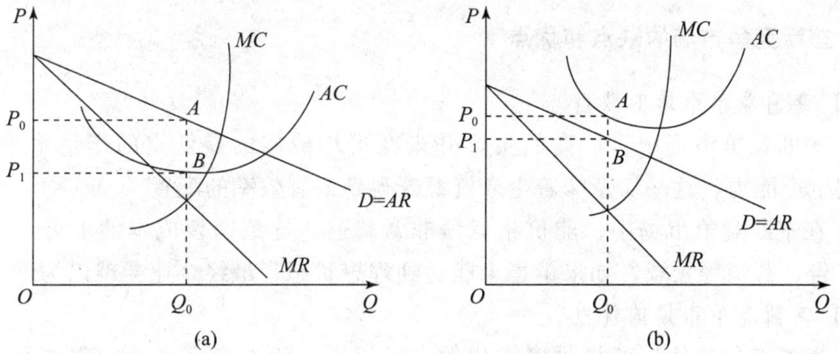

图 8-16　垄断竞争厂商的短期均衡

业的厂商就会进入以分享超额利润，如此，供给量的增加导致产品价格的下降，这一过程直至超额利润消失为止。反之，如果垄断竞争厂商短期存在亏损，则厂商会退出这个行业，供给量的下降导致产品价格的上升，同样这一过程直至亏损消失为止，如图8-17所示。总收益与总成本相等，总利润为零。

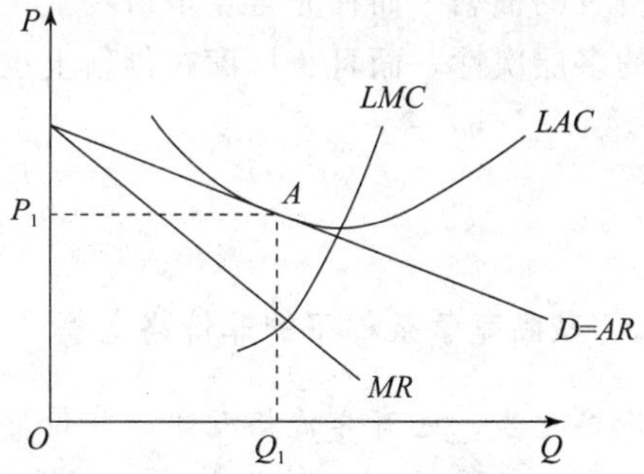

图 8-17　垄断竞争厂商的长期均衡

垄断竞争厂商长期均衡的条件为：$MR=MC$，$AR=AC$。

【专栏 8-4】

大排档的经营

如果你漫步国内每一个城镇的夜市，霓虹闪烁的街灯、流连忘返的人们与热闹非凡的大排档相映成趣。民以食为天，大排挡作为简单随意的就餐场所，迎合了国人消费的习惯。表面看来，同一条街上的大排档数量众多，有的生意红火，有的生意冷清。大排档经营具有典型的垄断竞争市场特征。

对于同一街道的大排档来说尽管饮食产品具有替代性，但每家经营者的营销手段不同。有的强调原料的新鲜，有的强调味道的独特，有的可以让消费者下厨制作等等，可谓八仙过海、各显神通。大排档产品的多样化吻合了消费者多元化的需求。

资料来源：任志安．廖信林经济学教学案例［M］．南京：南京大学出版社．2012.

小思考　为什么大排档是典型的垄断竞争市场？生意冷清的大排档是否会退出市场呢？

五、垄断竞争市场的缺点和优点

（一）垄断竞争市场的缺点

（1）垄断竞争市场中，厂商的生产并未在平均成本的最低点的产量水平上进行，出现过剩生产能力，这一切意味着生产资源未得到最有效率的配置。

（2）在垄断竞争市场中，非价格竞争非常普遍，导致销售成本的上升。过多资源投入到广告、营销等领域，如果销售未能达到理想状态，最终企业会难以为继。

（二）垄断竞争市场的优点

（1）垄断竞争迫使厂商提供多样化的产品以满足消费者多样性的需要和选择。垄断竞争厂商向市场提供多样化的商品，可以满足消费者不同的偏好，而产品的多样性本身就是有价值的。多余的生产能力在一定程度上可以看作是消费者或社会为了得到产品多样性所必须付出的代价。

（2）对于生产者来说，垄断竞争最有利于促进技术创新；带动了其他行业，如广告业的发展。在非价格竞争中，厂商必须不断开展技术创新、提高产品质量、改进服务方式，这也有利于增进消费者的福利。而在完全竞争市场上，产品价格虽然低廉，但同类产品无法适应消费需求的多层次性。而且，厂商在创新上也缺少动力。

【专栏 8－5】

垄断竞争条件下的非价格竞争

垄断竞争市场上既有价格竞争，也有非价格竞争。非价格竞争是更经常和更大量使用的竞争方式，包括品种变化、质量改进、精美包装、商标和广告宣传、售后服务等。这是因为垄断竞争厂商如果只采取价格竞争，在长期会使得经济利润为零，因而大多数企业会转而寻求一些非价格竞争方式以增加消费者对本企业产品的需求量和忠诚度，以使产品缺乏价格弹性。比如家电企业推出新型节能型无氟空调、变频空调，迎合了消费者对环保产品的需求，同时又邀请大牌明星作产品的代言人，使品牌知名度激增，拥有更多的信赖者，保持较高的市场占有率。这两种方法都是采用非价格竞争手段，努力造成产品的差别，前者是在产品品质上下功夫，称为品质竞争；后者是从影响消费者对产品的心理感觉下功夫。

产品品质包括一般意义上的质量，还包括功能、式样等。品质提升而增加的成本必须小于由此而扩大的销量所增加的收入。产品品质提升可以提高产品的差异性，增加消费者的忠诚度与信任度，降低竞争对手的产品的替代性，减轻其威胁。

营销竞争包括广告宣传、销售网点设置、售后服务等内容，它们都会增加产品的总成本。而在垄断竞争条件下，厂商需要依靠广告来宣扬产品的差别，从而引起消费者的注意并刺激他们的购买欲望。在消费者时代，差异化的广告宣传成为产品价值的来源和品牌的核心竞争力。即使同质的产品在不同的广告诉求策略下，也能成为异质。如一模一样的洗发水原料，通过不同的广告策略，就可以满足消费者不同的偏好，如柔顺、去屑、控油、黑亮、防脱发等偏好。

第三节

寡头垄断市场

【专栏8-6】

1983年，在美国的美洲航空公司和布兰州尼夫航空公司被起诉的一件案子中，两位公司总裁之间的一段电话录音成了控方最有力的证据。在法庭上播放的录音内容如下：

A：情况真是糟透了……如果我们互相争斗、都得完蛋。

B：你有什么好建议吗？

A：对，我是有一个建议。把你的票价提高20%，明天一早我也会这么做的。……那么你我就都可以赚大钱了。

B：我们大概不应该谈论价格问题。

A：我们当然可以谈论我们想谈的任何问题。

这一段录音清楚地暗示两个公司曾经有过的企图。对话深刻反映了在寡头垄断市场上厂商的行为。

资料来源：萨缪尔森辞典［M］. 陈迅. 白远良译. 北京：京华出版社. 2001.

寡头垄断是介于完全垄断和垄断竞争之间的，但更接近于完全垄断的市场结构。现实生活中，寡头垄断的行业也很常见，汽车制造、电器等往往由几个大企业垄断了大部分市场。在经济学上，人们一般把垄断竞争和寡头都称为不完全竞争或非完全竞争。

一、寡头垄断的含义与特征

（一）寡头垄断的含义

寡头垄断又称寡头，其原意是指为数不多的销售者。寡头垄断就是指少数几家厂商垄断了某一行业的市场，控制了这一行业的供给。

（二）寡头垄断市场的特征

1. 厂商数目极少，买者众多

市场上的厂商只有一个以上的少数几个（当厂商为两个时，叫双头垄断），厂商在一定程度上控制产品价格和绝大部分的市场份额，每个厂商在市场中都具有举足轻重的地位，对其产品价格具有相当的影响力。如美国汽车市场三大寡头：通用、福特、克莱斯勒；中国电信市场三大寡头：中国电信、中国移动、中国联通。

2. 产品同质或异质

寡头垄断厂商提供的产品可以是相同的，也可以是有差别的。由此分为无差别寡头垄断（纯粹寡头）市场和有差别寡头垄断市场。产品没有差别，彼此依存的程度很高，叫纯粹寡头，存在于钢铁、水泥、石油、有色金属、塑料、橡胶等产业；产品有差别，彼此依存关系较低，叫差别寡头，存在于汽车、重型机械、电气用具、飞机、家用电器等产业。

3. 厂商之间相互依存

这是寡头市场最鲜明的特征，也是其他市场结构所没有的一个重要特征。行业内厂商之间相互顾忌、勾心斗角使寡头理论空前复杂。

4. 存在进入的障碍，其他厂商无法顺利地进入该行业

一种可能性是这些寡头行业存在规模经济，使得大规模的生产占有强大的成本优势和产量优势，大企业不断发展壮大，而小企业则无法生存，最终形成少数几个厂商竞争的局面；有时寡头厂商之间相互勾结，构筑进入的壁垒，阻止其他厂商进入；此外寡头厂商为了减少其竞争压力，也会采用收购、兼并一些小企业等形式来减少厂商的数目。在有的行业，寡头市场的形成则直接由于政府的产业政策所致（厂商数目较稳定）。

二、寡头市场理论

寡头市场上厂商之间的关系非常复杂，每个厂商的行为决策并不是独立的。他们要充分考虑到决策对其他厂商的影响及其反应。因此，每个厂商的行为都存在着极大的不确定因素。同时，寡头市场的厂商之间既存在着竞争关系又有合作的动机。显然，寡头市场比其他市场结构都要复杂，理论上很难对其均衡问题做出简单明确的结论。为此，经济学家对寡头垄断市场提出了众多的模型和理论，有些分析借助于经济学的传统工具，有些分析则运用了现代的数学工具。下面我们选择一些重要的理论和模型进行介绍。

（一）古诺模型

古诺模型是法国经济学家古诺在 1838 年提出的一个双头垄断模型。此模型以矿泉水的生产为例。假定只有两个厂商 A 和 B 生产和销售矿泉水；矿泉水的生产成本为零，所有的收入均为经济利润；两个厂商之间没有勾结行为，每个厂商不仅明了对方的产出水平还据此确定自己的最优产出量。古诺模型的均衡过程用图 8－18 来说明。

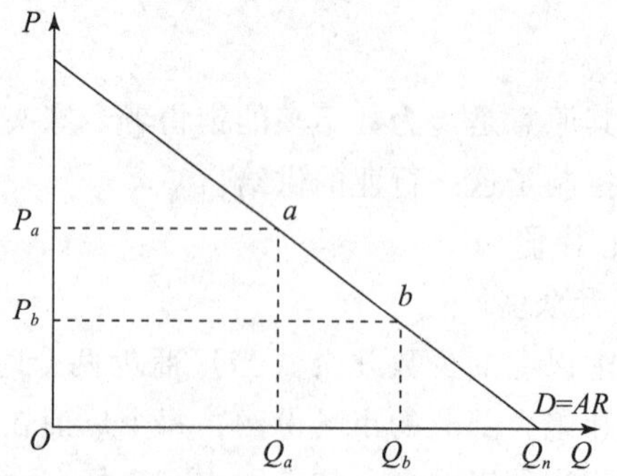

图 8－18　古诺模型

需求曲线 D 是两个厂商面对的线性的矿泉水市场需求曲线，假设厂商 A 先进入市场，其最优产量为市场总量 Q_n 的 1/2，即 Q_a，因为此时吻合利润最大化原则 $MR=MC=0$，对应的价格为 P_a，厂商获得的超额利润为 P_aOQ_aa 的面积。B 厂商在得知 A 厂商

生产的情况下也进入了市场，他最优的产量是 A 厂商剩下的市场份额的一半既 Q_aQ_b，价格下降到 P_b。由此 A 厂商的利润也下降。A 厂商又会根据 B 厂商的生产重新调整和确定自己的最优产出量，生产 B 厂商所剩下的市场份额的一半，这个过程一直持续下去，最后达到一个均衡点。在均衡点上，每个厂商的产量相等，均为市场总量的1/3。由此可以推断，如果寡头市场有 n 个厂商，则每个厂商的均衡产量为市场容量的 $1/(n+1)$。古诺模型所涉及的是寡头厂商之间的非合作均衡。

【专栏 8－7】

可口可乐与百事可乐的定价策略

企业之间的竞争通常体现为三种形式，即价格战、产业链联盟和产品自身的标准化壁垒。在可口可乐与百事可乐近百年的纠缠之中，由于产品的变化极小，因此，双方的竞争点主要是在价格、产业链以及广告营销上。

有人曾问起百事可乐经营的秘诀，得到这样的回答："我们有一位优秀的对手。面对可口可乐，百事可乐的策略就是：永远比可口可乐在容量上多一些，永远陈列可口可乐的旁边并努力比它多占一些空间，永远比可口可乐低5美分。"作为市场中的后来者，百事可乐的价格一直比可口可乐稍低一些，促销活动也多一些，到现在仍然如此。

在价格方面，产品定价有成本定价、市场定价和心理定价三种方法，百事可乐一直在采用第二种，即以竞争对手为参照的市场定价策略。在20世纪30年代，在美国经济的大萧条时期，百事可乐就推出12盎司一瓶的新包装，价格同可口可乐一样，都是5美分，而当时可口可乐的包装都是6.5盎司，老年人喝起来合适，年轻人就不够过瘾。当时百事可乐的广告口号是"5美分买双份"，这种指向性极强的广告效果非常强烈。到1953年，百事可乐的销售量增加了12%，渐渐成为可口可乐之外的第二大品牌。

除了直接降价冲击市场，销售渠道的变化也给百事可乐另一次机会。在饮料行业，产业链由浓缩液、装瓶、分销和零售等环节组成，作为专业的浓缩液制造商，可口可乐通过向各地的装瓶厂授予装瓶和销售经营权而建立起销售网络。在以分散的食品零售店为主要销售场所的年代，这种由本地装瓶厂销售和维护顾客关系的模式取得了成功，而可口可乐则通过销售浓缩液而成长为业内最大的公司。

在20世纪70年代，低价的大型连锁超市开始发展，食品零售店受到冲击，后者正是可口可乐的主要渠道。当时，可口可乐的销售由装瓶厂控制，每家的成本结构和利润都不相同，很难达成一个一致的低价供给超市，连锁超市也不能接受同一产品在相邻区域售价不同，而百事可乐则拥有很多大型的装瓶厂，在定价方面可以更为灵活，比可口可乐更快地进入大型超市。可以说，百事可乐的价格优势正是来自于可口可乐体系中的缺点，即销售系统不统一，很难进行价格竞争。

在这种情况下，自20世纪80年代开始，可口可乐开始对产业链进行改造，以期得到一个更集中、可控和系统化的运营系统。为此，可口可乐开始收购装瓶商，回购特许经营权，向下游环节慢慢渗透，对大型的装瓶厂进行现代化改造的同时，可口可乐还在区域内积极地进行广告营销，而那些没有加入可口可乐旗下的装瓶商就得不到管理和营销上的资源支持，处于不利的地位，甚至有可能被市场淘汰。通过这种模式，可口可乐渐渐获取了对产业链的控制权，定价和市场营销的方面的决策也可以统一起来，快速执行。

（二）卡特尔

卡特尔（Cartel）：行业内寡头厂商（部分或全部厂商）达成正式协议或建立了正式组织，就价格、产量、销售市场的瓜分或利润分配等达成明确、正式的协议而形成的一个垄断性组织。卡特尔组织成立的目的是尽量避免寡头厂商之间由于竞争而造成的损失，以最大限度地增加总利润，减少各种不确定因素的威胁，阻止其他厂商进入他们的垄断市场分享利润。

图 8－19 中，曲线 MC、AR、MR 均为行业的曲线。这时卡特尔可以被看成一个由几家厂商合并在一起的大厂商。显然，Q_0 是行业利润最大化的产量，市场价格为 P_0。在确定了全部的产量和价格后，寡头厂商之间需要瓜分市场的份额，从理论而言，要使卡特尔获得最大的利润，它的分配方式应为所有厂商的边际成本相等，如果厂商之间的边际成本不等，则厂商之间可以通过调整产量提高总利润。但现实情况要复杂得多，现实中不同的卡特尔有不同的分配原则，可以按经济实力瓜分，也可以按地理位置进行，还可以根据厂商过去的销售能力进行瓜分等。

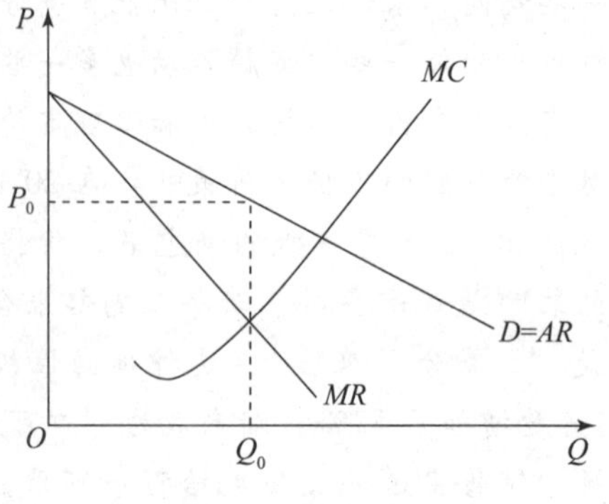

图 8－19　卡特尔

【专栏 8－9】

石油价格

世界石油的大部分生产国家形成了一个卡特尔，称为世界石油输出国组织（OPEC）。在 1960 年最初成立时，欧佩克包括伊朗、伊拉克、科威特、沙特阿拉伯和委内瑞拉。到 1973 年，又有其他 8 个国家加入：卡塔尔、印度尼西亚、利比亚、阿拉伯联合酋长国、阿尔及利亚、尼日利亚、厄瓜多尔和加蓬。这些国家控制了世界石油储藏量的 3/4。与任何一个卡特尔一样，欧佩克力图通过协调减少产量来提高其产品的价格。欧佩克努力确定每个成员国的生产水平，维持石油的高价格。但是，卡特尔的每个成员都受到增加生产以得到更大总利润份额的诱惑。欧佩克成员常常就减少产量达成协议，然后又私下各自违背协议。1973～1985 年，欧佩克最成功地维持了合作和高价格。原油价格从 1972 年的每桶 2.64 美元上升到 1974 年的 11.17 美元，然后在 1981 年又上升到 35.1 美元。但在 20 世纪 80 年代，各成员国开始扩大生产水平，欧佩克在维持合作方面变得无效率了。到了 1986 年，原油价格回落到 12.52 美元。

资料来源，曼昆．经济学原理［M］．梁小民译．北京：机械工业出版社，2006.

除上述模型之外、还有许多有关寡头垄断的理论模型，如斯塔克尔伯格模型、斯威齐模型、伯特兰模型等，这些模型有的是针对产量的竞争，有的是针对价格的竞争，有的是针对空间地理位置的竞争进行的理论分析。

（三）博弈论

寡头垄断企业之间高度依存，每个企业在选择策略、决定自己每一步行动之前必须对其他竞争对手的反应做出估计，并相应制定下一步的行动。企业之间的这种关系，用博弈论可以更好地进行分析研究。博弈论（Game Theory）又称对策论，是研究多主体互动决策的理论，是用来分析所观察到的决策主体相互影响时的现象，并在给定的条件下寻求最优的解决办法。由于寡头厂商之间关系的紧密性，所以与其他市场结构相比，策略性的互动决策显得更为重要。所以博弈论有助于我们理解寡头的行为。为了解决寡头市场嘈杂的现象，经济学往往假定在对手的行为设定的情况下，厂商总是采取最有利产自身利益的行为。

纳什均衡指的就是上述的这种假设，如果其他参与者不改变策略，任何一个参与者都没有改变策略的动机。在纳什均衡中，每个参与者的策略选择都是对其他参与者策略的最佳反应。例如有甲和乙两个厂商，当甲的行为设定，乙采取了最优的行为，在甲不改变策略的前提下，乙也没有改变策略的积极性，当甲改变了策略，乙也相应改变策略。反过来，当乙的行为设定时，甲也采取了最好的行为，在乙不改变策略的前提下，甲也没有改变策略的积极性，当乙改变了策略，甲也相应改变策略。纳什均衡属于非合作均衡，前面介绍的古诺模型，最终达到内均衡为古诺均衡。古诺均衡就是纳什均衡的一个特例。与纳什均衡有一定关联的还有一个概念为占优均衡，指不论其他参与者做何种策略选择，每个参与者的最佳策略都是唯一的，其结果为占优均衡。“囚徒的困境”就能说明占优均衡问题。

“囚徒的困境”是经济学家塔克在 1950 年提出的一个非常经典的非合作博弈的例子。说的是两个嫌疑犯作案后被警方逮捕，由于警方缺乏充分的证据来定罪，因此分别对两人进行审讯，不允许他们相互通报信息，目的是获得相应的证据。警方对两位嫌疑犯交代了相应的政策：如果两人都坦白供认，各判刑 5 年如果一方坦白另一方不坦白，坦白者从轻，判刑 3 个月，不坦白者从重，要判刑 10 年；如果两人都不坦白，则从警方现在掌握的证据来看，只能各判刑 1 年囚徒困境的支付情况见表 8－2：

表 8－2　　　　**囚徒 A**

		坦白	不坦白
囚徒 B	坦白	5 年，5 年	3 个月，10 年
	不坦白	10 年，3 个月	1 年，1 年

显然，由于不存在串通和合谋，两人的最优选择都为坦白。囚徒 A 的思考如下：假如 B 坦白我不坦白，那我要坐 10 年的牢，我的最优选择应是坦白，这样只需坐牢 5 年；

假如B不坦白我坦白，我要判3个月，而我也不坦白的话就得坐牢1年，无疑我的最优选择还是坦白。反之，这一思考过程对于囚徒B也同样。因此，最后的结果只能是两人都选择坦白。（坦白，坦白）不仅是纳什均衡，而且还是占优均衡。

囚徒的困境揭示了一个深刻的问题：个人理性和集体理性的矛盾。在上述一次性博弈中，理性的个人显然做出了有利于自身的最佳选择，但结果却并不圆满，因为如果两人都选择不坦白的话，结果要比两人都坦白好很多。

小思考　如何能走出“囚徒的困境”？举例说明现实中的“囚徒的困境”。

占优均衡一定是纳什均衡。在“囚徒的困境”中，不论囚徒B坦白还是不坦白，囚徒A的最优选择都是坦白；同样对于囚徒B来说，不论囚徒A坦白还是不坦白，他的最优策略是坦白。因此（坦白，坦白）的策略组合是占优均衡，同时这一策略组合又一定是纳什均衡。因为一个参与者的占优策略是对于其他参与者任何设定策略的最优选择。

纳什均衡不一定是占优均衡。因为构成纳什均衡的条件是：在其他参与者行为设定的前提下，参与者的最优策略组合。在有些博弈中，并不存在占优策略，但还是有纳什均衡的存在。例如A、B两人在独木桥上迎面相遇，对任何一个人来说，不存在占优策略，只能根据对方的情况做出最优的选择。A进则B退，A退则B进，这两个组合都是纳什均衡。应该提醒的是博弈论在现实中的用途非常广泛，既可用于寡头的理论分析，也可用于其他领域的分析。

三、总结：市场结构与经济效率

（一）需求曲线和供给曲线

完全竞争市场中的厂商只能被动地接受市场的价格，因此他所面对的需求曲线是水平的，其供给曲线是可以推导的。

不完全竞争市场中的厂商既可以通过调整产量也可以通过价格来达到利润最大化，因此无法推导其供给曲线。不完全竞争市场中的厂商都能在一定程度上影响市场的价格。因此，他们面对的都是向右下方倾斜的需求曲线。

（二）经济效率

保证各种经济资源或生产要素发挥最大效率的条件是：边际成本 = 平均成本 = 价格。以这样的评价标准，显然只有在完全竞争市场的长期均衡状态下，上述条件才能实现。市场的垄断程度越高，经济效率就会越低。

按照产量和经济效率的大小排列，见表8－3，四种市场结构依次为完全竞争、垄断竞争、寡头垄断和完全垄断。

表8－3　　不同市场结构的厂商特征比较

经济特征 \ 市场结构		完全竞争	垄断竞争	寡头垄断	完全垄断
市场特征	厂商数目	很多	较多	很少	一个
	进入难度	非常容易	很容易	很难	非常难
	产品同异	同质	有差异	同质或有差异	—

续表

经济特征 \ 市场结构			完全竞争	垄断竞争	寡头垄断	完全垄断
供求曲线	需求曲线		水平线，完全弹性	向右下方倾斜，但平坦	向右下方倾斜，较陡峭	向右下方倾斜，陡峭
	供给曲线		向右上方倾斜	无	无	无
均衡状态	均衡条件	短期	$SMC - P - MR$	$SMC - MR$	—	$SMC - MR$
		长期	$LAC = LMC = P$	$LMC = MR$ $LAC = AR$		$LMC = SMC = MR$
均衡价格			最低	较低	较高	最高
均衡数量			最大	较大	较小	最小
经济利润			短期内有经济利润、收支相抵或亏损			
			长期内收支相抵		长期内有经济利润或收支相抵	
经济效率			最高	较高	较低	最低

本章小结

本章是对不完全竞争市场结构条件下产量和价格决定问题的研究，主要介绍不完全竞争的各种市场的结构特征、均衡形成过程及厂商的定价策略，并将不完全竞争市场的效率做了对比分析。本章主要划分为三部分内容，第一部分为第一节，主要讲述完全垄断市场的需求曲线与收益曲线及其之间的关系、短期均衡、长期均衡以及在不同条件下所形成的三种价格歧视。第二部分为第二节，主要阐述垄断竞争市场条件下的需求曲线与收益曲线及其之间的关系、短期均衡、长期均衡以及垄断竞争市场的优缺点。第三部分为第三节，主要讲师寡头市场下比较常见的古诺模型、卡特尔、博弈论三种理论，最后总结出三种市场的市场结构与经济效率。

思考与练习

一、名词解释

垄断市场　价格歧视　垄断竞争市场　寡头市场　盈亏平衡点　停止营业点
古诺模型　卡特尔　纳什均衡

二、选择题

1. 垄断厂商面对的需求曲线是（　　）。

A. 向下倾斜的　　B. 向上倾斜的

C. 垂直的　　D. 水平的

2. 垄断者如果有一线性需求函数，当总收益增加时（　　）。

A. 边际收益为正且递增　　B. 边际收益为正且递减

C. 边际收益为负　　　　　　　　　　D. 边际收益为零

3. 在短期，完全垄断厂商（　　）。

A. 收支相抵　B. 取得正利润　C. 发生亏损　D. 以上情况均可能发生

4. 垄断竞争厂商短期均衡时，（　　）。

A. 厂商一定获得超额利润

B. 厂商一定不能获得超额利润

C. 厂商只能得到正常利润

D. 厂商获得超额利润、盈亏平衡及亏损三种情况均可能发生

5. 在垄断竞争市场达到长期均衡时，超额利润会趋向于零，这是因为（　　）。

A. 新厂商进入该行业较为容易　　　　B. 产品存在差别

C. 成本最小化　　　　　　　　　　　D. 收益最大化

6. 在垄断竞争厂商的长期均衡点上，长期平均成本曲线处于（　　）。

A. 上升阶段　　　　　　　　　　　　B. 下降阶段

C. 水平阶段　　　　　　　　　　　　D. 上述情况均有可能

7. 垄断竞争厂商实现最大利润的途径有（　　）。

A. 调整价格从而确定最优产量　　　　B. 质量竞争

C. 广告竞争　　　　　　　　　　　　D. 上述途径均适用

8. 某景点针对外宾和内宾设置不同的门票价格，属于（　　）。

A. 一级价格歧视　　　　　　　　　　B. 二级价格歧视

C. 三级价格歧视　　　　　　　　　　D. 以上都不对

9. 最需要进行广告宣传的是（　　）。

A. 完全竞争厂商　　　　　　　　　　B. 完全垄断厂商

C. 垄断竞争厂商　　　　　　　　　　D. 寡头垄断厂商

10. 寡头垄断和垄断竞争的主要区别是（　　）。

A. 厂商之间相互影响的程度不同　　　B. 产品差异程度不同

C. 广告开支不同　　　　　　　　　　D. 非价格竞争的数量不同

11. 如果在厂商的短期均衡产量上，AR 小于 SAC，但大于 AVC，则厂商（　　）。

A. 亏损，立即停产　　　　　　　　　B. 亏损，但继续生产

C. 亏损、生产或不生产都可以　　　　D. 获得正常利润，继续生产

12. 在厂商的停止营业点上，应该有（　　）。

A. $AR = AVC$　　B. 总亏损等于 TFC　　C. $P = AVC$　　D. 以上说法都对

13. 博弈论用以说明（　　）。

A. 寡头垄断厂商之间是互相依存的

B. 互不依存的定价策略将导致低价政策

C. 寡头厂商可以通过相互串通勾结来增加利润

D. 以上都是

14. 某完全垄断厂商生产某一产量时，$ATC = 4$ 元、$P = 5$ 元、$MC = 2$ 元、$MR = 3$ 元，由此可知此时该厂商（　　）。

A. 正遭受损失，但可通过提高产量减少损失

B. 正遭受损失，但可通过降低产量减少损失

C. 获取了经济利润，但可以通过提高产量增加经济利润

D. 获取了经济利润，但可以通过降低产量增加经济利润

15. 如果某垄断厂商的边际收益为 3 元，边际成本为 4.5 元，在这种情况下，该厂商可通过哪种方式来增加利润或减少损失？(　　)。

A. 降低产量并提高价格　　B. 产量和价格都降低

C. 产量和价格都提高　　D. 提高价格，产量不变

16. 在完全垄断厂商的需求曲线是直线的时候，其边际收益曲线是需求曲线斜率的(　　)。

A. 2 倍　　B. 1/2 倍　　C. 1 倍　　D. 4 倍

17. 寡头垄断和垄断竞争之间的主要区别是(　　)。

A. 厂商的广告开支不同　　B. 非价格竞争的数量不同

C. 厂商之间相互影响的程度不同　　D. 以上都不对

18. 一家电影院垄断了一部电影的首轮放映权，它知道成人与儿童对这部影片的需求弹性分别为 -2 和 -4。如果这家影院对成人和儿童收取不同的票价，那么利润最大化的成人价格为(　　)。

A. 儿童票价的 2 倍　　B. 儿童票价的 1/2

C. 儿童票价的 1.5 倍　　D. 儿童票价的 1/5

19. 如果需求在价格为 30 元时的点弹性为 -1.5，则对应产量的边际收益为(　　)。

A. 20 元　　B. 10 元　　C. 5 元　　D. -5 元

20. 一个追求利润最大化的垄断企业发现在目前的产量水平下，边际收益等于 10 元，边际成本等于 14 元，该产量的价格由供给曲线决定。它怎样做才能增加利润？(　　)。

A. 降低价格，产量不变　　B. 降低价格和产量

C. 降低价格和产量　　D. 提高价格，减少产量

21. 在完全垄断厂商的最好或最优产量处(　　)。

A. $P = MC$　　B. $P = SAC$ 的最低点的值

C. P 最高　　D. $MR = MC$

22. 完全垄断厂商达到长期均衡的条件是(　　)。

A. $MR = MC$　　B. $MR = SMC = LMC$

C. $MR = SMC = LMC = SAC$　　D. $MR = SMC = LMC = SAC = LAC$

23. 在寡头垄断市场上(　　)。

A. 总有一个厂商占统治地位

B. 产品可能有差异也可能同质

C. 四个最大的厂商至少占有 10% 的市场份额

D. 行业中是垄断竞争的

三、判断题

1. 垄断厂商不必像垄断竞争厂商那样采用广告战略，因为前者没有竞争对手。(　　)

2. 完全垄断厂商具有垄断权力，所以可以“价格不封顶，质量不保底”。（　）

3. 垄断厂商是市场唯一的供给者，所以不必进行推销努力。（　）

4. 完全垄断厂商的平均收益曲线与边际收益曲线是同一条曲线。（　）

5. 实行三级价格歧视的两个市场中的需求价格弹性一定不一样。（　）

6. 垄断竞争行业的供给曲线与完全竞争行业的供给曲线相类似。（　）

7. 垄断竞争与完全竞争的主要区别在于垄断竞争的市场需求曲线是向下倾斜的。（　）

8. 寡头垄断厂商之间的产品都是有差异的。（　）

9. 垄断厂商、垄断竞争厂商及寡头垄断厂商的供给不能给出定义，因为在这几种情况下，价格和厂商的产出不存在唯一的关系。（　）

10. 完全垄断企业在价格歧视中，将在需求价格弹性较大的市场上，以较低的价格销售较大的产量。（　）

四、简答题

1. 垄断形成的原因是什么？

2. 政府如何管制垄断企业的价格？

3. 如果没有政府对市场的干预，你认为一个企业能否维持垄断？维持本行业市场的垄断地位需要具备什么样的条件？当该行业存在潜在的进入者时，垄断如何才能够维持？

4. 有人认为像公用事业企业一类的完全垄断厂商可以在市场上为所欲为，你认为这种观点正确吗？为什么？

5. 垄断竞争市场的区分性特征为产品差别，试结合实际经济生活说明其对市场价格和厂商产量决策的影响，并说明在这种类型的市场结构中生产者应当采取什么措施来提高利润水平。

6. 什么是价格歧视？实行价格歧视须具备什么条件？将带来什么结果？

五、作图题

1. 垄断竞争厂商的短期均衡和长期均衡。

2. 作图说明完全垄断厂商的停止营业点。

3. 作图说明卡特尔模型。

六、计算题

1. 已知某垄断厂商的短期总成本函数为 $STC=0.1Q^3-6Q^2+140Q+3\ 000$，反需求函数为 $P=150-3.25Q$。

求：该垄断厂商的短期均衡产量与均衡价格。

2. 已知某垄断厂商的短期成本函数为 $TC=0.6Q^2+3Q+2$，反需求函数为 $P=8-0.4Q$。求：

（1）该厂商实现利润最大化时的产量、价格、收益和利润。

（2）该厂商实现收益最大化时的产量、价格、收益和利润。

（3）比较（1）和（2）的结果。

第九章

生产要素价格决定的需求方面

【学习目标】

◆ 掌握边际生产力的有关重要概念，如边际收益产品、边际产品价值及其与边际产量的区别；

◆ 掌握边际收益产品曲线与厂商对要素需求曲线的关系，厂商要素需求曲线与市场要素需求曲线的关系。

【本章脉络图】

- 生产要素价格决定的需求方面
  - 分配论概述
    - 各生产要素收入在国民收入中所占的比例
    - 国家对收入分配与再分配的调节
  - 生产要素需求
    - 引致需求
    - 共同需求
  - 完全竞争厂商使用生产要素的原则
    - 完全竞争要素市场含义
    - 完全竞争厂商的含义
    - 完全竞争厂商使用要素的原则
  - 完全竞争厂商对生产要素的需求曲线
    - 完全竞争厂商对生产要素的需求曲线含义
    - 厂商对生产要素的需求曲线与边际产品价值曲线
  - 从厂商的需求曲线到市场的需求曲线
    - 完全竞争厂商要素需求曲线的两种情况
    - 从完全竞争厂商的需求曲线推导出完全竞争市场的要素需求曲线
  - 不完全竞争条件下厂商的要素需求曲线
    - 卖方垄断
    - 买方垄断

本章将通过讨论生产要素的价格决定，讨论生产要素市场的均衡问题。由于生产要素的价格决定也就是生产要素所有者取得收入的过程，因此，生产要素价格决定理论也被称为收入分配理论。生产要素价格决定可以分两个方面来论述：生产要素价格决定的需求方面、生产要素价格决定的供给方面。本章先讨论生产要素价格决定的需求方面。

第一节

分配论概述

社会成员收入的分配与他们提供的生产要素的多少、作用程度如何有着直接的关系，所获得收入的多少就是提供要素的价格的高低。因此要素价格决定论是收入分配理论的重要组成部分。相应于各种要素：劳动、资本资产、土地、企业家才能的价格，即形成各种收入：工资、利息、地租、利润（正常利润）。

分配理论还包括了各生产要素收入在国民收入中所占的比例，即收入分配差异或平等程度及其原因的研究，及国家对收入分配与再分配的调节等内容。

美国经济学家 J. B. 克拉克最早提出，在其他条件不变和边际生产力递减的前提下，一种生产要素的价格取决于其边际生产力。后来的经济学家对克拉克的理论作了改进，认为生产要素价格不仅取决于边际生产力，还取决于其他因素，如厂商使用要素的边际成本。只有当使用要素的边际成本和要素的边际生产力（边际收益）相等时，厂商才能在要素使用上达到利润最大化。同时要素供给也是决定要素价格的一个重要方面。

要素的市场价格与其他商品价格一样，也由其需求和供给两个方面来决定，只是对要素的需求来自于厂商，而要素的供给为居民，且对要素的需求和要素的供给具有不同于一般商品的需求和供给的特点，不同的要素其供给曲线也不同，因此决定了不同要素均衡价格决定上的不同特点。

生产要素有两种价格的区分：源泉价格和服务价格。源泉价格指的是买卖生产要素的服务“载体”（或称源泉）的价格；服务价格指的是买卖要素提供的服务本身的价格。比如土地，我们可以一次性地买断土地的所有权和使用权，这个价格就是源泉价格；也可以租用别人的土地，每年交付一定的租金，这个价格就是服务价格。有的生产要素的源泉及其服务都可以在市场中进行交易，如土地、资本，它就具有两种价格；有的生产要素的服务可以交易，而其源泉是不能够交易的，如劳动、企业家才能，所以只有服务价格，而没有源泉价格。为了避免引起混淆，也为了统一起见，本章所讲的要素价格除非特别指明，指的都是要素的服务价格。

生产要素的价格构成厂商生产的成本，同时也构成生产要素所有者的收入，所以要素的价格决定也是国民收入在要素所有者之间的分配问题，因此，要素的价格决定实际是经济学分配理论的一个重要部分。

第二节

生产要素需求的特点

一、引致需求

在产品市场上，厂商是产品的供给方，消费者是要素的需求方。消费者为了直接满足自己的吃、穿、住、行等需要而购买产品，因此消费者对产品需求是所谓“直接”的需求。

而转到要素市场上，情况就不一样了，厂商成为生产要素的需求方，消费者成为生产要素的供给方。首先要指出的是，厂商购买生产要素不是为了自己的直接需要，而是为了生产和出售产品以获得收益。从这个意义上说，厂商对生产要素的需求不是直接需求，而是一种派生需求，或者叫“引致需求”。厂商之所以对生产要素产生需求，是因为消费者对产品有需求，厂商为了满足消费者对产品的需求，就要使用生产要素来生产出产品。我们把这种由于消费者对于产品的需求而引起的厂商对生产要素的需求，叫作引致需求。这种引致需求可以是直接的，也可以是间接的、迂回的，比如，消费者的直接需求是汽车，这种直接需求引起汽车厂要购买生产要素来生产汽车，从而轮胎厂也要购买生产要素生产轮胎，钢铁厂也要购买生产要素来生产钢铁才能满足这种需求，进一步地说，矿山企业也要购买生产要素生产铁矿石、农场也要购买生产要素以种植更多的橡胶树。不论这种需求经历了怎样一个过程，都是由于消费者对汽车的需求引起的，厂商购买生产要素的目的只有一个，那就是通过购买生产要素生产出满足消费者需要的产品，从而实现自己的利润最大化。

二、共同需求

另外，厂商对生产要素的需求也可以叫作联合需求或共同需求，即对生产要素的需求是共同的、相互依赖的需求。这个特点是由生产的技术上的原因觉得的，因为厂商要进行生产活动，必须把所有的生产要素同时购买才能够进行生产，通常只拥有一种或两种生产要素是无法进行生产的。对生产要素需求的这种共同性特点带来了一个重要后果，即对某种生产要素的需求，不仅取决于该生产要素本身的价格，而且也取决于其他生产要素的价格。因此，严格地说，生产要素理论应该是关于多种生产要素共同使用的理论。但是同时研究多种要素的价格和需求，将使分析过于复杂。为了简便分析，往往还是集中于分析一种生产要素的情况。

第三节

完全竞争厂商使用生产要素的原则

一、完全竞争要素市场含义

以前我们只分析了完全竞争的产品市场，而现在要分析完全竞争的要素市场。和完全竞争产品市场一样，完全竞争要素市场的基本性质可以描述为：要素的供求双方人数都很多；要素没有任何区别；要素供求双方都具有完全信息；要素可以充分自由地流动。

二、完全竞争厂商的含义

同时处于完全竞争产品市场和完全竞争要素市场中的厂商称为完全竞争厂商。

按照这个规定，不完全竞争厂商包括以下三种情况：

(1) 在产品市场上完全竞争，但在要素市场上不完全竞争；

(2) 在要素市场上完全竞争，但在产品市场上不完全竞争；

(3) 在产品市场上和要素市场上都不完全竞争。

三、完全竞争厂商使用要素的原则

这里假定：完全竞争厂商只使用一种生产要素，生产单一产品、追求最大限度的利润。在这些假定之下，完全竞争厂商须遵循 $MR=MC$ 原则。只不过在这一章中，MR 与 MC 的含义各有所不同，且名称也有所不同：MR = 使用要素的“边际收益”；MC = 使用要素的“边际成本”。下面我们分别加以考察。

(一) 使用要素的“边际收益”——边际产品价值

1. 考虑要素市场时的收益函数

在讨论产品市场时，我们提出收益是产量的函数，并给出了一个公式：

$$R(Q)=P\cdot Q \tag{9.1}$$

式中，R、Q 分别为因变量与自变量，P 为常量。

现在把讨论从产品市场转入要素市场。在要素市场，产量本身又是生产要素的函数。设完全竞争产商使用的生产要素为 L，则有以下函数关系存在：

$$Q=Q(L) \tag{9.2}$$

将 (9.2) 式代入 (9.1) 式，得到一个复合函数：

$$R(L)=P\cdot Q(L) \tag{9.3}$$

2. 边际产品价值

在复合函数两边对 L 求导，得：

$$R'(L)=P\cdot Q'(L)=P\cdot dQ(L)/dL$$

左边给出新的名称 VMP，右边给出名称 $P\cdot MP$

$$VMP = P \cdot MP \tag{9.4}$$

MP（marginal Product）为边际生产率，表示在完全竞争条件下，厂商增加使用一单位要素（本式中为 *L*）所增加的产量。

VMP（value of marginal product）为边际产品价值，表示在完全竞争条件下，厂商增加使用一单位要素所增加的收益。这就是完全竞争厂商使用要素的“边际收益”。

注意 *MR* 与 *VMP* 的区别：*MR* 通常是对产量而言，称之为产品的边际收益，*VMP* 通常是对要素而言，故称之为要素的边际产品价值；*MR* 是生产要素边际生产力的实物表示方式，*VMP* 是生产要素边际生产力的价值形式表示方式。

3. 边际产品价值曲线

根据“边际生产力递减规律”，*MP* 曲线是一条向右下方倾斜的曲线，进而推出 $VMP = P \cdot MP$ 也是一条向右下方倾斜的曲线。

$VMP = P \cdot MP$ 与 *MP* 的图形位置关系：如果 *P* 大于 1，则 *VMP* 曲线的位置高于 *MP* 曲线的位置；如果 *P* 大小 1，则 *VMP* 曲线的位置低于 *MP* 曲线的位置；如果 *P* 等于 1，则 *VMP* 曲线的位置重叠于 *MP* 曲线的位置。

（二）使用要素的“边际成本”——要素价格

1. 考虑要素市场时的成本函数

在讨论产品市场时，我们提出成本是产量的函数，并给出了一个公式：

$$C = C(Q) \tag{9.5}$$

现在把讨论从产品市场转入要素市场。在要素市场，产量本身又是生产要素的函数。故成本可以直接表示为生产要素的函数。设完全竞争产商使用的生产要素为劳动要素 *L*，所使用的劳动要素的价格即工资为 *W*，则有以下函数关系存在：

$$C = W \cdot L \tag{9.6}$$

式中，*C*、*L* 分别为因变量与自变量，*W* 为常量

2. 使用要素的边际成本

在 $C = W \cdot L$ 的两边对 *L* 求导，得：

$$C'(L) = W \tag{9.7}$$

它表示完全竞争厂商增加使用一单位生产要素所增加的成本。

注意这里使用的成本与边际成本不同于第六章的相应概念。

在第六章中，成本是作为产量的函数 $C(Q)$，而在这一章中，成本是作为生产要素的函数 $C(L)$。

在第五章中，边际成本是指增加一单位产品增加的成本，是所谓产品的边际成本；而在本章中，边际成本则是指增加一要素的边际成本，是所谓要素使用的边际成本。

3. 要素边际成本曲线

在完全竞争条件下，这个函数实际上是一个常数，在图形上表现为一条水平的直线。

（三）完全竞争厂商使用生产要素的原则

使用要素的边际收益 = 使用要素的边际成本

亦即：$VMP = W$ 或者 $P \cdot MP = W$ (9.8)

这就是说，如果老板增加一个劳动力只花 20 元，但这个劳动力给他带来的边际收

益是 30 元，那他肯定还会增加劳动力；如果只给他带来边际 10 元收益，那他肯定就会辞退劳动力，只有相等了，那就会既不增加劳动力，又不辞退劳动力了。

也可以用数学方法推导出上述生产要素使用原则：对完全竞争厂商的利润求一阶导数，并令一阶导数为零，即可导出 $VMP = W$。

【案例】

某产品和要素市场上的完全垄断者的生产函数为 $Q = 2L$，如果产品的需求函数为 $Q = 110 - P$，工人的劳动供给函数为 $L = 0.5W - 20$，则为了谋求最大利润，该厂商应当生产多少产量？在该产量下，L，W，P 各等于多少？

解：$TR = PQ = (110 - Q) \times Q = (110 - 2L) \times 2L = 220L - 4L2$

$TC = WL = 2(L + 20)L = 2L^2 + 40L$

利润最大化要求 $MRPL = MFCL$，即 $220 - 8L = 4L + 40$

$L = 15$

$Q = 2L = 2 \times 15 = 30$

$W = 2(20 + L) = 2(20 + 15) = 70$

$P = 110 - Q = 110 - 30 = 80$

第四节

完全竞争厂商对生产要素的需求曲线

一、定义及推导

完全竞争厂商对生产要素的需求曲线是指：在其他条件不变时，完全竞争厂商对要素 L 的需求量与要素价格 W 之间的依存关系。其中：要素价格 W 是自变量，要素需求量 L 是因变量。

要素需求曲线还可以从 $P \cdot MP(L) = W$ 中推导出来。当 W 上升时，要使 $P \cdot MP(L)$ 的值也上升，根据边际生产力递减规律，只有使 L 的使用量减少。于是得出 W 与 L 呈反方向变化。

二、厂商对生产要素的需求曲线与边际产品价值曲线

在完全竞争条件下，厂商对单一要素的需求曲线将与边际产品价值曲线完全重合。

$W = P \cdot MP(L)$

W——完全竞争条件下，厂商对单一生产要素的需求曲线；

$P \cdot MP$——完全竞争条件下，厂商边际产品价值曲线。

这里我们可以作一个类比：将 $W = P \cdot MP(L)$ 与 $Y = f(x)$ 比较。W 就相当于 Y，$P \cdot MP$ 就相当于 $f(x)$。L 就相当于 x。根据边际收益递减规律，在其他条件不变的情况下，生产要素的边际生产力 $P \cdot MP$ 应当是递减的。于是要素的需求曲线就是一条向右下方

倾斜的曲线。

从它们两者相等即可以看出：两条曲线完全重合。

尽管要素的需求曲线与其边际产品价值曲线重合为一条线，但这同一条线在这两个场合的含义却是截然不同的，如图 9－1 所示。

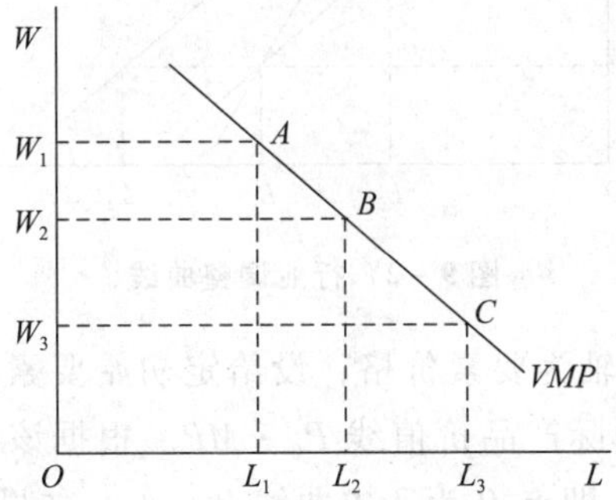

图 9－1　完全竞争厂商的要素需求曲线

第一，它包含的变量的含义不同。作为边际产品价值曲线，它的 L 表示的是要素使用量，而作为要素需求曲线，这个 L 却表示最优要素使用量或要素需求量；

第二，它反映的函数关系也不同。在边际产品价值曲线场合，自变量为要素使用量 L，边际产品价值是要素使用量的函数；而在要素需求曲线场合，自变量却是要素价格 W，要素需求 L 是要素价格的函数。

要素的需求曲线等于边际产品价值曲线的结论实际上要依赖于两个假定：

要素的边际产品曲线不受要素价格变化的影响；产品价格不受要素价格变化的影响。

第五节

从厂商的需求曲线到市场的需求曲线

一、完全竞争厂商要素需求曲线的两种情况

前面我们讨论了完全竞争厂商的要素需求曲线，它就是其要素的边际产品价值曲线。但实际上，完全竞争厂商的要素需求曲线分为两种情况：

第一种情况：生产要素价格变化时，假定其他厂商均不进行调整时单个厂商的要素需求曲线。

生产要素价格变化时，假定其他厂商均不进行调整，此时单个厂商的要素需求曲线就等于 $P \cdot MP(L) = W$。如果其他厂商均进行调整，厂商的要素需求曲线将脱离边际产品价值曲线。于是，就引出完全竞争市场下单个厂商的要素需求曲线的另一种情况。

第二种情况：生产要素价格变化时，假定其他厂商均进行调整时单个厂商的要素需求曲线如图 9－2 所示。

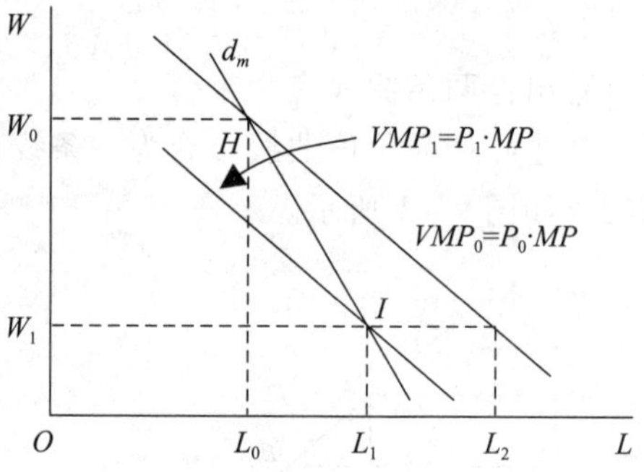

图 9－2　行业调整曲线

图中，横轴为数量，纵轴为要素价格，设给定初始要素价格为 W_0，相应地有一个产品价格 P_0，从而有一条边际产品价值线 $P_0 \cdot MP$。根据该曲线可确定 W_0下的要素需求量 L_0。于是点（W_0，L_0）即点 H 为所求曲线上一点。如果这时没有其他厂商的调整，则整条需求曲线就可以看成是 $P_0 \cdot MP$。假定让要素价格下降到 W_1，则要素需求量就应增加到 L_2。但现在由于其他厂商也进行调整，于是价格下降使 L 的边际产品价值曲线向左下方移动，例如移到 $P_1 \cdot MP$，从而在要素价格 W_1下，L 的需求量不再是 L_2，而是稍稍更少一些的 L_1。于是又得到了要素需求曲线上一点 I（W_1，L_1）。重复上述过程，可以得到其他与 H、I 性质相同的点。将这些点连接起来，即得到多数情况下厂商调整情况下厂商 m 对要素 L 的需求曲线 d_m。d_m表示经过多个厂商相互作用的调整，即经过行业调整之后得到的第 m 个厂商的要素需求曲线。

二、从完全竞争厂商的需求曲线推导出完全竞争市场的要素需求曲线

假定完全竞争要素市场中包含有 n 个厂商。其中每一个厂商的经过行业调整后的要素需求曲线分别为 d_1，d_2，…，d_n，整个市场的要素需求曲线 D 可以看成是所有这些厂商的要素需求曲线的简单水平相加，即：

$$D = \sum_{m=1}^{n} d_m$$

特别应当注意的是，被简单地水平相加的是每个厂商的“真正的”要素需求曲线，即是在考虑了多个厂商共同行动所引起的全部调整之后得到的行业调整曲线 d_m，而不能是边际产品价值曲线 $P \cdot MP$。

生产要素的价格决定与商品的价格决定没有什么两样，也是由市场供求决定，但在决定二者的供求背后所包含的意义有所不同。消费者对于商品的需求取决于商品的边际效用；厂商对于生产要素的需求取决于生产要素的边际生产力。商品的供给取决于生产商品的成本与商品的价格；对于一般非劳动要素而言，其供给与商品供给没有什么两样；对于劳动供给来讲则有些特殊，劳动供给由劳动者对于收入与闲暇的选择决定。不过，在劳动者对于收入与闲暇的偏好既定的条件下，劳动的供给与其他生产要素的供给没有什么两样，其供给量与价格同方向变化。

像商品定价可以分为完全竞争、完全垄断、不完全竞争几种市场情况进行讨论一样，生产要素定价也可以分为这几种市场类型进行讨论。为了简化起见，在生产要素定

价理论中，我们分完全竞争与不完全竞争两种情况讨论生产要素市场的定价，并讨论在商品定价理论中未曾讨论过的带有时间因素的资本定价问题。

第六节

不完全竞争条件下厂商的要素需求曲线

同产品市场类似，生产要素市场也有完全竞争、垄断竞争、寡头垄断和垄断之分。研究生产要素市场必须和产品市场的研究结合起来，为了简化问题，我们只研究两种最简单的情况：厂商在产品市场是完全竞争而在要素市场上是垄断的、厂商在要素市场是完全竞争的而在产品市场上是垄断的。

一、卖方垄断

卖方垄断指的是厂商在产品市场上作为产品的卖方是垄断者，但在要素市场上作为要素的买方是完全竞争者。

在产品市场上，厂商作为一个垄断者对产品的价格具有很大影响力，因而其产品的需求曲线是向右下方倾斜的，产品的边际收益曲线也向右下方倾斜，并且位于需求曲线下方（见第七章有关内容）。在生产要素市场上，厂商作为一个完全竞争者，只能被动地接受市场决定的要素价格，并且在这个价格下厂商能够得到它想要的任何数量的生产要素，因此，厂商面临的要素供给曲线是水平的。

为了方便，以下我们的研究都以劳动为例，其他生产要素的研究类似。在上一节中，我们已经知道，厂商使用生产要素的原则是 $MRP=MFC$，即边际产品价值等于边际要素成本，这一原则适用于任何厂商。在卖方垄断情况下，要素市场是完全竞争的，因而劳动的价格既定，从而 $MFC=W$。厂商使用生产要素的原则可以写成：

$$MRP=W \tag{9.9}$$

再来看 MRP。由于 $MRP=MR\cdot MP$，在产品市场上，MR 是不断递减的，MP 也是不断递减的，因而 MRP 也是不断递减的，相比较于 $VMP=P\cdot MP$，显然 MRP 要下降得更快，且总是比 VMP 要低（注意产品的边际收益曲线在需求曲线的下方且斜率更陡），因此 MRP 曲线向右下方倾斜，且斜率比完全竞争的情况要更陡。

图 9-3 给出了卖方垄断厂商的边际收益产品曲线。按照卖方垄断厂商的要素使用原则 $MRP=W$，给定要素的市场价格是 W_0，厂商对劳动的需求量必定是 L_0，因为只有在这个劳动使用量上，MRP 和 W_0 才相等。给定其他的劳动价格，我们都可以知道，劳动的价格与厂商对劳动的需求的组合点必定位于 MRP 曲线上。因此，厂商对劳动的需求曲线就是边际收益产品曲线。

已知单个厂商的要素需求曲线之后，只要将市场中所有厂商的要素需求曲线横向加总就可以得到市场的要素需求曲线。这一点和完全竞争的情况不同，完全竞争市场要先经过调整得到行业调整曲线再将行业调整曲线横向加总。对于卖方垄断厂商来说，在产品市场上它的边际收益 MR 是由需求决定的，劳动的边际产量由生产的技术条件决定，

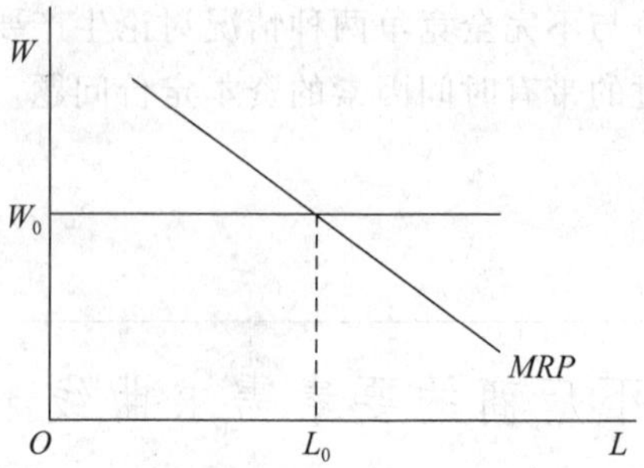

图9－3　卖方垄断厂商的要素需求曲线

因而无论厂商如何调整要素的数量，其 *MRP* 曲线是不变的，因而行业调整曲线仍然是 *MRP* 曲线。

二、买方垄断

买方垄断是指厂商在要素市场上作为要素的买方是垄断者，但在产品市场上作为产品的卖方是完全竞争者。要素市场之所以出现买方垄断，可能是由于在一个特定区域只有一家厂商购买生产要素，也可能是由于某个厂商所需要的生产要素并非为其他厂商所需要。

先来研究产品市场。由于产品市场是完全竞争的市场，因而厂商只能被动地接受市场形成的既定的产品价格，在这个价格下厂商可以以不变的价格卖出它所有的产品，因此对厂商来讲，可以将产品的价格看成常数。这样，$MR = AR = P$（有关内容见第七章）。

再来看要素市场。我们假定只有一种要素——劳动 L。厂商使用要素的原则还是 $MRP = MFC$，这一点对于买方垄断的厂商仍然适用。结合产品市场，可以得到：

$$MRP = MR \cdot MP_L = P \cdot MP_L = VMP \tag{9.10}$$

可见，买方垄断条件下，要素的边际产品价值等于要素的边际收益产品。再来看厂商的要素成本问题。在买方垄断条件下，要素市场中只有一个买方，因而该要素的市场供给曲线就是厂商所面临的要素供给曲线。市场供给曲线必定是向右上方倾斜的，因为站在市场的角度，要素的价格提高，消费者愿意提供的要素的数量也会跟着提高，即要素供给量和价格成正相关。所以厂商所面临的要素供给曲线也是向右上方倾斜的，如图9－4中的 S_L 曲线。下面我们再来看要素成本问题。

先引入平均要素成本的概念。平均要素成本（*AFC*）指厂商为使用每一单位生产要素平均支付的成本。按照定义，可以得到：

$$AFC = \frac{TC}{L} = \frac{W \cdot L}{L} = W \tag{9.11}$$

可以看出，平均要素成本就是厂商使用要素的价格，因此厂商的要素平均成本曲线就是厂商所面对的要素供给曲线，它表示消费者在不同的要素价格下愿意提供的要素数量，同时也表示厂商在不同价格下能够雇用的要素数量，如图9－4所示。

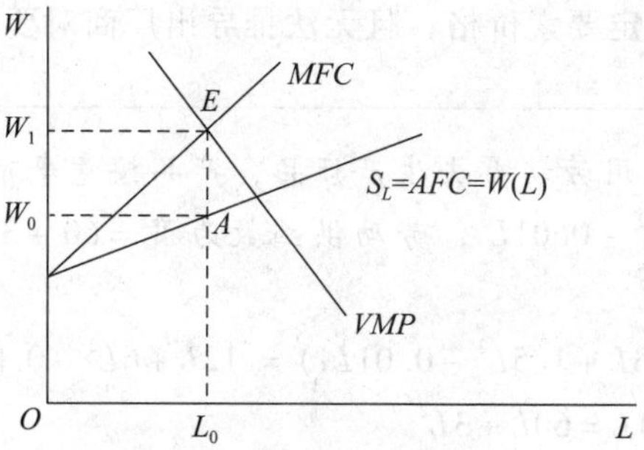

图 9-4　买方垄断厂商的要素需求

再来看厂商的边际要素成本问题。为简单起见，假定要素供给函数是线性的，即：

$W(L) = a + bL$（a、b 均为常数，且 $b>0$）

则：

$$MFC = \frac{dTC}{dL} = \frac{d(W(L) \cdot L)}{dL} = \frac{d(aL + bL^2)}{dL} = a + 2bL \tag{9.12}$$

进而可以得到：

$$MFC = W(L) + bL \tag{9.13}$$

从式（9.13）可以知道，边际要素成本总是比要素的价格要高。厂商在买方垄断的市场上所面对的要素供给曲线是向右上方倾斜的，表明随着该厂商要素购买量的增加，它必须支付的要素价格会越来越高。当买方垄断的厂商每增加一单位要素的使用，它就必须以新的更高的价格购买所有的要素，由此所导致的总成本增量必然大于平均要素成本的增量。因此，边际要素成本曲线总是位于平均要素成本曲线之上，且其斜率也比平均要素成本大。

如图 9-4 所示，VMP 为要素的边际产品价值曲线，MFC 为厂商的边际要素成本曲线，S_L为厂商所面临的要素供给曲线。由于 $MRP = VMP$，因而厂商的要素使用原则 $MRP = MFC$ 可以写成：$VMP = MFC$，因而厂商实现利润最大化的均衡点应位于 VMP 与 MFC 的交点 E 处，厂商在均衡时对要素的需求是 L_0，要素的价格是 W_0。可以看出，要素的价格是按照厂商所面临的要素供给曲线确定的，理由显然是要素价格低于 W_0，厂商将无法雇用到利润最大化的要素使用量 L_0，既然厂商在 W_0的要素价格上就可以雇用到 L_0的要素量，它当然不肯付出比 W_0更高的价格。

能否推导出买方垄断厂商的要素需求曲线呢？要素需求曲线意味着给出一个要素的价格，厂商可以根据自己利润最大化的原则确定一个最佳的要素需求量，即要素价格与要素需求量之间存在着一种一一对应的关系。如图 9-4 所示，如果我们给定一个要素价格 W_1，厂商实现利润最大化的原则是 $VMP = MFC$，在 W_1的价格下，显然厂商无法找到一个要素使用量能够满足这一条件。实际上，要素的价格也不可能是 W_1，因为厂商是要素的垄断买主，根据自己的利润最大化原则，一旦决定使用 L_0的要素，它不可能再付出高于 W_0的要素价格。由此可见，垄断厂商的要素需求曲线是不存在的。

可以看出，买方垄断厂商的要素需求理论和垄断厂商的产品供给理论可以类比。垄断厂商根据 $MR = MC$ 的原则确定它的产量，根据需求曲线确定产品的价格，无法推导出有规律的供给曲线；买方垄断厂商根据 $VMP = MFC$ 的原则来确定它的最佳要素使用量，根据要素供给曲线决定要素价格，且无法推导出厂商对要素的需求曲线。

【案例】

假定一垄断厂商仅使用劳动 L 去生产产品，产品按竞争市场中的固定价格 4 出售，生产函数为 $q=3L+1.5L^2-0.01L^3$，劳动供函数为 $W=60+3L$。求利润最大化时的 L，q，W。

解：$TR=PQ=4\times(3L+1.5L^2-0.01L^3)=12L+6L^2-0.04L^3$

$TC=WL=(60+3L)L=60L+3L^2$

利润最大化要求 $MRPL=MFCL$

$12+12L-0.12L^2=60+3L$

得 $L1=10$（舍去），$L2=40$

$q=3\times40+1.5\times402-0.01\times403=1880$

$W=60+3\times40=180$

本章小结

本章主要分析微观经济学关于分配理论的部分内容，在微观经济学中，分配理论不过是生产要素的价格决定理论，而生产要素的价格由供求决定，于是分析厂商对生产要素的需求曲线就成为本章的主要内容。通过分析，就会发现，厂商对生产要素的需求，服从于其对利润最大化的追求。

思考与练习

一、单项选择题

1. 在下列各项钟，不属于生产要素的是（　　）。

A. 农民拥有的土地　　B. 企业家的才能

C. 在柜台上销售的产品——服装　　D. 煤矿工人采煤时所付出的低廉的劳动

2. 厂商的要素需求曲线向右下方倾斜的原因在于（　　）。

A. 边际成本递减　　B. 边际产量递减

C. 边际效用递减　　D. 规模报酬递减。

3. 下列个项中，拥有 VMP（MP_L*P）曲线的生产者是（　　）。

A. 完全竞争要素市场中的厂商　　B. 完全竞争产品市场中的厂商

C. 非完全竞争产品市场中的厂商　　D. 非完全竞争要素市场中的厂商

4. 已知生产要素 M、N 的价格分别为 8 元、10 元，产品的边际收益 2 元，那么，在 M、N 的边际产量为（　　）时，该生产厂商才能获得最大的利润。

A. 8，10　　B. 16，20

C. 4，5　　D. 2，3

5. 市场需求曲线是由各个单独厂商的需求曲线横向加总而得到的，当每个厂商的要素使用量都增加时，这时市场需求曲线将会（　　）。

A. 其下部向里偏转，即发生顺时针转动　B. 其下部向外偏转，即发生逆时针转动

C. 不转动　　　　　　　　　　　　　　D. 无法确定

6. 如果生产某种产品需要 M、N 两种生产要素，那么，当 M 的投入达到一定数量后，继续增加投入时，它的边际物质产品将（　　）。

A. 在技术不变，但 N 的数量比例增加时下降

B. 在任何条件下均下降

C. 在 N 的数量以及技术不变时下降

D. 无法确定

7. 如果劳动的边际产品价值大于工资率，则其属于下列（　　）情况。

A. 产品市场的垄断　　　　　　　　　B. 要素市场的垄断

C. 产品市场的竞争　　　　　　　　　D. 产品市场的竞争和要素市场的垄断

8. 在完全竞争市场条件下，某厂商生产一种产品的要素投入价格为 20 元，它的边际产量为 5，则根据利润最大化原则，出售该产品的边际收益应为（　　）。

A. 20 元　　　　　　　　　　　　　　B. 10 元

C. 5 元　　　　　　　　　　　　　　D. 4 元

9. 对于一个（卖方）垄断企业，投入品 M 的价格为 20 元（要素市场为完全竞争），边际产量为 5，产品价格是 4 元，则这个企业的产量（　　）。

A. 未达到利润最大化，应减少产量

B. 未达到利润最大化，应增加产量

C. 已经实现最大化利润，但是，成本没有达到最小化

D. 在成本最小条件下实现利润最大化产量

10. 在一个完全竞争市场中，最求利润最大化的厂商的产品价格上升时，将引起劳动的边际产品价值的（　　），从而导致劳动的需求（　　）。

A. 降低，右移　　　　　　　　　　　B. 增加，左移

C. 增加，右移　　　　　　　　　　　D. 降低，左移

二、多项选择题

1. 下列各题中属于引致需求的有（　　）。

A. 电工对万能表的需求

B. 投资商为开发房地产而对某块地皮的需求

C. 某公司为扩大销售额而对销售人才的需求

D. 个体户李某为跑运输而对卡车的需求

2. 在完全经济正市场条件下，厂商使用要素的利润最大化原则有（　　）。

A. 要素的边际产量等于要素的边际收益　B. 要素的边际收益等于要素的边际成本

C. 要素的边际产品价值等于要素的价格　D. 要素的边际收益等于要素的价格

3. 在完全竞争条件下（　　）。

A. 消费者和厂商具有完全信息

B. 厂商可以制定自己产品的价格，但不能决定生产要素的价格

C. 厂商只能按照现有的市场价格购买自己需要的生产要素投入量

D. 厂商只能按照现有的市场价格出售自己生产的产品数量

4. 对于引致需求原理的描述，正确的有（　　）。

A. 引致需求的需求量并不取决于需求者本身

B. 引致需求的结果是要素市场的需求量增加

C. 引致需求的作用对象是要素市场

D. 引致需求是指由消费者对产品的需求而引发的厂商对生产要素的需求

三、计算题

1. 假设某垄断者的需求函数为 $P=80-5Q$（P 为价格，Q 为产品产量）。生产函数 $Q=y^{\frac{1}{2}}$，产品 Q 是用一种生产要素 y 生产的。生产要素价格是按固定价格 $r=5$ 买来的。

试计算：该垄断者利润最大化时的价格 P、产量 Q、生产要素 y 以及利润 π 的值。

2. 一垄断厂商只用一种生产要素 Z 来生产商品 Y，已知他在一个完全竞争的产品市场上销售其产品 Y，价格 $Py=10$ 元。并且知道生产函数和劳动供给函数分别为：$Y=6Z+7.75Z^2-0.2Z^3$，$W=6+25Z$。

试计算：利润最大化时的 Z 值和 W 值。（提示：本题涉及的是“买方垄断”条件下的情况）。

3. 假设一生产厂商在产品市场和要素市场上均为完全竞争者，其生产函数为 $Q=24\cdot L^{\frac{1}{2}}\cdot K^{\frac{1}{2}}$，其中 Q 表示产品的年产量，L 表示厂商所雇佣的工人人数，K 表示厂商所运用的资本数量。并且我们假设该厂商产品的市场价为每单位 25 元，工人的工资为 1 200 元，每单位资本的利息为 40 元。在短期内，资本假设为 1 600 单位并且作为固定要素。试求：

（1）该厂商的劳动需求曲线（函数）？

（2）该厂商的最优工人雇佣量。

第十章

生产要素价格决定的供给方面

【学习目标】

◆ 掌握生产要素的供给原则，分析不同要素供给的不同特点以及对均衡价格决定的影响，提出收入分配平等与否的评价指标；

◆ 掌握要素供给原则与效用最大化原则的关系，理解不同要素供给曲线的特点。能够结合实际分析收入分配不平等问题。

【本章脉络图】

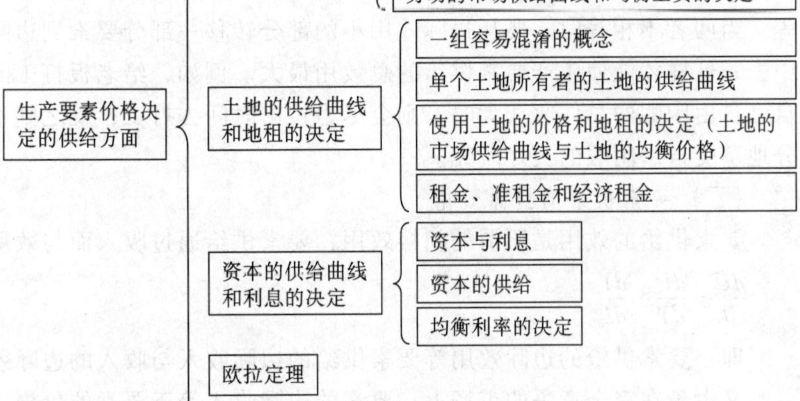

本章将通过研究要素所有者方面来研究要素的供给，并把要素的供给和需求结合起来，得出要素价格和最优使用量的决定理论，从而完成对要素市场的分析。

第一节

要素供给概述

一、要素所有者、最大化行为和供给问题

(一) 要素供给者

要素所有者有两种：作为生产者的中间要素所有者；作为消费者的原始要素所有者。所有者不同，其市场供给的行为目标也不同。

从理论上来说，要素供给理论要分成两个并列的部分分别加以讨论：根据生产者的利润最大化行为来讨论作为生产者的中间要素的供给，根据消费者效用最大化行为来讨论作为消费者的原始要素的供给。

作为生产者的中间要素的供给就是一般产品供给，这在完全竞争市场的分析中已经详细讨论过了，本章只讨论要素所有者为消费者、其行为目的为效用最大化的原始要素的供给问题。

(二) 要素供给问题

原始要素在一定时间内是有限的，原始要素供给实际上是原始要素供给者在一定的要素价格水平下，将其全部既定资源在“要素供给”和“保留自用”两种用途上进行分配以获得最大效用。或者说，“要素供给”是指你的精力是给老板使用的；“保留自用”是指你的精力是留给自己使用的。

二、要素供给原则

(一) 基本原则

作为“要素供给”的资源的边际效用要与作为“保留自用”的资源的边际效用相等。当两者不相等时，要从边际效用小的部分转移一部分要素到边际效用大的要素用途中去，这样才能使生产要素供给的总效用最大。例如，给老板打工的总体收获如果要比自己自由闲暇的总体收获大时，则会尽力挤出时间去打工；反之则不会去打工，而会充分地享受自由闲暇的美好时光。

(二) 要素供给的边际效用

要素供给的效用是所谓的间接效用：要素供给通过收入而与效用相联系。

$$\frac{dU}{dL}=\frac{dU}{dY}\cdot\frac{dY}{dL} \tag{10.1}$$

即：要素供给的边际效用等要素供给的边际收入与收入的边际效用的乘积。

又由于在完全竞争的市场上，要素的边际收入等于要素的价格。

则有 $dY/dL=W$，于是有：

$$\frac{dU}{dL}=W\cdot\frac{dU}{dY} \tag{10.2}$$

这便是完全竞争条件下消费者要素供给的边际效用公式。

（三）自用资源的边际效用

自用资源既可以带来间接效用（干家务），也可以带来直接效用（休息、闲暇）。我们这里只假定自用资源的效用者是直接的，即不考虑干家务这类现象。若用 l 表示自用资源数量，在此假定下，则有：

dU/dL：自用资源的边际效用就是效用增量与自用资源增量之比的极限值。（10.3）

（四）要素供给原则

1. 基数效用下要素供给原则的表示

基数效用下，借助于上面指出的要素供给的间接效用和自用资源的直接效用概念，可以将效用最大化条件表示为：

$$\frac{dU}{dL}=W\cdot\frac{dU}{dY}$$

如考虑有所谓"收入的价格"W_Y，显然有 $W_Y=1$，则有：

$$\frac{\frac{dU}{dL}}{\frac{dU}{dY}}=\frac{W}{W_Y} \tag{10.4}$$

符合这一条件的要素供给能实现效用最大化。

2. 序数效用条件下要素供给原则的表示

在序数效用条件下，为无差异曲线与消费者预算曲线的切点，在这一切点上，能实现效用最大化。在切点上，有：

预算线的斜率$(K-\overline{Y})/\overline{L}=-W$；无差异曲线的斜率 dY/dL；

在切点上，肯定有：

$$dY/dL=-W \tag{10.5}$$

序数效用条件下的要素供给原则与基数效用条件下的要素供给原则的结论是一致的。如果假定效用可以用基数来衡量，则资源供给的边际替代率 dY/dL 可以表示为自用资源和收入的边际效用之比。

三、要素供给曲线

（一）价格扩展线

要素供给曲线是表示要素价格与要素供给量之间变化关系的一条曲线。

要素供给量是随着要素价格变化而变化的。要素供给曲线是通过价格扩展线推导出的，价格扩展线推导如下：

第一步：给定一个要素市场价格 W_0，随即确定了一个要素的全部收入，随即也就确定了一个预算线 EK_0；

第二步：要素价格变化，由 W_0 变为 W_1，随即也就确定了一个预算线由 EK_0 变为 EK_1；

第三步：发现预算线绕着 E 点顺时针旋转；

第四步：引出价格扩展线，无差异曲线簇与相应的预算线的切点的集合为曲线 PEP，可称为价格扩展线。这一图形反映了自用资源数量 1 如何随着要素价格变化而变化，从而反映了要素供给量（它等于固定资源总量减去自用资源量）如何随着要素价格变化而变化，即要素供给曲线的关系。

（二）要素供给曲线的推导

从价格扩展线可以得到要素供给曲线。方法如下：给定要素价格 W_0，预算线为 EK_0，从而最优自用资源量为 L_0，于是可以得到一个要素供给量（$L-L_0$），于是可以得到要素供给曲线上一点（W_0，$L-L_0$）；重复数遍可得到无数个要素供给曲线上的点；将所有这些点连接起来即为要素的供给曲线。

【案例】

假设某一厂商只使用可变要素劳动进行生产。其生产函数是 $Q=36L+L^2-0.01L^3$，Q 为厂商每天产量，L 为工人的日劳动小时数，厂商为完全竞争厂商，产品价格为 0.10 元，小时工资为 4.80 元。求厂商利润最大是多少？

答：(1) 厂商每天将投入多少劳动小时？

(2) 如果厂商每天支付的固定成本为 50 元，厂商每天生产的纯利润是多少？

(1) 当厂商利润最大时，有：

$W=VMPL=P\times MPL=P\times dQ/dL$

即 $4.80=0.10\times(36+2L-0.03L^2)$

解得 $L=60$ 和 $L=20/3$（舍去）

可见，当厂商实现利润最大化时，每天应该投入 60 劳动小时。

(2) 利润为：

$$\begin{aligned}\pi &= TR-TC=P\times Q-FC-VC=P\times Q-FC-W\times L\\ &=0.10\times(36\times60+602-0.01\times603)-50-4.8\times60\\ &=22\ (\text{元})\end{aligned}$$

即厂商每天获得的纯利润是 22 元。

第二节

劳动供给曲线和工资的决定

一、劳动和闲暇的假定

在消费者既定的时间资源中，我们假定：消费者每天可以自由支配的时间为 24 小时 - 8 小时睡眠 = 16 小时；消费者每天可以自由支配的时间用于劳动与闲暇，而闲暇时间只是用来享受，而不用来干家务。

在此假定之下，消费者每天可以自由支配的时间为 24 小时 - 8 小时睡眠 = 16 小时时间资源怎么使用？换句话说，消费者的劳动供给就是消费者如何闲暇和劳动收入之间进行选择。

二、劳动的供给曲线（劳动供给量的变化规律）

（一）劳动供给曲线的推导与特征

1. 劳动供给曲线的推导

横轴 H 为闲暇，纵轴 Y 为收入，E 为初始状态点。当劳动价格工资为 W_0 时，可以得到相应的预算线 EK_0，与 U_0 相切于 A。当价格上升到 W_1，W_2 时，相应的预算线 EK_1，EK_2 分别与 U_1，U_2 相切于 B，C 点。每一个切点都对应着一个最优闲暇量 H_0，H_1，H_2。相应的劳动供给量分别为 $(16-H_0)$，$(16-H_1)$，$(16-H_2)$。于是可得劳动供给曲线上三个点 a，b，c。联接 A，B，C 得价格扩展线 PEP，联接 a，b，c 得劳动供给曲线 S，如图 10－1 和图 10－2 所示。

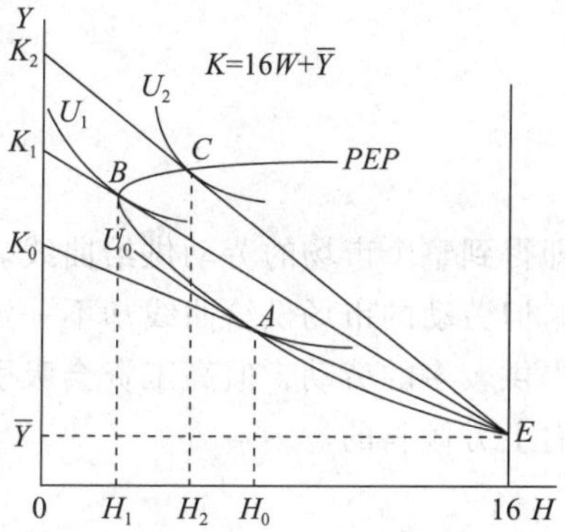

图 10－1 时间资源在闲暇和劳动供给之间的分配

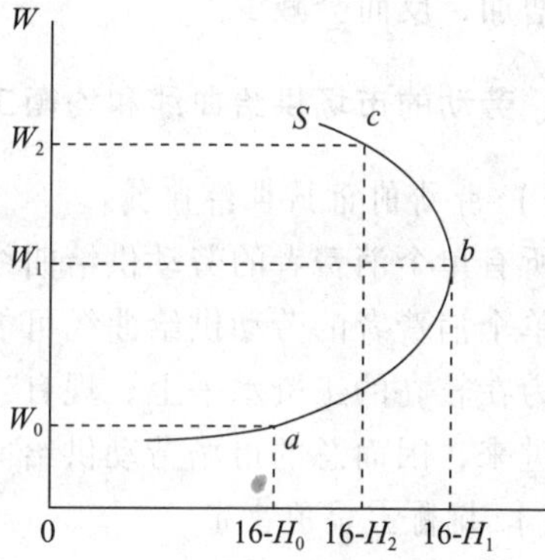

图 10－2 个人劳动供给曲线

2. 劳动供给曲线特征

从劳动供给曲线图中可以读出：劳动供给曲线与一般的供给曲线不同，即它有一段“向后弯曲”的部分。当工资较低时，随着工资的逐步上升，劳动者会逐步减少闲暇，逐步增加劳动供给量。但是，当工资涨到一定程度后，劳动的供给量不但不会逐步增加，反而会逐步减少。这如何解释？

（二）劳动的供给曲线向后弯曲的原因

劳动的供给曲线为什么会向后弯曲？劳动的供给曲线向后弯曲其实也就是闲暇商品的需求曲线为什么向前倾斜。我们可以换一个角度来研究这个问题：

劳动的供给就是闲暇的需求的反面。在时间资源总量既定的情况下，劳动供给的增加就是闲暇需求的减少；

劳动的价格——工资，就是闲暇的机会成本，增加了一单位时间的闲暇，意味着失去本来可以得到的一单位劳动的收入——工资。于是工资也就是闲暇的价格；

劳动供给量随工资而变化的关系即劳动供给曲线也可以用闲暇需求量随闲暇价格而变化的关系即闲暇需求曲线来加以说明。

造成这一状况的原因是闲暇商品的替代效应和收入效应的独特性所致。就一般商品而言，替代效应和收入效应的共同作用使其需求曲线向右下方倾斜。但闲暇商品则不同。从替代效应来分析，由于替代效应，消费者会减少对它的购买，而转向其他替代品，这一点与其他正常商品一样。但从收入效应来看，闲暇商品完全与众不同。假定其他条件不变，对于一般商品，价格上升意味着消费者的实际收入下降，但闲暇价格的上升却意味着消费者的实际收入上升。消费者将增加对闲暇商品的消费。结果，由于收入效应，闲暇需求量与闲暇价格的变化相同。这样一来，在一般正常商品场合在同一方向起作用的替代效应和收入效应，在闲暇商品场合却起相反的作用。因此，随着闲暇价格的上升，闲暇商品的需求量究竟是下降还是上升要取决于两种效应的大小。如果替代效应大于收入效应，则闲暇商品需求量随其价格上升而下降；反之，如果收入效应大于替代效应，则闲暇需求量随其价格上升而上升。这就意味着劳动的供给曲线向后弯曲。最后，最为引人注目的是闲暇商品价格变化的收入效应往往会超过替代效应。

所有这一切，用一般语言来说就是：当工资的提高使人们富足到一定的程度后，人们会更加珍视闲暇。因此，当工资达到一定高度而又继续提高时，人们的劳动供给量不但不会增加，反而会减少。

三、劳动的市场供给曲线和均衡工资的决定

（一）劳动的市场供给曲线

将所有单个消费者的劳动供给曲线水平相加，即得到整个市场的劳动供给曲线。尽管许多单个消费者的劳动供给曲线可能会向后弯曲，但劳动的市场供给曲线却不一定如此。因为在较高的工资水平上，现有工人也许不肯提供较多的劳动，但高工资会吸引新的工人进来，因而总的市场劳动供给曲线仍然是向右上方倾斜的。

（二）均衡工资的决定

将第八章描绘的向右下方倾斜的劳动需求曲线和本章描绘的向右上方倾斜的劳动供给曲线综合起来，即可决定均衡工资水平。

（三）劳动供给曲线变化的影响因素

非劳动收入的大小；社会习俗状况；人口总量及其构成。

第三节

土地的供给曲线和地租的决定

一、一组容易混淆的概念

生产服务源泉和生产服务本身。这是两个不同的概念。例如劳动的源泉是人，劳动服务却是人的劳动过程。

源泉的供给与服务的供给。源泉的供求是指卖和买生产服务的“载体”；服务的供求则是指卖和买生产服务本身而非其“载体”。例如土地。源泉的供给是指土地的自然供给。服务的供给是指土地的市场供给（即市场出租）。我们这里研究的主要是土地的市场供给（即市场出租）。源泉的供给与服务的供给有一点类似于所有权与使用权的关系。

源泉的价格与服务的价格。例如就土地而言，源泉的价格是指土地的自然供给价

格。服务的价格是指租用 1 公顷土地 1 年的价格，有一点类似于所有权价格与使用权价格的关系。

我们这里讨论的土地均是指土地的服务、土地服务的供给以及土地服务的价格。其中：土地服务的价格称为地租。

二、单个土地所有者的土地的供给曲线

（一）土地供给者的效用函数

单个土地所有者供给土地的目的是效用最大化。他的土地供给其实是两种选择：土地出租与自用土地。其效用函数可以写为：

$$U = U(Y, q) \tag{10.6}$$

Y，q 分别为土地出租收入和自用土地数量。

一般来说，土地自用只占用土地总量的很微小的部分，可以忽略不计。从而效用函数可以简化为：

$$U = U(Y) \tag{10.7}$$

（二）土地供给曲线

在土地效用只取决于土地收入这种情况下为了获得最大效用，就必须使土地收入达到最大化，也就是要全部出租。由于土地所有者拥有的土地数量有限，例如为 Q，故无论土地价格 R 为多少，他将供给的土地最多只为 Q，因此，单个土地所有者的土地的供给曲线将在 Q 的位置垂直，如图 10－3 所示。

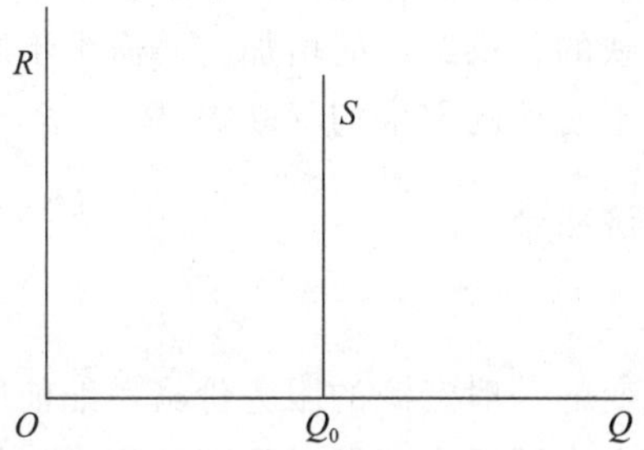

图 10－3 土地的供给曲线

“单个土地所有者的土地供给曲线将在 Q 的位置垂直” 这一结论还可以通过无差异曲线分析方法得到。

推而论之，我们可以做出一般性的陈述：任意一种资源，如果只能（或假定只能）用于某种用途，而无其他用处，则该资源对该种用途的供给曲线就一定是垂直的。借用机会成本的概念则可以这样说：任意一种资源，如果它在某种用途上的机会成本等于零，则它对该种用途的供给曲线就垂直。

三、使用土地的价格和地租的决定（土地的市场供给曲线与土地的均衡价格）

（一）市场的土地供给曲线

将单个土地所有者的土地供给曲线水平相加，即得到整个市场的土地供给曲线。

（二）地租的决定

将向右下方倾斜的土地的市场需求曲线与土地供给曲线相结合起来，即可决定土地的均衡价格。这一均衡价格常常被称作为“地租”。如图 10－4 所示，在完全竞争的经济中，土地的市场供给曲线 S 是垂直的，土地的市场需求曲线 D 是向右下方倾斜的，因此，土地的市场供给曲线和市场需求曲线的交点 E 是土地供求实现均衡的均衡点，在 E 点的地租为 R_E。

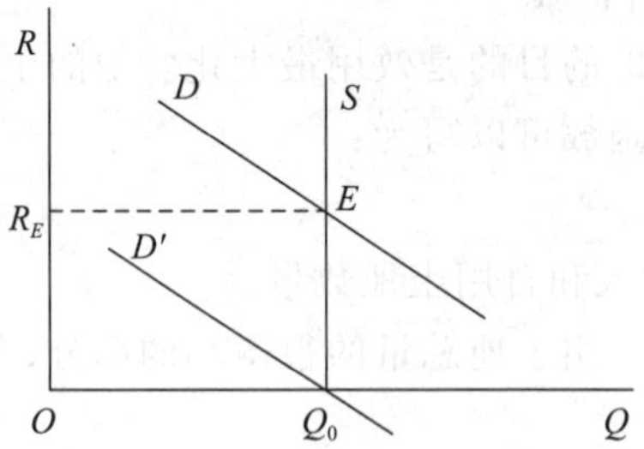

图 10－4　均衡地租的决定

当土地供给曲线垂直时，地租完全由土地的需求曲线决定，而与土地的供给曲线无关。

地租是随着对土地需求的变化而变化。从图 10－4 可以看出，土地的供给不变的情况下，如果需求不断下降，即需求曲线下移，需求曲线下降到一定程度的时候，均衡的地租水平将变为 0。随着土地的需求不断上升，地租也会不断地提高。所以说，产生地租的根本原因在于土地是稀缺的，供给不能增加，而需求不断上升。如果土地的供给不变，则地租的产生纯然是由于土地的需求的不断提高。

四、租金、准租金和经济租金

（一）租金

租金指供给同样固定不变的一般资源的服务价格。如前所述，土地的供给曲线是固定不变的，由于需求的增加，土地所有者可以得到的收入叫作地租。我们看到，地租提高，土地的供给量也不会提高；地租降低，土地的供给量也不会减少。在经济中还存在着其他的一些要素，比如某些人的天赋才能，它们的供给数量也是不变的，不受价格涨落的影响，这些要素所得到的价格，我们统称为租金。可以看出，土地是一种特有的资源，所以地租只是租金的一个特例，是租金的一种，而租金是一般化的地租。

（二）准租金

准租金指对任何供给量暂时固定的（短期内相对固定）生产要素的支付。除土地外，任何一种在短期内供给量相对固定的生产要素的使用都须支付一定的价格。在现实中，有些要素在短期内是不变的，在长期中可变，这类要素所获得的收入，就叫作准租金。比如厂商投资建设的厂房、机器等物品，在短期内即使厂商不能盈利，它也无法把它们从现有的用途中转移到收益较高的领域，反过来，即使厂商盈利很多，它也无法迅速增加这些物品的供给。因此，这些资本品在短期内供给是不变的，但在长期内却是可变的。

图 10－5 是准租金的一个示意图。该图表示了一个完全竞争厂商的短期决策情况。在价格为 P_0 时，按照厂商利润最大化的原则 $MR = MC$，厂商的均衡点为 C，均衡产量为 Q_0，因此厂商的总收益为 OP_0CQ_0 的面积。由于 $OGBQ_0$ 可以看作是对可变要素支付的成本，因而固定要素的总收益就可以表示为 P_0CBG 的面积，如图中的阴影部分所示，这一部分的收入就是固定要素所获的准租金。可以看出，准租金等于不变成本与经济利润之和。如果准租金大于不变成本，表示厂商盈利，利润为准租金减去不变成本的差；如果准租金小于不变成本，表示厂商亏损，亏损额也等于准租金与不变成本的差。

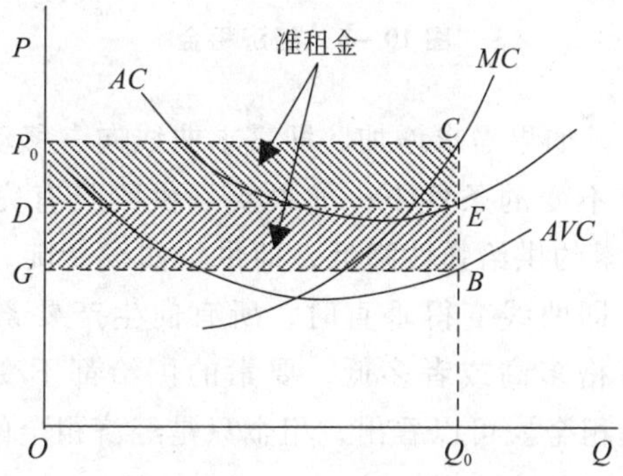

图 10－5　准租金

（三）经济租金

经济租金可以定义为生产要素所得到的收入超过其在其他场所可能得到的收入部分。可以理解为要素的当前收入超过其机会成本的部分，简言之，经济租金等于要素收入减去机会成本。

从租金的分析可以看出，租金的特点在于要素价格的变化不会影响到租金的供给。有一部分要素收入类似于租金，即从要素收入中减去该部分并不会影响要素的供给。我们把要素的这一部分收入称为经济租金。也就是说，经济租金并不是吸引该要素用于当前使用所必需的。

图 10－6 是要素的供给曲线和需求曲线，均衡时，要素的价格是 R_0，要素的使用量是 Q_0。供给曲线告诉了我们要素所有者提供要素所要求的最低价格或者说是要素所有者在某一价格下愿意提供的要素的数量，所以要素所有者为提供 Q_0 的要素所能够接受的最低总价格相当于 $OAEQ_0$ 的面积，也就是供给曲线以下、均衡供给 Q_0 左面的区域。假定所研究的是劳动市场，在完全竞争的劳动市场上，所有工人得到的工资率都是 R_0，这一工资率是用来使最后一个“边际”工人提供其劳动的，但是所有其他“边际内”工人都获得了同样的工资，他们得到的工资大于使他们工作所需要的工资。要素所有者所获得的总收益相当于 OR_0EQ_0 的面积，因此图中供给曲线以上价格线以下部分，即图中阴影部分的面积就是要素所有者所得到的收益超过其提供要素所要求的最低收入的部分，即经济租金。

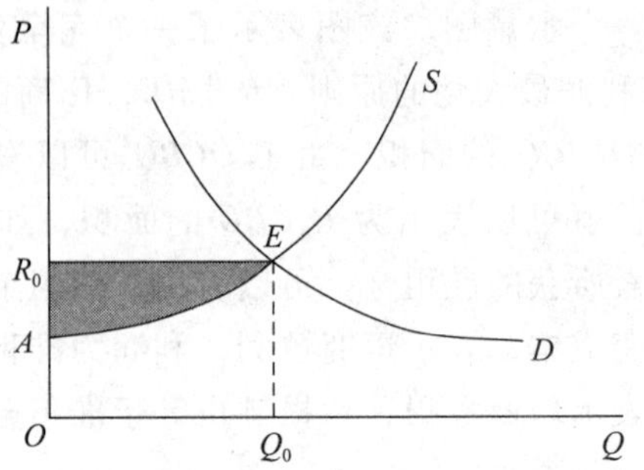

图 10－6　经济租金

从图 10－6 可以看出，如果需求增加，即需求曲线向右移动，要素的价格会提高从而经济租金提高。在需求不变的条件下，如果要素供给具有完全弹性，即供给曲线水平，经济租金为 0；当要素的供给弹性降低，即供给曲线变陡，经济租金就会增大；当要素的供给完全无弹性，即曲线变得垂直时，所有向生产要素的支付金额都是经济租金，因为这时无论要素价格多高或者多低，要素的供给都不变，这时经济租金变得最大，这时的经济租金就是租金。可以看出，租金只是经济租金的一个特例。

第四节

资本的供给曲线和利息的决定

一、资本与利息

（一）资本及特征

资本是由经济制度本身所生产出来的并被用作投入要素以便进一步生产更多的商品和服务的物品。因此，作为资本需具备如下特征：①资本是由人类的经济活动所生产，因而它的总量是可以改变的；②它之所以被生产出来，并非为了消费，而是为了能够生产出更多的商品和劳务；③它在生产过程中被作为投入要素长期使用。由上述特点，资本区别于一般的消费品，也区别于土地和劳动等要素。

资本的供给来自于消费者的储蓄。我们把消费者的货币收入中除消费以外的部分叫作储蓄，消费者的储蓄被企业借贷之后用于购买资本品，便转化为资本。为了将问题简化，我们假定储蓄全部转化为资本。这样资本供给问题就转化为消费者的储蓄决策问题。

资本的需求方是厂商，厂商购买资本品的目的是为了使用这些资本品以生产更多的产品和劳务从而实现自己的利润最大化。厂商购买资本品的行为称为投资，因此投资形成了资本的需求。所以研究资本的需求问题可以转化为研究厂商的投资决策问题。

（二）利息

资本的源泉价格为资本价值，资本的服务价格为利息。利息指资本的服务价格，指为使用资本而支付的报酬。单位资本的服务价格用利息率表示。利息率等于资本服务的年收入与资本价值之比。r 表示利息率，Z 表示年收入，P 表示资本价值。则：

$$r = Z/P \tag{10.8}$$

二、资本的供给

（一）储蓄

资本的供给主要取决于消费者的储蓄决策。消费者会把他的收入一部分消费掉，而把另一部分储蓄起来，留待以后消费。假设消费者今年储蓄 100 元，明年他能够得到 110 元，那么这增加的 10 元就是利息，以 10 元利息除以储蓄额 100 元，得到利息率 10%，这个利息率就是资本供给的价格。这里可以看出，消费者之所以没有把他的所有收入都在今年消费掉，而是储蓄了一部分，正是为了获取利息，这样今年他减少消费 100 元，明年他可以消费 110 元，可见消费者今年减少一些消费正是为了以后能够多消费。

可以发现，消费者对于消费和储蓄的决策实际是一种跨时期决策，他要决定的是今年消费多少、明年消费多少，而前面所讲的消费者对土地和劳动的决策则是一种即期决策。消费者直接把收入消费掉，当然直接地就增加了他的效用；他把收入的一部分储蓄起来明年消费，可以得到一个额外的收入即利息，可以提高他的效用水平。消费者的目的是实现他的效用最大化，在这里就是要实现今年的效用和明年的效用的总和的最大化。下面我们用无差异曲线作为工具来具体分析消费者的决策。

假定将研究的时间限定为今年和明年两年。图 10－7 表示了消费者的跨时期决策情况。图中横轴为今年的消费。纵轴为明年的消费，D 为消费者的今明两年收入组合点，即他今年收入 C_{00}，明年收入 C_{10}。AB 为消费者的预算线，所以 AB 必定要通过 D 点。如果沿着预算线向左上方移动，表明消费者减少今年的消费，增加储蓄，如果沿预算线向右下方移动，表明消费者今年就提前借入了明年的收入。假设利息率为 r，那么今年消费者增加 1 元的储蓄，明年他就可以消费（$1+r$）元，显然预算线的斜率是－（$1+r$）。图中 U_1、U_2 是消费者的无差异曲线，它反映了消费者对今年消费与明年消费之间的偏好。消费者的无差异曲线与预算线相切于 E_1 点，E_1 是消费者的均衡点，所以消费者在均衡时选择的是今年消费 C_{01}、明年消费 C_{11}，显然消费者把一部分收入储蓄起来，储蓄额是（$C_{01}-C_{00}$）。

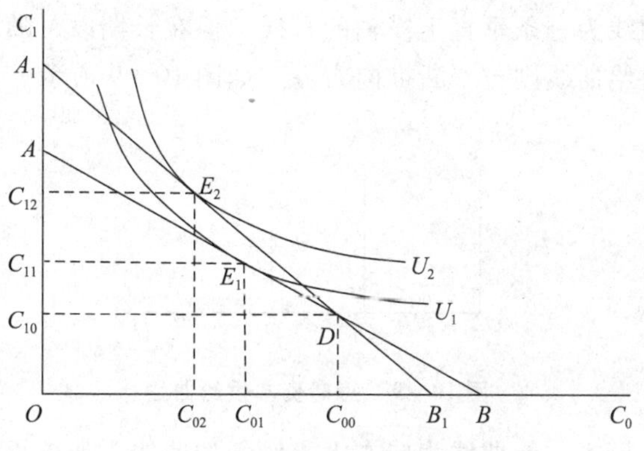

图 10－7　消费者的跨时期选择

假设消费者的收入组合不变，但是市场的利息率提高，预算线将沿着收入组合点 D 顺时针旋转，假定旋转到 A_1B_1。新的预算线与无差异曲线 U_2 相切于 E_2 点，因此 E_2 点就是新的消费者均衡点。均衡时消费者选择今年消费 C_{02}、明年消费 C_{12}。可见由于利息率提高消费者减少了今年的消费，增加了储蓄。从这个简单的模型可以看出，利息率提高使消费者减少当前消费，增加储蓄，利息率降低使消费者增加当前消费，减少储蓄。

上述现象可以由替代效应和收入效应得到解释。利率的改变相当于改变了今年消费和明年消费的相对价格，即提高利率相当于提高今年的消费价格，降低明年的消费价格。由于替代效应，消费者将减少今年消费，增加明年消费，也就是说，利率提高的替代效应使消费者增加储蓄；利率提高的收入效应则趋于使消费者增加今年消费，减少明年消费，因此储蓄减少。所以利率提高时，储蓄是增加还是减少取决于替代效应和收入效应的总效应，如果替代效应大于收入效应，储蓄将增加，如果收入效应大于替代效应，储蓄将减少。一般来讲，利息收入只占消费者收入的一个很小的比例，所以替代效应往往是大于收入效应，但是当利息率提高到一定程度的时候，收入效应就可能超过替代效应，消费者会增加消费从而使储蓄减少。

从以上论述可知，储蓄或贷款的供给曲线是一条向后弯曲的曲线，如图 10－8 所示。曲线的下半部分向右上方倾斜，是正常的供给曲线形状，而上半部分向左上方倾斜，是利率很高时收入效应大于替代效应出现的异常的供给曲线。

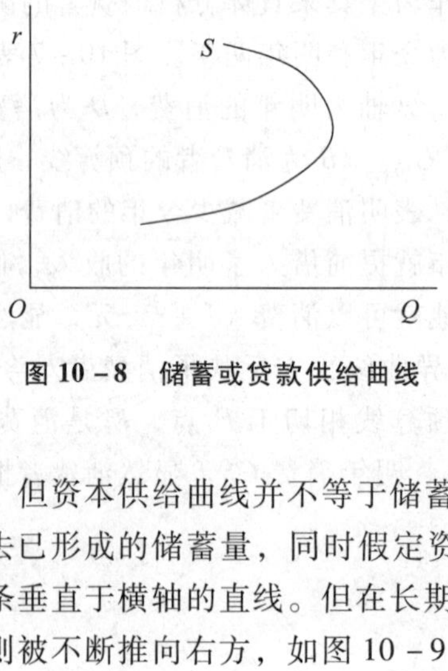

图 10－8　储蓄或贷款供给曲线

（二）资本的供给曲线

储蓄是资本供给的源泉，但资本供给曲线并不等于储蓄曲线。就一个社会、一定时期而言，资本形成取决于过去已形成的储蓄量，同时假定资本的自用价值为 0，因此在短期里，资本供给曲线为一条垂直于横轴的直线。但在长期以，随着利率的上升，储蓄量的增加，则资本供给曲线则被不断推向右方，如图 10－9 所示。

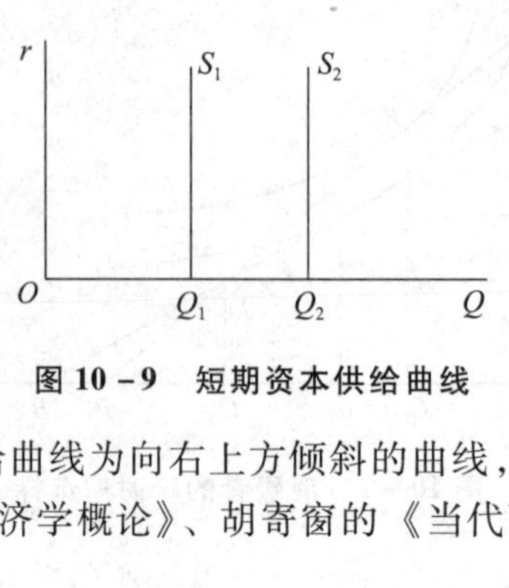

图 10－9　短期资本供给曲线

有的观点认为，资本供给曲线为向右上方倾斜的曲线，如宋承先的《现代西方经济学》、厉以宁的《现代西方经济学概论》、胡寄窗的《当代西方基本经济理论》；有的认为是垂直线，如萨缪尔森的《经济学》；也有认为既垂直，又向右上方倾斜，如唐布什《经济学》等。

将单个消费者的资本供给曲线水平加总就可以得到市场供给曲线，但市场供给曲线是正常的向右上方倾斜的曲线，没有出现向后弯曲的现象。原因在于，虽然利率很高时，就单个消费者来讲有可能出现收入效应大于替代效应的情况，但就整个经济来讲，替代效应仍大于收入效应，储蓄仍是增加的。在现实经济中，我们并没有发现资本供给曲线向后弯曲的例子，就是这个原因。

三、均衡利率的决定

（一）资本的需求

从整个社会来看，对资本的需求主要来自于厂商。前已述及，厂商的投资行为形成了对于资本的需求。那么影响厂商投资决策的因素是什么呢？在厂商进行投资决策时，它追求的是利润最大化，它所考虑的主要方面是预期利润率和利息率，另外还要考虑到投资风险。这一点与土地、劳动等要素是不同的，当土地所有者和劳动者提供要素时，无论厂商是盈利还是亏损，土地所有者和劳动者都能根据合同获取相应的报酬；而对于资本的投资则不是这样，因为投资总是伴随着风险。厂商一旦进行投资，其所花费的大部分成本就变为沉淀成本，并且一项投资往往持续的时间很长，所需资金庞大，所以厂商的投资决策实际上是风险决策，它涉及一系列影响因素，我们这里略过不谈。我们主要讨论利息率对厂商投资需求的影响。

厂商在进行投资决策的时候，由于利息构成了厂商的成本，所以如果一个投资项目的预期利润率大于市场的利息率，那么就意味着厂商预期的资本收益大于成本，厂商投资该项目就可以获得利润；如果一个投资项目的预期利润率小于市场的利息率，那么厂商的预期资本收益小于成本，厂商就会亏损，所以厂商会放弃该项目或转而去寻求其他合适的项目。注意，如果厂商的投资所用资金是自有资金，利息可被看成是机会成本，上述分析依然有效。如果厂商的各个投资项目的预期利润率不变，而市场利率提高，就会有许多的投资项目被否定，从而厂商的投资意愿降低，投资就会下降，从而对可贷资本的需求下降；如果利息率降低，厂商的成本降低，就会使一些原本不合算的项目变得有利可图，厂商的投资意愿上升，投资增加，对可贷资本的需求就会上升。因此资本的需求曲线也是向右下方倾斜的曲线。

（二）均衡利率的决定

以上分析了资本市场的供给和需求的决定，下面来看资本市场的均衡问题。如图10-10所示，横轴表示资本数量 Q，纵轴表示利率 r，S 是市场资本供给曲线，D 是市场的资本需求曲线。资本的供给曲线和需求曲线的交点表示了资本市场的均衡点。

在短期里资本供给曲线 S_1 与需求曲线相交，形成短期均衡利率 r_1 和均衡资本量 Q_1，较高的利率会促使储蓄进一步增加，从而资本供给曲线向右移动，S_2 与需求曲线在较低的利率水平上相交，形成均衡利率 r_2 和均衡资本量 Q_2。在 r_2 上，利率降到储蓄量与投资量恰好和资本存量相等，于是资本存量稳定在 Q_2 水平上，资本市场达到了长期均衡，除非资本的需求曲线上移或者人们对未来消费偏好增强。

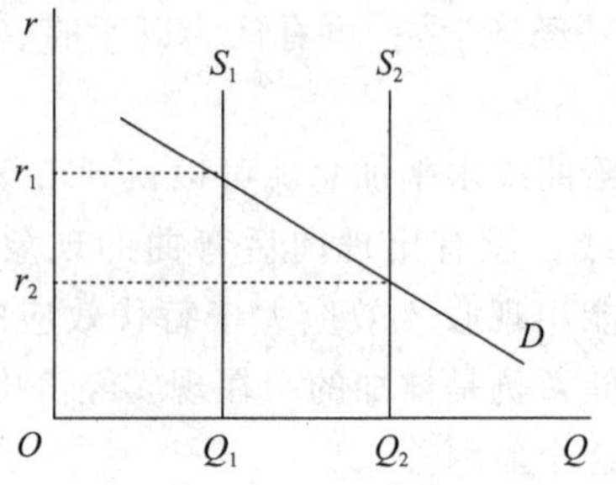

图 10－10　资本市场的均衡

第五节*

欧拉定理

欧拉定理指出：如果产品市场和要素市场都是完全竞争的，而且厂商生产的规模报酬不变，那么在市场均衡的条件下，所有生产要素实际所取得的报酬总量正好等于社会所生产的总产品。该定理又叫作边际生产力分配理论，还被称为产品分配净尽定理。如上所述，要素的价格是由于要素的市场供给和市场需求共同决定。在完全竞争的条件下，厂商和消费者都被动地接受市场形成的价格。现在的问题是：要素所有者按照市场形成的要素价格获得收入，全部要素收入是否等于社会总产品？

在完全竞争的条件下，厂商使用要素的原则是：要素的边际产品价值等于要素价格。即：

$$P \cdot MP_L = W \tag{10.9}$$

$$P \cdot MP_K = r \tag{10.10}$$

由公式（10.9）和（10.10）可得：

$$MP_L = \frac{W}{P} \tag{10.11}$$

$$MP_K = \frac{r}{P} \tag{10.12}$$

P 为产品的价格，W/P 和 r/P 分别表示了劳动和资本的实际报酬。因此在完全竞争的条件下，单位劳动、单位资本的实际报酬分别等于劳动、资本的边际产量。假定整个社会的劳动总量和资本总量为 L 和 K，而社会总产品为 Q，那么就有：

$$Q = L \cdot MP_L + K \cdot MP_K \tag{10.13}$$

公式（10.13）称为欧拉分配定理。它是由于该定理的证明使用了数学上的欧拉定理而得名。

欧拉定理的证明如下；

假设生产函数为：$Q = f(L, K)$

由于规模报酬不变，所以生产函数为齐次方程，因此有：

$$\frac{Q}{L}=f\left(\frac{L}{L},\frac{K}{L}\right)=f(1,k)=\varphi(k)\quad\left(k=\frac{K}{L}\right)$$

k 为人均资本，Q/L 为人均产量，人均产量是人均资本 k 的函数。

$$\frac{\partial Q}{\partial L}=\frac{\partial[L\cdot\varphi(k)]}{\partial L}=\varphi(k)+L\cdot\frac{d\varphi(k)}{dk}\cdot\frac{dk}{dL}$$
$$=\varphi(k)+L\cdot\varphi'(k)\cdot\frac{dk}{dL}$$
$$=\varphi(k)+L\cdot\varphi'(k)\cdot\left(\frac{-K}{L^2}\right)$$
$$=\varphi(k)-k\cdot\varphi'(k)$$

$$\frac{\partial Q}{\partial K}=\frac{\partial[L\cdot\varphi(k)]}{\partial k}=L\cdot\frac{\partial\varphi(k)}{\partial k}$$
$$=L\cdot\frac{d\varphi(k)}{dk}\cdot\frac{\partial k}{\partial K}$$
$$=L\cdot\varphi'(k)\cdot\frac{1}{L}$$
$$=\varphi'(k)$$

由上面两式，即可证明欧拉定理：

$$L\cdot\frac{\partial Q}{\partial L}+K\cdot\frac{\partial Q}{\partial K}=L\cdot[\varphi(k)-k\varphi'(k)]+K\cdot\varphi'(k)$$
$$=L\cdot\varphi(k)-K\cdot\varphi'(k)+K\cdot\varphi'(k)$$
$$=L\cdot\varphi(k)$$
$$=Q$$

在规模报酬递增情况下，如果按照边际生产力分配，则产品不够分配给各个生产要素，即：

$$L\cdot\frac{\partial Q}{\partial L}+K\cdot\frac{\partial Q}{\partial K}>Q\tag{10.14}$$

在规模报酬递减情况下，如果按边际生产力进行分配，则产品在分配给各个生产要素之后还有剩余，即：

$$L\cdot\frac{\partial Q}{\partial L}+K\cdot\frac{\partial Q}{\partial K}<Q\tag{10.15}$$

证明如下：

如果生产函数 $Q=f(L,K)$ 为 r 齐次，则有：$Q=L^r\cdot\varphi(k)$

因此有：

$$\frac{\partial Q}{\partial K}=L^{r-1}\varphi'(k)$$

$$\frac{\partial Q}{\partial L}=rL^{r-1}\varphi(k)-L^{r-1}k\varphi'(k)$$

$$L\cdot\frac{\partial Q}{\partial L}+K\cdot\frac{\partial Q}{\partial K}=rL^r\varphi(k)=rQ$$

显然在规模报酬递增时，$r>1$，所以有：

$$L \cdot \frac{\partial Q}{\partial L} + K \cdot \frac{\partial Q}{\partial K} > Q$$

在规模报酬递减时，$r<1$，所以有：

$$L \cdot \frac{\partial Q}{\partial L} + K \cdot \frac{\partial Q}{\partial K} < Q$$

第六节

洛伦兹曲线和基尼系数

前面的要素价格决定理论是分配论的一个重要部分，但并不构成分配论的全部内容。分配论还包括收入分配的不平等程度的研究。于是引出洛伦兹曲线和基尼系数的研究。

一、洛伦兹曲线（Lorenz Curve）

洛伦兹曲线是由美国统计学家 M. O. 洛伦兹于 1905 年提出来的，旨在用以比较和分析一个国家在不同时代，或者与不同国家在同一时代的收入和财富的平等情况。具体做法是，首先按照经济中人们的收入由低到高的顺序排队，然后统计经济中收入最低的 10% 人群的总收入在整个经济的总收入中所占的比例，再统计经济中收入最低的 20% 人群的总收入在整个经济的总收入中所占比例……依此类推。注意：这里的人口百分比和收入百分比在统计时都是累积百分比。将得到的人口累积百分比和收入累积百分比的统计数据投影在图 10－11 中，得到一系列的点，将这一系列的点用平滑的曲线连接得到一条曲线，就是图中的 *ADY* 曲线，这条曲线就叫作洛伦兹曲线。

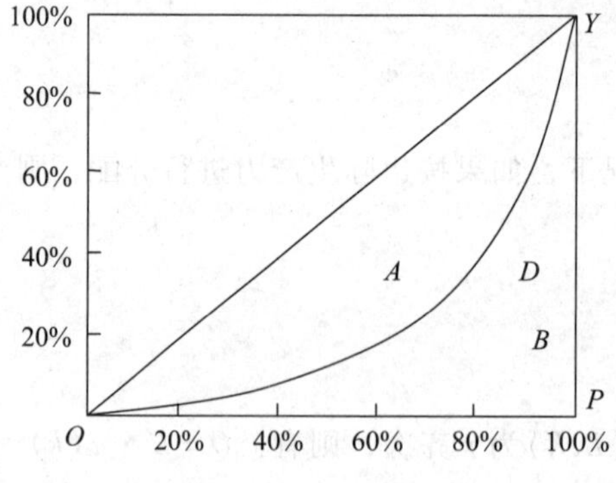

图 10－11　洛伦兹曲线

图 10－11 中的对角线 *OY* 具有特殊的含义，因为 *OY* 是 45 度线，在这条线上横坐标与纵坐标相等，即经济中收入最低的 10% 的人得到社会 10% 的收入，收入最低的 20% 的人得到社会总收入的 20%，……，也就是人口累积百分比等于收入累积百分比，因此 *OY* 表示了经济社会中每个人得到了同样的收入，因而 *OY* 又被叫作绝对平均线。而折线 *OPY* 则表示了相反的收入分配状况，它意味着经济中极少数的人得到了社会 100% 的收入，因而这条线又叫作绝对不平均线。一个国家的收入分配状况既非绝对平

均，又非绝对不平均，因而实际的洛伦兹曲线位于绝对平均线与绝对不平均线之间。洛伦兹曲线将 OYP 三角形分成了两部分，一部分为 A，另一部分为 B。显然 A 的面积越小，洛伦兹曲线与绝对平均线越接近，说明收入分配越平等，A 的面积越大，即洛伦兹曲线弯曲的弧度越大，它与绝对不平均线越接近，它所代表的收入分配就越不平等。

二、基尼系数

在洛伦兹曲线中，面积 A 部分称为"不平等面积"；面积 $A+B$ 部分称为"完全不平等面积"。不平等面积与完全不平等面积之比，称为基尼系数，是衡量一个国家贫富差距的标准。基尼系数是意大利经济学家基尼于 1922 年提出的定量测定收入分配差异程度的指标。它的经济含义是：在全部居民收入中用于不平均分配的百分比。基尼系数最小等于 0，表示收入分配绝对平均；最大等于 1，表示收入分配绝对不平均；实际的基尼系数介于 0 和 1 之间。一般认为：基尼系数小于 0.2 为高度平均，大于 0.6 为高度不平均，国际上通常将 0.4 作为警戒线。

如果基尼系数在 0.19 以下，则收入分配相当平均；

如果基尼系数在 0.19～0.25 之间，则收入分配比较平均；

如果基尼系数在 0.25～0.40 之间，则收入分配基本平均；

如果基尼系数在 0.40 以上，则收入分配很不平均，会出现社会动乱。

将基尼系数 0.4 作为监控贫富差距的警戒线，应该说，是对许多国家实践经验的一种抽象与概括，具有一定的普遍意义。但是，各国国情千差万别，居民的承受能力及社会价值观念都不尽相同，所以这种数量界限只能用作各国宏观调控的参照系，而不能成为禁锢和教条。在现实生活中，也确实有一些国家的基尼系数超过 0.4 却并没有出现大的社会动荡。

三、分配标准

西方经济学家认为：收入分配有三种标准：第一个是贡献标准，即按生产要素的价格进行分配；第二个是需要标准，即按社会成员对生活必需品的需要来分配国民收入；第三个是平均标准，即按公平的准则来分配国民收入。第一个标准有利于提高经济效益，但会引起社会的不平等；第二、三个标准有利于社会平等，但却有损于经济效率。于是引出经济学中的永恒的矛盾：公平与效率问题。但在市场经济国家中，分配原则是效率优先的，收入不公问题主要通过经济政策来解决。

本章小结

本章分三部分内容，第一部分从一般意义上对要素的供给曲线进行了证明，在要素的所有者追求效用最大化的约束下，要素的供给曲线符合供给曲线的一般特征；第二部分分别对劳动、资本、土地的供给曲线进行了证明，并在此基础上的除了工资是劳动的价格，它是由劳动的供求关系决定的，利息是资本的价格，它是由资本的供求关系决定的，地租是土地的价格，它是由土地的供求关系决定的；第三部分讨论了判断一个经济社会分配公平程度的标准——基尼系数。

【案例】

某劳动市场的供求曲线分别为 $DL=4\,000-50W$；$SL=50W$，请问：

(1) 均衡工资为多少？

(2) 假如政府对工人提供的每单位劳动征税 10 美元，则新的均衡工资为多少？

(3) 实际上对单位劳动征收的 10 美元税收由谁支付？

(4) 政府征收到的税收总额为多少？

解答：(1) 均衡时，$DL=SL$，即 $4\,000-50W=50W$，由此得到均衡工资 $W=40$。

(2) 如政府对工人提供的每单位劳动征税 10 美元，则 $50\times(W-10)=4\,000-50W$，得 $W=45$，此即征税后的均衡工资。

(3) 征税后，厂商购买每单位劳动要支付的工资变为 45 美元，而不是征税前的 40 美元。两者之间的差额 5 美元即是厂商为每单位劳动支付的税收额，工人提供每单位劳动得到 45 美元，但有 10 美元要作为税收交给政府，所以仅留下 35 美元。工人实际得到的单位工资与税前相比也少了 5 美元，这 5 美元就是他们提供单位劳动而实际支付的税款。因此，在此例中，厂商和工人恰好平均承担了政府征收的 10 美元税款。

(4) 征税后的均衡劳动雇佣量为：$50\times(W-10)=50\times(45-10)=1\,750$（美元）

政府征收到的税收总额为：$10\times1\,750=17\,500$（美元）

思考与练习

一、单项选择题

1. 随着单个劳动者的劳动供给曲线向后弯曲，劳动的市场供给曲线将（　　）。

A. 向前弯曲　　B. 向后弯曲

C. 仍保持向右上方倾斜　　D. 以上均不是

2. 劳动的市场供给曲线通常是（　　）。

A. 向后弯曲的

B. 将所有单个劳动者的劳动供给曲线沿水平相加而得

C. 自右下方向左上方倾斜

D. 以上均不是

3. 在其他情况不变时，若市场的利息率提高，任何给定的资本资产的现值将（　　）。

A. 下降，且对未来资产的预期收入越高，现值下降越多

B. 下降，且对现在而不是未来资产的预期收入越高，现值下降得越多

C. 提高，且对现在而不是未来资产的预期收入越高，现值提高得越多

D. 提高，且对未来资产的预期收入越高，现值提高得越多

4. 假定产品价格为 $\overline{P}$，其对应的产量为 $\overline{Q}$，（如图所示）则准租金应该是指（　　）部分。

A. $O\overline{P}E\overline{Q}$　　B. $P'\overline{P}EG$

C. $OP'G\overline{Q}$　　　　　　　　　　D. 以上均不是

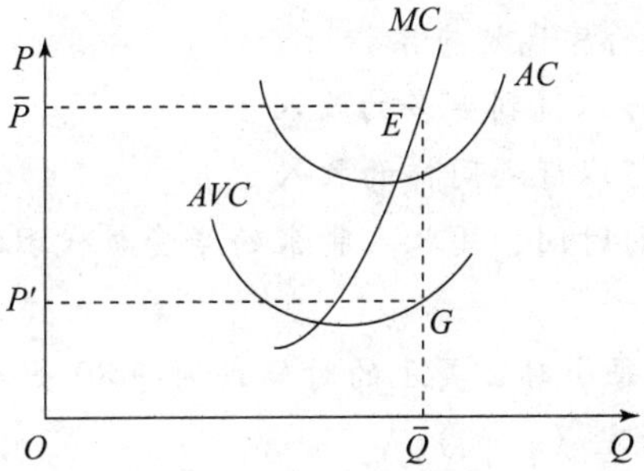

5. 土地供给曲线的形状一般应为（　　）。

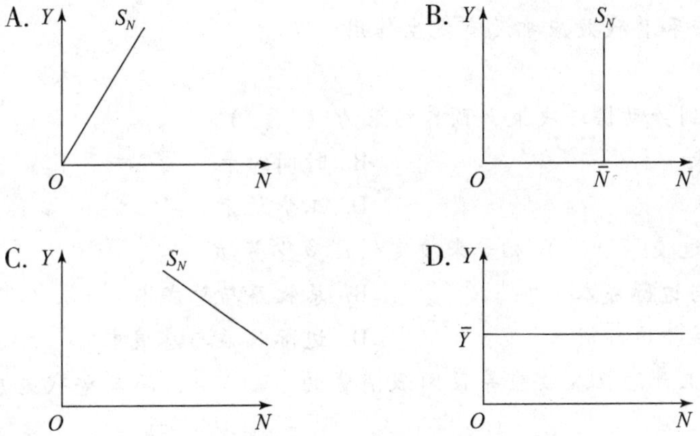

6. 对某一给定的经济社会，影响劳动力供给的因素有（　　）。

A. 标准的或法律规定的一周工作的小时数

B. 人口的总量及其年龄、性别构成

C. 妇女不能参加工作的习俗

D. 以上各项均是

7. 洛伦兹曲线的弯曲程度反映了（　　）。

A. 一个国家税收体制的效率　　　　B. 一个国家税收体制的透明度

C. 一个国家的贫困程度　　　　　　D. 一个国家收入分配的不平等程度

8. 如果一个国家的收入分配是完全平等的，则洛伦兹曲线将会（　　）。

A. 与纵轴重合　　　　　　　　　　B. 与横轴重合

C. 与45°线重合　　　　　　　　　D. 无法判断其位置

9. 一个国家基尼系数的增大将表明（　　）。

A. 该国收入分配的不平等程度在加大

B. 该国收入分配的不平等程度在减少

C. 洛伦兹曲线与横轴之间的面积在加大

D. 不平等面积在减少

10. 如果一个国家的收入分配是完全平等的，那么，该国的基尼系数将等于（　　）。

A. 0　　B. 0.75
C. 0.5　　D. 1

11. 工资率的上升导致的替代效应系指（　　）。
A. 工作同样长的时间可以得到更多的收入
B. 工作较短的时间也可以得到同样的收入
C. 工人宁愿工作更长的时间，用收入带来的享受替代闲暇带来的享受
D. 以上均对

12. 某工人在工资率为每小时2美元的时候每周挣80美元，每小时3美元的时候每周挣105美元，由此可以断定（　　）。
A. 收入效应起着主要作用
B. 替代效应起着主要作用
C. 收入效应和替代效应都没有发生作用
D. 无法确定

13. 当运用到劳动供给决策，预算约束为（　　）。
A. 效用约束　　B. 时间约束
C. 收入约束　　D. 工资约束

14. 小李通过使（　　）相等来决定供应多少劳动。
A. 总收益与边际成本　　B. 总收益与总成本
C. 边际收益与边际成本　　D. 边际收益与总成本

15. 工资率上升的收入效应导致闲暇消费的（　　），而其替代效应则导致闲暇消费的（　　）。
A. 减少，减少　　B. 减少，增加
C. 增加，增加　　D. 增加，减少

16. 工资率上升有收入效应和替代效应，两者作用相反，如果工资率一直增长到使收入效应起主要作用，则劳动供给曲线是（　　）。
A. 向上倾斜　　B. 垂直
C. 向下倾斜　　D. 向后弯曲

17. 下列说法中错误的是（　　）。
A. 经济地租属于长期分析，而准地租属于短期分析
B. 经济地租是对某些特定要素而言的，而经济利润则是对单个厂商而言的
C. 一种要素在短期内存在准地租，并不意味着长期中也存在经济利润
D. 厂商存在经济利润，则其要素存在经济地租

18. 对供给量暂时固定的生产要素的支付是所谓的（　　）。
A. 地租　　B. 租金
C. 准租金　　D. 经济租金

19. 准租金为（　　）与经济利润之和。
A. 固定总成本　　B. 变动总成本
C. 机会成本　　D. 边际成本

20. 当厂商有经济利润时，准租金（　　）固定总成本。

A. 大于　　　　　　　　　　　　B. 小于

C. 等于　　　　　　　　　　　　D. 小于或等于

21. 经济租金等于要素收入与其（　　）之差。

A. 固定成本　　　　　　　　　　B. 变动成本

C. 机会成本　　　　　　　　　　D. 平均成本

22. 一种抱怨市场的观点认为，尽管市场产生了有效的结果，但是它（　　）。

A. 一点也没有促进社会的利益

B. 可能引起不是所想要的收入分配格局

C. 需要太多的政府干涉

D. 可能减少收入的不平等

23. 持反对收入再分配观点的人抱怨，收入再分配将（　　）。

A. 使经济产出能力上升　　　　　B. 加剧收入的不平等

C. 使经济产出能力下降　　　　　D. 减少收入不平等

24. 持反对收入再分配观点的人抱怨，收入再分配将（　　）。

A. 弱化激励　　　　　　　　　　B. 加剧收入的不平等

C. 鼓励人们追求自身利益　　　　D. 减少收入的不平等

二、多项选择题

1. 地租率的大小取决于（　　）。

A. 土地的需求和供给之间的相互作用

B. 土地上生产出来的产品价格

C. 土地的边际产量

D. 土地面积的大小

E. 以上均不对

2. 不同国家之间的工资差别较大的原因在于（　　）。

A. 劳动者接受的训练和受教育的程度不同

B. 劳动的供给量不同，以及劳动在国际间流动的障碍

C. 在不同国家，劳动者能得到的资本数量不同

D. 社会性质、意识形态、文化背景不同造成的

E. 劳动者愿意接受的最低工资水平不一样

3. 以下关于下图的描述正确的有（　　）。

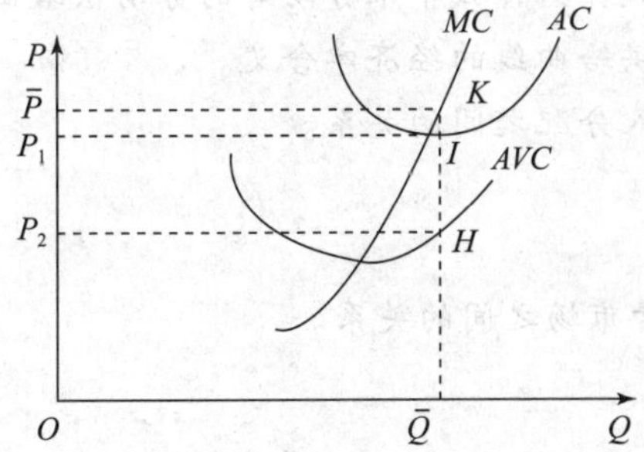

A. 矩形 $O\overline{P}K\overline{Q}$ 的面积表示总收益

B. 矩形 $P_2\overline{P}KH$ 的面积表示不变要素的准租金

C. 矩形 P_2P_1IH 的面积表示经济利润

D. 若 $P_2\overline{P}KH$ 的面积等于零则厂商已经面临了停产

E. 矩形 $P_1\overline{P}KI$ 的面积表示经济利润

4. 劳动的供给与其他产品的供给不同，它由（　　）等因素决定。

A. 劳动力的训练和质量　　B. 劳动力的年龄和性别

C. 劳动者对劳动的偏好　　D. 劳动者对休闲的偏好

E. 工资

5. 闲暇是以（　　）等来估价的。

A. 劳动　　B. 休息

C. 娱乐　　D. 家庭活动学习

6. 下列说法中正确的有（　　）。

A. 经济地租属于长期分析，而准地租属于短期分析

B. 经济地租是对某些特定要素而言的，而经济利润则是对单个厂商而言的

C. 一种要素在短期内存在准地租，并不意味着长期中也存在经济利润

D. 厂商存在经济利润，则其要素存在经济地租

E. 经济地租属于短期分析，而准地租属于长期分析

三、计算分析题

1. 假设劳动的需求曲线是 $L=-50W+450$，供给曲线是 $L=100W$，L 代表雇佣的人数，W 代表实际工资率，求：

（1）该市场的均衡工资率 W 和均衡劳动数量 L。

（2）假定政府将按受雇人数给雇主补贴将均衡工资提高到每小时 4 元，每人将补贴多少？新的就业量是多少？总的补贴额是多少？

2. 一产业对劳动的需求由曲线 $L=1\,200-10W$ 给出，其中 L 是每天的劳动需求，W 是工资率。供给曲线由 $L=20W$ 给出。均衡工资率和雇用的劳动数量是多少？工人得到的经济租是多少？

四、简答题

1. 何谓劳动的供给曲线？为什么单个劳动者的劳动供给曲线是向后弯曲的？

2. 请解释垂直的土地供给曲线的经济学含义。

3. 简述要素价格与收入分配之间的关系。

五、论述题

请谈谈产品市场和要素市场之间的关系。

第十一章

一般均衡论与福利经济学

【学习目标】

本章进一步研究包括所有产品市场和要素市场的整个经济社会的一般均衡，并论证完全竞争市场经济可以达到最优经济效率的均衡状态，提供用来评价资源最优配置的标准、条件和分析方法。通过本章的学习，基本了解如何实现所有市场的价格同时确定及各个市场的供求完全平衡；准确理解判断经济效率的帕累托最优标准，分析实现生产、交换的帕累托最优的条件，以及论证完全竞争市场经济能够达到帕累托最优效率的原因。同时运用福利经济学原理对我国体制改革有关方案实施的可行性加以分析。

【本章脉络图】

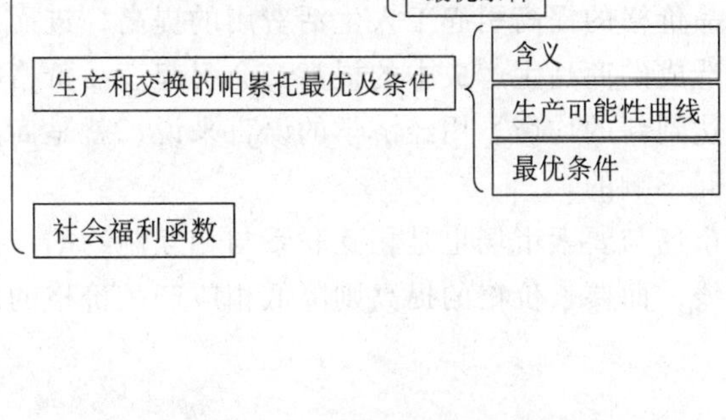

【案例】

假设甲和乙两人分10块蛋糕10个包子。甲喜欢吃蛋糕，而乙喜欢吃包子，而且甲讨厌吃包子，乙讨厌吃蛋糕（甲包子吃得越多越不开心，乙蛋糕吃得越多越不开心）。这种情形下，把10块蛋糕全部给甲，把10个包子全部给乙。因为任何其他的分配都会使得至少一个人手里拿着一些自己讨厌的东西，比如甲拥有10块蛋糕以及2个包子，乙拥有8个包子。这个时候，如果把2个包子从甲的手里转移到乙的手里，甲和乙都变得比原来更开心了，同时这样的转移并不会使得任何一方的利益受损。如何从经济学的角度理解甲乙两人的福利水平？

第一节

一般均衡问题的提出

一、一般均衡问题的提出

前文我们在讨论商品市场或者生产要素市场的局部均衡问题中，有两个假定：一是假定商品市场或者要素市场是相互独立的；二是在一个独立的商品市场或者要素市场中假定其他条件不变，只讨论某一种商品或某一种生产要素价格的决定过程。例如：在消费者行为理论或厂商生产理论中所讨论的也都是单个消费者效用最大化的均衡或单个厂商利润最大化的均衡，而没有涉及单个消费者或单个生产者行为对其他消费者与生产者的影响，或者其他消费者或生产者行为对所讨论的消费者或生产者的影响。

但是事实上，两个假定只是为了研究上的方便，商品市场或者要素市场不是相互独立的；一种商品的价格并不仅仅决定于这一商品本身的供求。

就产品市场而言，产品内部的价格决定与需求是相互影响的。A产品价格上升会引起其互替商品B与互补商品C的需求发生变化；而B、C的需求变化又反过来影响A商品的价格变化；例如：牛肉价格上升会引起猪肉需求发生变化，会引起孜然需求发生变化。

就生产要素市场而言，生产要素体系内部的价格决定与需求是相互影响的。A要素价格上升会引起其互替要素B与互补要素C的需求曲线及其价格发生变化；而B、C的需求变化又反过来影响A要素的价格变化；例如，电的价格提高后，会引起所有以电为动力所生产的商品价格的提高，比如引起煤的价格的提高，煤的价格的提高引起化肥价格的提高，化肥价格的提高引起农产品价格的提高，农产品价格的提高引起食品价格的提高，食品价格的提高引起工人生活费用的提高，进而引起工人工资的提高，因工人工资提高而造成的商品生产成本的提高又会引起商品价格的提高，……调整会不断进行厂去，直至达到新的均衡。用经济学的语言来说，就是商品市场局部均衡与要素市场局部均衡是相互影响的。

产品市场与要素市场也是相互联系与相互制约的：产品价格的提高将提高相应要素的需求曲线，而要素价格的提高则降低相应产品价格的曲线。

对于市场问题的深入研究，要求我们要将所有相互联系的各个市场看成一个整体来加以研究，即要进一步将局部均衡分析发展为一般均衡分析。

二、简单的一般均衡分析

再从一个具体的例子谈起。首先，我们来看一个简化的经济，它包括四个市场：钢铁市场、汽车市场、汽油市场、劳动市场，如图 11－1 所示。在刚开始时，四个市场都处于均衡状态，四个市场的供给曲线在图中表示为 S_A、S_B、S_C、S_D，四个市场的需求曲线分别为 D_A、D_B、D_C、D_D，前三个市场的均衡产量分别为 Q_A、Q_B、Q_C，劳动市场的均衡劳动使用量为 L_D，四个市场的均衡价格分别为 P_A、P_B、P_C、W_D。

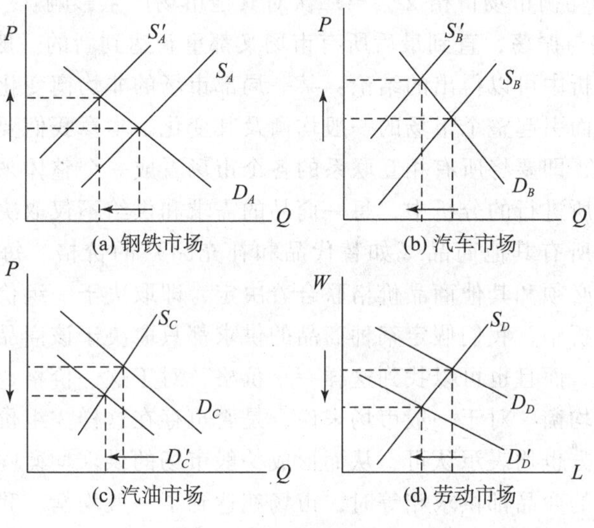

图 11－1　市场之间的相互关系

现在假设由于某种原因，比如铁矿石的价格上涨、煤炭价格上涨或者电力价格上涨等，钢铁的供给减少，即供给曲线向左移动，如图 11－1（a）所示。供给的减少将导致钢铁市场的均衡价格上升，均衡产量将下降。但事情远未到此完结，由于钢铁是汽车工业的原材料，钢铁价格的上涨会直接导致汽车工业的成本上升，这样汽车的供给也将减少，供给曲线向左移动，从而汽车的均衡价格将上升，均衡产量将下降，如图 11－1（b）。由于汽车和汽油是互补品，汽车市场的变动将会导致汽油市场的变动，从图 11－1（c）可以看出，由于汽车的需求量下降，汽油的需求将下降，需求曲线向左移动，从而汽油的均衡价格下降，均衡产量将下降。由于钢铁、汽车、汽油等行业的产量都是下降的，在技术水平和其他因素不变的前提下，这就会导致市场对劳动等要素需求的下降，从而影响到要素市场，如图 11－1（d）。由于市场对劳动需求的下降，需求曲线向左移动，结果均衡的工资水平下降到，均衡的劳动供给量也下降。

可以预测，要素市场的变化还会反过来影响到产品市场。由于劳动的工资水平下降，厂商的生产成本将下降，从而钢铁、汽车、汽油等产品的供给还会有一定的上升，均衡价格还会有所下降，均衡产量还会有一定上升。可以看出，一个市场发生的变动，会引起其他市场一系列的变动，而其他市场的变动，又会反过来导致最初发生变动的市场再次发生变动。这种市场之间的相互作用，叫作反馈效应。

可将这一模型简单地归纳：

（1）原油市场供给减少、原油价格上升对所有其他市场产生影响：①导致汽油的供给曲线向左移动，导致汽油市场供给减少、价格上升；②导致煤的需求曲线向右移动，导致其替代品煤的需求增加、价格上升；③导致小汽车的需求曲线向左移动，导致其需求下降、价格下降。

（2）所有这些其他市场价格的变化会反过来影响原油市场的局部均衡：①汽油市场的反馈效应可能使原油需求曲线左移或右移；②小汽车市场的反馈效应可能使原油需求曲线左移；③煤市场的反馈效应可能使原油需求曲线右移。

（3）新的原油均衡市场价格又会第二次对其他市场产生影响。

（4）持续调整与振荡，直到最后所有市场又都重新达到新的一般均衡状态。

从上述例子分析中可以得出的结论：某一局部市场的非均衡变化会引起其他局部市场的均衡变化，从而引起整个市场的一般均衡及其变化。本章我们要将局部均衡分析发展为一般均衡分析，即要将所有相互联系的各个市场看成一个整体来加以研究。

因此，在本章所进行的分析中，每一商品的需求和供给不仅取决于该商品本身的价格，而且也取决于所有其他商品（如替代品和补充品）的价格。每一商品的价格都不能单独地决定，而必须和其他商品价格联合着决定，即取决于一组价格。

在局部均衡分析中，我们假定某种商品的供求都只取决于该商品本身的价格而与其他商品的价格无关，而且也可以找到这样一个价格，对于这一价格，供求双方都表示认可，从而形成局部均衡。对于一般市场来说，是否也存在这样一组价格，对于这样一组价格，市场供求双方也均表示认可，从而形成一般市场的供求均衡呢？当整个经济的价格体系恰好使所有的商品都供求相等时，市场就达到了一般均衡。我们要努力解决的问题就是：是否存在这样一个均衡价格体系？

第二节

瓦尔拉斯一般均衡理论的推导①

一、瓦尔拉斯一般均衡分析的思路

法国经济学家里昂·瓦尔拉斯在论证过程中依照局部市场均衡的思路进行研究。他认为：在理论上存在这样一组价格，对于这样一组价格，市场供求双方也均表示认可，从而形成一般市场的供求均衡。他在本章中的分析思路是从简单到具体，一步步论证：设整个经济中包括 n 种商品（要素和产品）。从家户的效用最大化行为出发，可得到每种产品的需求和要素的供给。从厂商的利润最大化行为出发，则可以得到每种产品的供给和每种要素的需求。这些需求与供给都是价格体系的函数。于是，令市场需求等于市

① 本节参阅北京大学《西方经济学》朱善利版第十五章第 360 ~ 375 页。

场供给，构筑一组方程组，求解方程组，即可找出这一价格组。

第一步，先论证市场商品需求取决于所有商品和要素的价格，是价格体系的函数；

即论证：$Q_i^d = Q_i^d(P_1, \cdots, P_r; P_{(r+1)}, \cdots, P_n)$

第二步，论证市场商品供给也取决于所有商品和要素的价格，是价格体系的函数；

即论证：$Q_j^s = Q_j^s(P_1, \cdots, P_r; P_{(r+1)}, \cdots, P_n)$

第三步，又令市场需求等于市场供给；

即令：$Q_1^d = Q_1^s$，构筑一组方程组

第四步，求出方程组，即可找出这一价格组。

二、模型的基本假定

为了使分析更加清楚，瓦尔拉斯还作了一些假定：

（一）对于产品的假定

假定整个经济中有 r 种产品，各种产品的数量用 Q_1，Q_2，Q_3，…，Q_r表示，其价格则分别为 P_1，P_2，P_3，…，P_r；

假定整个经济中有 $n-r$ 种要素，各种要素的数量用 Q_{r+1}，Q_{r+2}，Q_{r+3}，…，Q_n表示，其价格分别为 P_{r+1}，P_{r+2}，P_{r+3}，…，P_n。

假定所有商品市场和要素市场均为完全竞争市场。

（二）对于家户的假定

假定整个经济中有 H 个家户。每个家户都是商品的需求者和要素的供给者。它从要素供给中得到收入，并在要素收入的约束条件下购买各种商品以使效用得到最大。

假定每一户的全部收入均来自要素供给，且将全部收入均用于消费，即既没有储蓄，也没有负储蓄。每一家户的偏好即效用函数为既定不变。

（三）对于厂商的假定

假定整个经济中有 K 个厂商。每个厂商都是要素的需求者和商品的供给者。它在生产函数的约束条件下生产各种商品以使利润达到最大。

假定每一厂商的生产函数为既定不变，没有中间产品，没有投资或负投资。

三、家户的商品需求和要素供给行为分析

分析思路：先考虑某单个家户 h 的产品需求和要素供给，然后再将所有 H 个家户的商品需求和要素供给分别相加求得每种商品的市场需求和每种要素的市场供给。

（1）设用 Q_{ih}（$i=1$，…，r）表示家户 h 对第 i 种产品 Q_i的需求，于是 h 对所有产品的需求量分别为 Q_{1h}，Q_{2h}，Q_{3h}，…，Q_{rh}；

（2）设用 Q_{jh}（$j=r+1$，…，n）表示家户 h 对第 j 种要素 Q_j的供给，于是 h 对所有要素的供给量分别为 $Q_{(r+1)h}$，$Q_{(r+2)h}$，$Q_{(r+3)h}$，…，Q_{nh}。

（3）家户 h 的效用：取决于它所消费的各种商品数量（Q_{1h}，…，Q_{rh}）以及它向市场提供的各种要素数量（$Q_{(r+1)h}$，…，Q_{nh}）。（说明：因为向市场提供各种要素会获得收入，而收入又会用于消费，从而形成效用）。

于是家户 h 的效用函数可写成：

$$U_h = U_h(Q_{1h}, Q_{2h}, Q_{3h}, \cdots, Q_{rh}; Q_{(r+1)h}, Q_{(r+2)h}, Q_{(r+3)h}, \cdots, Q_{nh}) \quad (11.1)$$

其中，U_h为家户 h 的效用函数。家户 h 的全部收入均来自其要素供给。

（4）家户 h 的全部收入与在各种商品上的支出：又由于产品和要素价格对单个家户来说是既定不变的常量（产品和要素市场均为完全竞争），且不存在储蓄和负储蓄，故家户 h 的全部收入就等于各种要素的供给与各种要素的价格乘积的数学求和：$P_{r+1}\cdot Q_{(r+1)h}+\cdots\cdots+P_n\cdot Q_{nh}$。其中，$P_{r+1}$，$P_{r+2}$，$P_{r+3}$，……$P_n$分别为各种要素的价格。家户 h 在各种商品上的支出则为 $P_1\cdot Q_{1h}+\cdots\cdots+P_r\cdot Q_{rh}$。其中，$P_1$，…，$P_r$分别为各种产品的价格。

（5）故家户 h 的预算约束即“预算线”为：

$$P_1Q_{1h}+P_2Q_{2h}+\cdots+P_rQ_{rh}=P_{(r+1)}Q_{(r+1)h}+P_{(r+2)}Q_{(r+2)h}+\cdots+P_nQ_{nh} \tag{11.2}$$

于是，家户 h 是在预算约束（11.2）的条件下，选择最优的商品消费量即商品需求量（Q_{1h}，Q_{2h}，Q_{3h}，……Q_{rh}）和最优的要素销售量即要素供给量（$Q_{(r+1)h}$，$Q_{(r+2)h}$，$Q_{(r+3)h}$，…，Q_{nh}）以使其效用函数（11.1）达到最大。

（6）根据在约束条件下的多元函数极值原理可知，家户 h 对每种商品的需求量取决于所有的商品价格和要素价格，即取决于整个经济的价格体系。于是有家户 h 对各种商品的需求函数：

$$Q_{1h}=Q_{1h}(P_1,\cdots,P_r;P_{(r+1)},\cdots,P_n) \tag{11.3}$$
$$Q_{rh}=Q_{1h}(P_1,\cdots,P_r;P_{(r+1)},\cdots,P_n)$$

同样，家户 h 对每种要素的供给量也取决于所有的商品价格和要素价格，即整个经济的价格体系。于是又有家户 h 对各种要素的供给函数：

$$Q_{(r+1)h}=Q_{(r+1)h}(P_1,\cdots,P_r;P_{(r+1)},\cdots,P_n) \tag{11.4}$$
$$Q_{nh}=Q_{nh}(P_1,\cdots,P_r;P_{(r+1)},\cdots,P_n)$$

上述对单个家户 h 的讨论也适用于所有其他家户。

（7）将所有 H 个家户对每一种产品的需求加总起来，就得到每一种产品的市场需求；与单个家户的需求情况一样，每一种商品的市场需求显然也是整个经济的价格体系的函数，即有：

$$Q_1^d=Q_1^d(P_1,\cdots,P_r;P_{(r+1)},\cdots,P_n) \tag{11.5}$$
$$Q_r^d=Q_r^d(P_1,\cdots,P_r;P_{(r+1)},\cdots,P_n)$$

其中，$Q_i^d=\sum_{h=1}^{N}Q_{ih}(i=1,\cdots,r)$为第 i 种产品的市场需求。

（8）再将所有 H 个家户对每一种要素的供给加总起来，就得到每一种要素的市场供给；与单个家户的供给情况一样，每一种要素的市场供给显然也是整个价格体系的函数。于是有：

$$Q_{(r+1)}^s=Q_{(r+1)}^s(P_1,\cdots,P_r;P_{(r+1)},\cdots,P_n) \tag{11.6}$$
$$Q_n^s=Q_n^s(P_1,\cdots,P_r;P_{(r+1)},\cdots,P_n)$$

其中，$Q_j^s=\sum_{h=1}^{N}Q_{jh}(j=r+1,\cdots,n)$为第 j 种产品的市场供给。

四、厂商的商品供给和要素需求行为分析

与前述一样，先来考察某单个厂商 k 的产品供给和要素需求，然后将所有 K 个厂商

的产品供给和要素需求分别相加求得产品的市场供给和要素的市场需求。

(1) 设用 Q_{ik} ($i=1, \cdots, r$) 表示厂商是对第 k 种产品 Q_i 的供给。于是，k 对所有产品的供给量分别为 Q_{1k}，Q_{2k}，Q_{3k}，…，Q_{rk}。

(2) 设用 Q_{jk} ($j=r+1, \cdots, n$) 表示厂商 k 对第 j 种要素 Q_j 的需求。于是，k 对所有要素的需求量分别为 $Q_{(r+1)k}$，$Q_{(r+2)k}$，$Q_{(r+3)k}$，…，Q_{nk}。

(3) 厂商在出售产品之后得到的收入为 $P_1Q_{1k}+P_2Q_{2k}+\cdots$，$P_rQ_{rk}$，在购买要素时花费的支出为 $P_{(r+1)}Q_{(r+1)k}+P_{(r+2)}Q_{(r+2)k}+\cdots\cdots P_nQ_{nk}$。于是，厂商 k 的利润函数可写成：

$$\pi_k=(P_1Q_{1k}+P_2Q_{2k}+\cdots+P_rQ_{rk})-(P_{(r+1)}Q_{(r+1)k}+P_{(r+2)}Q_{(r+2)k}+\cdots,P_nQ_{nk}) \quad (11.7)$$

其中，π_k 为厂商 k 的利润函数。于是厂商 k 的目的是选择最优的产品供给量（Q_{1k}，Q_{2k}，Q_{3k}，…，Q_{rk}）和要素需求量（$Q_{(r+1)k}$，$Q_{(r+2)k}$，$Q_{(r+3)k}$，…，Q_{nk}），以使其利润函数（11.7）式达到最大。

(4) 从形式上看，要使利润不断增大，可以不断增大产出 $Q_{ik}(i=1,\cdots,r)$，同时，不断减少投入 $Q_{jk}(j=r+1,\cdots,n)$。但实际上这是不可能的。因为产出和投入之间存在着一定的函数关系。要想不断地扩大产出，就必须不断地增加投入；而要想不断地减少投入，就不能不削减产出。任何一种产品的产出和其他各种要素的投入之间的这种关系可以用生产函数来表示：

$$Q_{1k}=Q_{1k}(Q_{(r+1)k},Q_{(r+2)k},Q_{(r+3)k},\cdots,Q_{nk}) \quad (11.8)$$
$$Q_{rk}=Q_{rk}(Q_{(r+1)k},Q_{(r+2)k},Q_{(r+3)k},\cdots,Q_{nk})$$

于是，厂商 k 实际上是在生产函数（11.8）式的约束条件下，实现利润函数（11.7）式的最大化的。

(5) 再根据有约束条件的多元函数极值原理可知，厂商 k 对每种产品的供给量取决于所有产品和要素的价格即整个价格体系。于是有厂商 k 的商品供给函数：

$$Q_{1k}=Q_{1k}(P_1,\cdots,P_r;P_{(r+1)},\cdots,P_n) \quad (11.9)$$
$$Q_{rk}=Q_{rk}(P_1,\cdots,P_r;P_{(r+1)},\cdots,P_n)$$

厂商 k 对每种要素的需求量亦为整个价格体系的函数：

$$Q_{(r+1)k}=Q_{(r+1)k}(P_1,\cdots,P_r;P_{(r+1)},\cdots,P_n) \quad (11.10)$$
$$Q_{nk}=Q_{nk}(P_1,\cdots,P_r;P_{(r+1)},\cdots,P_n)$$

(6) 上述对单个厂商 k 的讨论也适用于所有其他厂商。将所有 K 个厂商对每一种产品的供给加总起来，就得到每一种产品的市场供给；与单个厂商的供给情况一样，每一种产品的市场供给显然也是整个价格体系的函数：

$$Q_1^s=Q_1^s(P_1,\cdots,P_r;P_{(r+1)},\cdots,P_n) \quad (11.11)$$
$$Q_r^s=Q_r^s(P_1,\cdots,P_r;P_{(r+1)},\cdots,P_n)$$

其中，$Q_i^s=\sum_{k=1}^{k}Q_{ik}(i=1,\cdots,r)$ 为第 i 种产品的市场供给。

(7) 再将所有 K 个厂商对每一种要素的需求加总起来，就得到每一种要素的市场需求；与单个厂商的需求情况一样，要素的市场需求显然也是价格体系的函数：

$$Q_{(r+1)}^d=Q_{(r+1)}^d(P_1,\cdots,P_r;P_{(r+1)},\cdots,P_n) \quad (11.12)$$
$$Q_n^d=Q_n^d(P_1,\cdots,P_r;P_{(r+1)},\cdots,P_n)$$

其中，$Q_j^d = \sum_{k=1}^{k} Q_{jh}(j = r+1, \cdots, n)$ 为第 j 种产品的市场需求。

五、商品市场和要素市场的一般均衡

上面分别讨论了家户从而市场的产品需求和要素供给，以及厂商从而市场的产品供给和要素需求。现在可以将它们综合起来考察所有产品和要素市场的一般均衡问题。

(一) 市场的需求方面

已知所有 r 个商品其市场的需求函数为：

$$Q_1^d = Q_1^d(P_1, \cdots, P_r; P_{(r+1)}, \cdots, P_n) \tag{11.13}$$

$$Q_r^d = Q_r^d(P_1, \cdots, P_r; P_{(r+1)}, \cdots, P_n)$$

所有 $n-r$ 个要素其市场的需求函数为：

$$Q_{(r+1)}^d = Q_{(r+1)}^d(P_1, \cdots, P_r; P_{(r+1)}, \cdots, P_n) \tag{11.14}$$

$$Q_n^d = Q_n^d(P_1, \cdots, P_r; P_{(r+1)}, \cdots, P_n)$$

如果将产品和要素统统不加区别地看成为商品，则整个经济就共有 n 种商品（r 种产品，$n-r$ 种要素），n 个商品价格。于是这 n 种商品的需求函数就可以更加简洁地表示成为 n 个商品价格的函数，即：

$$Q_1^d = Q_1^d(P_1, \cdots, P_n) \tag{11.15}$$

$$Q_n^d = Q_n^d(P_1, \cdots, P_n)$$

或

$$Q_i^d = Q^d(P_1, \cdots, P_n)$$

(二) 市场的供给方面

已知所有 r 个产品其市场的供给函数为：

$$Q_1^s = Q_1^s(P_1, \cdots, P_r; P_{(r+1)}, \cdots, P_n) \tag{11.16}$$

$$Q_r^s = Q_r^s(P_1, \cdots, P_r; P_{(r+1)}, \cdots, P_n)$$

所有 $n-r$ 个要素其市场的供给函数为：

$$Q_{(r+1)}^s = Q_{(r+1)}^s(P_1, \cdots, P_r; P_{(r+1)}, \cdots, P_n) \tag{11.17}$$

$$Q_n^s = Q_n^s(P_1, \cdots, P_r; P_{(r+1)}, \cdots, P_n)$$

于是，将产品和要素统统看成商品后，整个经济体系的 n 个商品的市场供给函数可简洁地表示为：

$$Q_1^s = Q_1^s(P_1, \cdots, P_n) \tag{11.18}$$

$$Q_n^s = Q_n^s(P_1, \cdots, P_n)$$

或

$$Q_i^s = Q_i^s(P_1, \cdots, P_n) \qquad i = 1, \cdots, n$$

(三) 经济体系的一般均衡条件

要使整个经济体系处于一般均衡状态，就必须使所有的 n 个商品市场都同时达到均衡，即所有 n 个市场的需求和供给都相等，用公式来表示就是：

$$Q_1^d(P_1, \cdots, P_n) = Q_1^s(P_1, \cdots, P_n) \tag{11.19}$$

$$Q_n^d(P_1, \cdots, P_n) = Q_n^s(P_1, \cdots, P_n)$$

现在的问题是：是否存在一组价格（$P_1^*,\cdots,P_n^*$）恰好使得上述一般均衡的条件（11.19）式成立？

六、一般均衡的存在性：瓦尔拉斯的证明

在上述一般均衡条件（11.19）式中，一共有 n 个方程，同时也有 n 个变量，即 n 个价格 P_1，…，P_n 须要决定。但是瓦尔拉斯认为，在这 n 个价格中，有一个可以作为“一般等价物”（numeraire）来衡量其他商品的价格。例如，可以让第一种商品的价格为“一般等价物”，即令 $P_1=1$；于是，所有其他商品的价格就是它们各自同第一种商品交换的比率。这样一来，均衡条件中的变量就减少了一个，即现在须要决定的未知数是 $n-1$ 个价格。

另一方面，如果用 P_1，…，P_n 顺次去乘一般均衡条件中的第1式，…，第 n 式的等式两边，则有：

$$P_i \cdot Q_i^d = P_i \cdot Q_i^s \quad i=1,\cdots,n$$

再将这 n 个等式加总起来，可得到一个恒等式：

$$\sum_{i=1}^{n} P_i \times Q_i^d = \sum_{i=1}^{n} P_i \times Q_i^s \tag{11.20}$$

之所以是恒等式，是因为在上式的左右两边都代表同一个社会成交量。这个恒等式被称为瓦尔拉斯定律。由瓦尔拉斯定律可知，在一般均衡条件（11.19）式中那 n 个联立方程并非都是相互独立的，其中有一个可以从其余 $n-1$ 个中推出。例如，由其余 $n-1$ 个方程通过瓦尔拉斯定律可推出第一个方程。为此，将瓦尔拉斯定律展开如下：

$$P_1 \times Q_1^d + \sum_{i=1}^{n} P_i \times Q_i^d \equiv P_1 \times Q_1^s + \sum_{i=1}^{n} P_1 \times Q_1^s$$

如果在一般均衡条件中，所有从2到 n 的其余 $n-1$ 个等式均成立，则上述公式简化为：

$$P_1 \cdot Q_1^d = P_1 \cdot Q_1^s$$

亦即 $Q_1^d = Q_1^s$

从而，第一个等式成立。

因此，在一般均衡条件中，须要决定的未知数是 $n-1$ 个，独立方程的数目也是 $n-1$ 个。瓦尔拉斯认为，在一般均衡条件中，$n-1$ 个独立方程可以唯一地决定 $n-1$ 个未知数即 $n-1$ 个价格，从而得到结论：存在一组价格，使得所有市场的供给和需求都恰好相等，亦即存在着整个经济体系的一般均衡。

七、一般均衡的“试探过程”

即使确实存在着一般均衡状态，即存在着一组价格，能使每一个市场的供求相等，还有一个问题须要解决：实际的经济体系是否会达到这个一般均衡状态呢？

如果现行价格恰好为均衡价格，使得所有市场都达到供求一致，则在这种情况下，实际经济体系当然就处于一般均衡状态上不再变化。但是，如果现行价格并不等于均衡值呢？这时，麻烦就可能出现：实际的交易可能会发生在“错误”的价格水平上。交易者并不知道均衡价格在什么水平上；或者，他们可以通过价格的不断调整来确定均衡

状态，但这种调整过程也许需要很长时间，在其完成之前不能保证不发生交易。一旦发生“错误”的交易，则瓦尔拉斯的一般均衡体系就未必能成立。

为了避免上述困难，瓦尔拉斯假定，在市场上存在一位“拍卖人”。该拍卖人的任务是寻找并确定能使市场供求一致的均衡价格。他寻找均衡价格的方法如下：首先，他随意报出一组价格，家户和厂商根据该价格申报自己的需求和供给。如果所有市场供求均一致，则他就将该组价格固定下来，家户和厂商就在此组价格上成交；如果供求不一致，则家户和厂商可以抽回自己的申报，而不必在错误的价格上进行交易。拍卖者则修正自己的价格，报出另一组价格。改变价格的具体做法是：当某个市场的需求大于供给时，就提高该市场的价格，反之，则降低其价格。这就可以保证新的价格比原先的价格更加接近于均衡价格。如果新报出的价格仍然不是均衡价格，则重复上述过程，直到找到均衡价格为止。这就是瓦尔拉斯体系中达到均衡的所谓“试探过程”。

尽管瓦尔拉斯的一般均衡理论具有重大的历史意义，然而其证明一般均衡存在性的解方程组的方法在数学上却是不能成立的。一般均衡存在性的严格证明是由法国经济学家德布鲁和美国经济学家阿罗给出的。他们利用集合论、拓扑学等数学方法证明：在极为严格的假定条件下，一般均衡是存在的。

一般均衡的研究在理论上可以说是证明市场经济完善与效率的很重要的部分，使微观经济学更为完整。但是，市场运行的实际并非理论描述的那样完美，在现实中，单一产品市场的均衡都是难以实现和维持的，所有产品市场和要素市场的同时均衡更是不可能实现的。这种研究如同向人们描述华丽的宫殿的同时，还未解决居住问题一般。

第三节

实证经济学和规范经济学

一、实证经济学和规范经济学的基本含义

实证经济学研究实际经济体系是怎样运行的，它对经济行为做出有关的假设，根据假设分析和陈述经济行为及其后果，并试图对结论进行检验。简言之。所研究的是“是什么”的问题，或者说是人类所面临的实际经济问题“是如何解决”的问题。例如，我们在上一章中，从一系列假定出发，说明了整个经济体系中存在这样一组价格，使得所有商品的供求都恰好相等。规范经济学所研究的是“应该是什么”的问题，或者说是人类所面临的实际经济问题应该如何解决的问题。他们试图从一定的社会价值判断标准出发，根据这些标准，对一个经济体系的运行进行评价，并进一步说明一个经济体系应当怎样运行，以及为此提出相应的经济政策。

二、实证经济学和规范经济学的区别

1. 分析的依据不同

实证经济学为了使经济学具有客观科学性，就要避开价值判断问题；规范经济学要

判断某一具体经济事物的好坏，则从一定的价值判断出发来研究问题。

2. 要解决的问题不同

实证经济学要解决“是什么”的问题；即要确认事实本身，研究经济本身的客观规律与内在逻辑，分析经济变量之间的关系，并用于进行分析与预测；规范经济学要解决“应该是什么”的问题，即要说明事物本身是好还是坏，是否符合某种价值判断，或者对于社会有什么积极意义。

3. 所得出的结论客观程度不同

实证分析学的内容具有客观性，所得出的结论可以根据事实来检验，也不会以人们的意志为转移；规范经济学本身没有客观性，它所得出的结论要受到不同价值观念的影响。

微观经济学采用的分析方法主要是实证分析法，在假定的条件下，企业与个人会有什么样的行为，福利经济学是一种规范经济学。实证分析与规范分析较之定性分析与定量分析是两类不同的范畴，不应将这两类范畴相混淆。定性分析不一定带有价值判断，因此可能是一种实证分析。

第四节

社会效率的标准

如何判断各种不同的资源配置的优劣，以及确定所有可能的资源配置中的最优资源配置呢？我们可以从一个具体例子谈起。例如：面包和米粉，哪一种更好吃？由此引出帕累托标准。

一、单一的个人的判断标准

现有单个人甲对两种资源配置状态 A、B 判别其优劣。只有 3 种情况：

$A>B$；$A<B$；$A=B$

式中，符号“>”“<”“=”分别表示甲的 3 种看法；同样地，单个人乙对两种资源配置状态 A、B 判别其优劣也只有 3 种情况：

$A>'B$；$A<'B$；$A='B$

式中，符号“>′”“<′”“=′”分别表示乙的 3 种看法；

二、从社会来看的判断标准

从整个社会（至少两人以上）来看，这两种资源配置状态 A 和 B 谁优谁劣呢？由于甲有 3 种可能的选择，乙也有 3 种可能的选择，因此从整个社会来看就存在有 9 种可能的选择情况；

（1）$A>B$，$A>'B$　　（2）$A>B$，$A='B$　　（3）$A>B$，$A<'B$

（4）$A=B$，$A>'B$　　（5）$A=B$，$A='B$　　（6）$A=B$，$A<'B$

（7）$A<B$，$A>'B$　　（8）$A<B$，$A='B$　　（9）$A<B$，$A<'B$

这9种可能的选择情况，按甲和乙的不同态度可分为三大类型。第一类型是甲和乙的意见完全相反。这包括上述第（3）和（7）两种情况；第二类型是甲和乙的意见完全相同，这包括第（1）、（5）和（9）三种情况；第三类型是甲和乙的意见基本一致。这包括剩余的第（2）、（4）、（6）和（8）四种情况。

首先来看第一类型。如甲和乙的意见完全相反，则是否能够从社会的角度对状态 *A* 和 *B* 的优劣做出明确的说明呢？这里显然遇到了麻烦。除非能够假定甲的意见（或者乙的意见）无关紧要，从而可以不加考虑，否则不能判断 *A* 与 *B* 的优劣。换句话说，在这种情况下，从社会的观点看，状态 *A* 与 *B* 是“不可比较的”，即没有任何“客观”的标准对它们进行判断。如果去掉不可比较的第一类型的两种情况，则剩下的其余两种类型共7种情况均可看成是可以比较的。这7种可以比较的情况，按它们形成的社会观点可以重新分类如下：

（1）*A* 优于 *B*：如果甲和乙中至少有一人认为 *A* 优于 *B*，而没有人认为 *A* 劣于 *B*，则从社会的观点看有 *A* 优于 *B*。

（2）*A* 与 *B* 无差异：如果甲和乙都认为 *A* 与 *B* 无差异，则从社会的观点看有 *A* 与 *B* 无差异。

（3）*A* 劣于 *B*：如果甲和乙中至少有一人认为 *A* 劣于 *B*，而没有人认为 *A* 优于 *B*，则从社会的观点看有 *A* 劣于 *B*。

三、帕累托标准

意大利经济学家帕累托（V · Pareto）认为：如果两人中至少有一人认为 *A* 优于（或劣于）*B*，而没有人认为 *A* 劣（或优）于 *B*，则从社会的观点看有 *A* 优（或劣）于 *B*。如果两人都认为 *A* 与 *B* 无差异，则从社会的观点看，亦有 *A* 与 *B* 无差异。

推论：如果至少有一人认为 *A* 优于 *B*，而没有人认为 *A* 劣于 *B*，则从社会的观点看有 *A* 优于 *B*。这就是帕累托最优状态标准，简称帕累托标准。

如果改变资源的配置状况能使至少一个人的处境改善，并且没有人的处境因此而变坏，那么这种改进就是有利的，并能增加社会福利，这叫帕累托改进。

对于某种既定的资源状态，如果所有的帕累托改进都不存在，则称这种资源状态为帕累托最优状态。一方面，帕累托最优是指没有进行帕累托改进余地的状态；另一方面，帕累托改进是达到帕累托最优的路径和方法。帕累托最优是公平与效率的“理想王国”。满足帕累托最优状态就是具有经济效率的，否则就是缺乏经济效率的。

第五节

交换的帕累托最优及其条件

本节开始论述达到帕累托最优状态所必须满足的条件。

一、交换的帕累托最优的含义

两种既定数量的产品在两个消费者之间的最优分配，如能使各自达到效用的最大化就是最优（两种既定数量的产品在两个消费者之间的分配，使两个消费者的利益达到最大化）。假定 A、B 进行交换。如果交换使双方都感到最大满足，这就被称作最优交换。假定 A 有产品 X，B 有产品 Y，交换中必须使 A 与 B 两人的 X 对 Y 的边际替代率相等，这样双方才满意。

二、交换的帕累托最优条件

（一）分析过程

1. 埃奇渥斯盒状图的导入

埃奇渥斯盒状图是英国经济学家埃奇渥斯（F・Y Edgeworth）于 19 世纪末建立的，他运用这一盒状图来说明交换的帕累托最优状态及其最优条件。在埃奇渥斯盒状图的全部可能的产品分配状态之中，哪一些符合帕累托最优状态呢？

2. 引入无差异曲线（如图 11－2 所示）

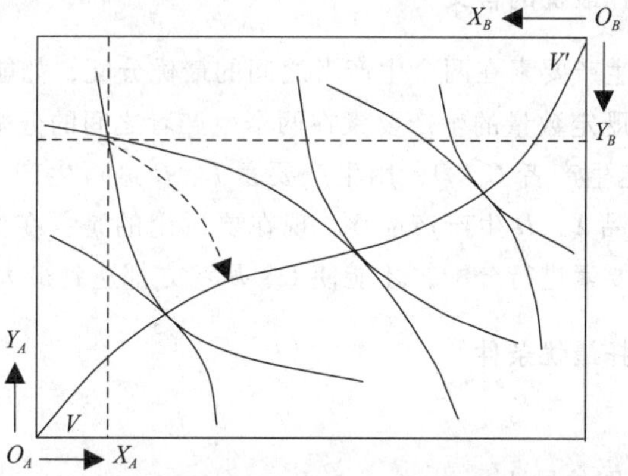

图 11－2　交换的帕累托最优

3. 分析

选择任意点进行最优分析；通过分析，推出结论：

（1）在交换的埃奇渥斯盒状图中，任意一点，如果它处在消费者 A 和 B 的两条无差异曲线的交点上，则它就不是帕累托最优状态，因为在这种情况下，总存在帕累托改进的余地。

（2）在交换的埃奇渥斯盒状图中，任意一点，如果它处在消费者 A 和 B 的两条无差异曲线的切点上，则它就是帕累托最优状态，并称之为交换的帕累托最优状态。因为在这种情况下，不存在帕累托改进的余地。

（3）所有无差异曲线的切点的轨迹构成曲线 VV′，叫作交换的契约曲线，它表示两种产品在两个消费者之间的所有最优分配（即帕累托最优状态）的集合。

⑷给定任何不在曲线 VV′上的点，总存在比它更好的点，这些点在曲线 VV′上。

（二）交换的帕累托最优条件

从交换的帕累托最优状态可以得到交换的帕累托最优条件：交换的帕累托最优状态点是无差异曲线的切点，交换的帕累托最优条件是在该切点上两条无差异曲线的斜率相等。

如用边际替代率的术语来表示就是：要使两种商品 X、Y 在两个消费者 A、B 之间的分配达到帕累托最优状态，则对于这两个消费者来说，这两种商品的边际替代率分别必须相等，即

$$RCS_{XY}^{A} = RCS_{XY}^{B}$$

第六节

生产的帕累托最优及其条件

一、生产的帕累托最优的含义

两种既定数量的生产要素在两个生产者之间的最优分配，如能使各自达到产量的最大化就是最优（两种既定数量的生产要素在两个生产者之间的分配，使两个生产者的利益达到最大化）。假定生产者 C、D，用生产要素 L、G 进行生产，分别生产 X、Y 两种产品。假定 C 生产产品 X，D 生产产品 Y。现在要讨论的是：在生产要素 L、G 一定的情况下，如何对生产要素进行分配，才能使 C、D 双方都达到最大产量。

二、生产的帕累托最优条件

（一）分析过程

1. 埃奇渥斯盒状图的导入

本节的讨论与上节非常相似。我们仍用埃奇渥斯盒状图的工具来分析两种既定数量的生产要素在两个生产者之间的分配。在埃奇渥斯盒状图的全部可能的要素分配状态之中，哪一些符合帕累托最优状态呢？

2. 等产量曲线（如图 11－3 所示）

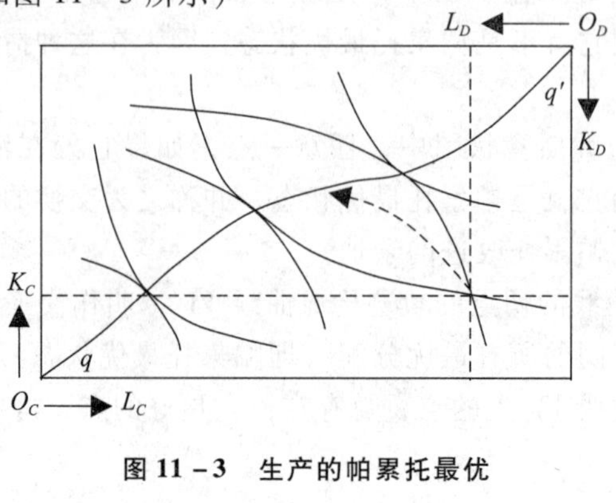

图 11－3 生产的帕累托最优

3. 分析

选择任意点进行最优分析；通过分析，推出结论：

（1）在生产的埃奇渥斯盒状图中，任意一点，如果它处在生产者 C 和 D 的两条等产量线的交点上，则它就不是帕累托最优状态，因为在这种情况下，总存在帕累托改进的余地；

（2）在生产的埃奇渥斯盒状图中，任意一点，如果它处在生产者 C 和 D 的两条等产量线的切点上，则它就是帕累托最优状态，并称之为生产的帕累托最优状态。因为在这种情况下，不存在帕累托改进的余地。

（3）所有等产量线的切点的轨迹构成曲线 qq'，叫作生产的契约曲线（或效率曲线），它表示两种要素在两个生产者之间的所有最优分配（即帕累托最优状态）的集合。

⑷给定任何不在曲线 qq'上的点，总有比它更好的点，这些点在曲线 qq'上。

（二）生产的帕累托最优条件

从生产的帕累托最优状态可以得到生产的帕累托最优条件：生产的帕累托最优状态点是等产量线的切点，生产的帕累托最优条件是在该切点上两条等产量线的斜率相等。

如用边际替代率的术语来表示就是：要使两种要素 L、K 在两个生产者 C、D 之间的分配达到帕累托最优状态，则对于这两个生产者来说，这两种要素的边际替代率分别必须相等。即

$$RTS_{LK}^{C} = RTS_{LK}^{D}$$

可以举一个简单的数字例子来说明上述最优条件。假定在初始的分配中，生产者 C 的边际技术替代率 RTS_{LK}^{C}等于 3，生产者 D 的边际技术替代率 RTS_{LK}^{D}等于 5。这意味着 C 愿意放弃 1 单位的 L 来的换不少于 3 单位的 K。因此，C 若能用 1 单位 L 交换到 3 单位以上的 K，就增进了自己的福利；另一方面，D 愿意放弃不多于 5 单位的 K 来交换 1 单位的 L。因此，D 若能以 5 单位以下的 K 交换到 1 单位的 L，就增进了自己的福利。由此可见，如果生产者 C 用 1 单位的 L 交换 4 单位的 K，而生产者 D 用 4 单位 K 交换 1 单位 L，则它们两个人的福利都得到了提高。只要两个生产者的边际技术替代率不相等，上述这种重新分配（使某些生产者好起来而不使其他生产者坏下去）总是可能的。

第七节

交换和生产的帕累托最优及其条件

一、交换和生产的帕累托最优的含义

这是指两种既定数量产品的组合，既能使社会的交换达到最优，消费者的效用达到最大化，又能使社会的生产达到最优状态，即生产者的产量达到最大化（两种既定数量产品的组合，使生产者的利益与消费者的利益都最大化）。

二、问题和假定

整个经济只包括两个消费者 A 和 B，它们在两种产品 X 和 Y 之间进行选择；

整个经济只包括两个生产者 C 和 D，它们在两种要素 L 和 K 之间进行选择以生产两种产品 X 和 Y；且假定 C 生产 X，D 生产 Y。

假定消费者的效用函数即无差异曲线簇为给定不变，生产者的生产函数即等产量线簇为给定不变。

三、生产可能性曲线（产品转换曲线）（social transformation curve）

（一）生产可能性曲线

我们知道，图 11－3 中的生产契约线 qq'代表了所有生产的帕累托最优状态的集合。具体说来，生产契约线 qq'上的每一点均表示两种投入在两个生产者之间的分配为最优，即表示最优投入。但仔细观察，我们会发现，生产契约线 qq'还向我们提供了另一有用的信息，即在该曲线上的每一点也表示了一定量投入要素在最优配置时所能生产的一对最优产出（曲线上的每一点对应一对相切的等产量曲线，一条曲线代表 X 的最优产量，另一条与之相切的曲线代表 Y 的最优产量）。于是引出生产可能性曲线：遍取生产契约线 qq'上的每一点，可得到相应的所有的 X、Y 的最优产出量；利用另一坐标图，可以画出 X、Y 最优产出量的轨迹。这一轨迹被称为生产可能性曲线 pp'，是 X、Y 最优产出量集合的几何表示，如图 11－4 所示。

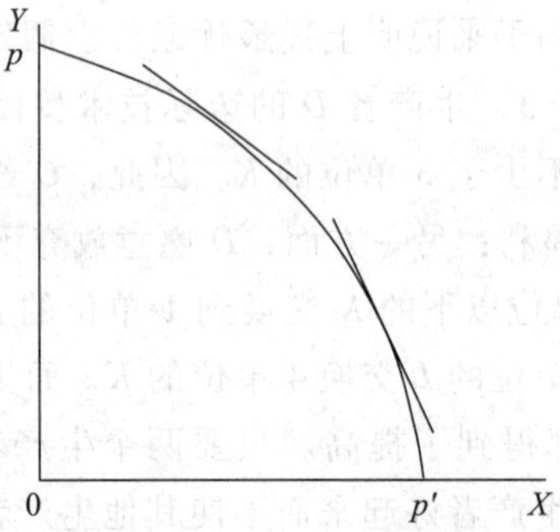

图 11－4　生产可能性线

（二）生产可能性曲线的特点

生产可能性曲线 pp'具有两个特点：

第一，它向右下方倾斜。这一特点容易解释。从生产的契约曲线 qq'可知：当沿着该曲线运动时，一种产出的增加必然伴随着另一种产出的减少，即在最优产出量中，两种最优产出的变化是相反的。这种情况在生产可能性曲线中的表现就是：当我们从点 e'' 移到点 c'' 时，X 产出增加了，但 Y 的产出量却下降了。这种反方向的变化说明两种最优产出之间是一种“转换”关系，即可以通过减少某种产出数量来增加另一种产出的数量。于是引出产品的边际转换率的概念：

$$MRT = \lim \left| \frac{d_y}{d_x} \right|$$

第二，它向右上方凸出。如果借用产品的边际转换率这个概念，则可以将生产的可能性曲线的第二个特点描述为：产品的边际转换率递增。

（三）生产不可能性区域和生产无效率区域

生产可能性曲线 pp'将整个产品空间分为三个互不相交的组成部分：曲线 pp'本身；曲线 pp'右上方区域；曲线 pp'左下方区域。右上方区域是所谓“生产不可能性区域”；左下方区域则是“生产无效率”区域。

生产可能性曲线的位置高低取决于投入要素的数量和技术状况。如果要素数量或者技术状况发生了变化，则可能生产的最大产出组合就可能发生变化，从而生产可能性曲线的位置就可能发生变化。

四、生产和交换的帕累托最优条件

生产和交换的帕累托最优点，即生产和交换最优条件的结合点，就是无差异曲线与生产可能性曲线 pp'的相切之点 P。在切点 P 上，整个社会的交换和生产都达到了最佳状态，如图 11－5 所示。

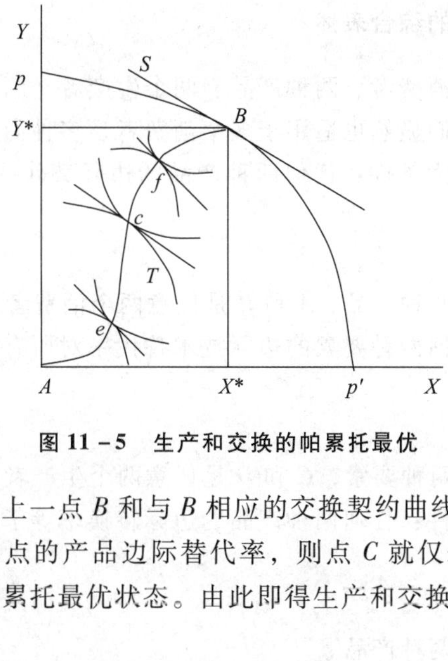

图 11－5　生产和交换的帕累托最优

给定生产可能性曲线上一点 B 和与 B 相应的交换契约曲线上一点 C，只要 B 点的产品的边际转换率不等于 C 点的产品边际替代率，则点 C 就仅表示交换的帕累托最优状态，而非生产和交换的帕累托最优状态。由此即得生产和交换的怕累托最优条件：

$$RCS_{XY} = RPT_{XY} \tag{11.21}$$

即产品的边际替代率等于边际转换率。

五、总结

本节的讨论可以总结如下：给定两种生产要素的既定数量 L 和 K（及两个生产者），则以 L 和 K 可以构造一个生产的埃奇渥斯盒状图。在生产的埃奇渥斯盒状图中加进两个生产者的生产函数即等产量线，由等产量线切点的轨迹可以得到生产契约曲线 qq'，qq'上任一点满足生产的帕累托最优条件。此外，qq'上任一点表示一个最优的产出组合（X，Y），所有最优产出组合的轨迹即为生产可能性曲线 pp'。在生产可能性曲线上任选一点 B，则就给定了一对最优产出组合（X，Y）。以 X 和 Y 可构造一个交换的埃奇渥斯盒状图。在埃奇渥斯盒状图中加进两个消费者的效用函数即无差异曲线，则由这些无差异曲线的切点轨迹可得到交换的契约曲线 VV'。VV'上任意一点满足交换的帕累托最优。如果 VV'上有一点，如 e，此时点 e 亦满足生产和交换的最优。

第八节

完全竞争和帕累托最优状态

上一章说明了完全竞争在一定的假定条件下，存在一般均衡状态。本章前几节又描述了经济的帕累托最优状态。现在大家可能就要问：完全竞争经济的一般均衡状态是否实现了帕累托最优呢？本节论述西方学者对这一问题的回答。西方经济学的基本结论是：任何完全竞争经济的一般均衡状态就是帕累托最优状态，同时，任意帕累托最优状态也都可由一套竞争价格来实现。

一、帕累托最优条件的综合表述

尽管前几节是在两个消费者、两种产品、两个生产者、两种投入要素的简单情况下推导出这些条件的，但它们显然也适用于多个消费者、多种商品、多个生产者、多种要素的一般情况。交换的最优条件：任何两种产品的边际替代率对所有的消费者都相等。用公式表示即是：

$$RCS_{XY}^{A} = RCS_{XY}^{B} \qquad (11.22)$$

其中，X 和 Y 是任意两种产品，A 和 B 是任意两个消费者。

生产的最优条件：任何两种要素的边际技术替代率对所有生产者都相等。用公式表示即是：

$$RTS_{LK}^{C} = RTS_{LK}^{D} \qquad (11.23)$$

其中，L 和 K 是任意两种要素，C 和 D 是任意两个生产者。

生产和交换的最优条件：任何两种产品的边际转换率等于它们的边际替代率。用公式表示即是：

$$RCS_{XY} = RPT_{XY} \qquad (11.24)$$

其中，X 和 Y 是任意两种产品。

当上述三个边际条件均得到满足时，称整个经济达到了帕累托最优状态。

二、完全竞争经济下，帕累托最优状态的实现过程

我们知道，完全竞争经济在一些假定条件下存在着一般均衡状态，即存在一组价格，使得所有商品的需求和供给都恰好相等（这里不考虑自由商品）。设这一组均衡价格为 P_x，P_y，$\cdots P_l$，P_k，$\cdots$。式中，P_x，P_y，$\cdots$分别表示商品 X，$Y\cdots$的均衡价格，P_l，P_k，$\cdots$分别表示要素 L，$K\cdots$的价格。在完全竞争条件下，每个消费者和每个生产者均是价格的接受者，它们将在既定的价格下来实现自己的效用最大化和利润最大化。换句话说，均衡价格体系 P_x，P_y，$\cdots P_l$，P_k，$\cdots$对所有消费者和生产者均是相同的。

（一）完全竞争经济中，交换的帕累托最优状态的实现

任意一个消费者例如 A 在完全竞争条件下的效用最大化条件是对消费者 A 来说，任意两种商品的边际替代率等于这两种商品的价格比率，即有：

$$RCS_{XY}^{A}=P_X/P_Y \tag{11.25}$$

同样的，其他消费者如 B 在完全竞争条件下的效用最大条件是对 B 而言，任意两种产品的边际替代率等于这两种产品的价格比率，即；

$$RCS_{XY}^{B}=P_X/P_Y \tag{11.26}$$

由（11.25）式和（11.26）式即得到：

$$RCS_{XY}^{A}=RCS_{XY}^{B}$$

也就是说，只要是完全竞争条件，均衡价格的存在使得等式 $RCS_{XY}^{A}=RCS_{XY}^{B}$ 就一定成立。而这一等式就是交换的帕累托最优条件（11.22）式。等式的成立也就说明一定就有交换的帕累托最优状态。因此，在完全竞争经济中，产品的均衡价格满足了交换的帕累托最优条件，实现了交换的帕累托最优状态。

（二）完全竞争经济中，生产的帕累托最优状态的实现

在完全竞争经济中，任意一个生产者例如 C 的利润最大化条件之一是对生产者 C 来说，任意两种要素的边际技术替代率等于这两种要素的价格比率，即有

$$RTS_{LK}^{C}=P_L/P_K \tag{11.27}$$

同样地，其他生产者如 D 在完全竞争条件下的利润最大化条件是对 D 而言，任意两种要素的边际技术替代率等于这两种要素的价格比率，即：

$$RTS_{LK}^{D}=P_L/P_K \tag{11.28}$$

由（11.27）式和（11.28）式即得到：

$$RTS_{LK}^{C}=RTS_{LK}^{D}$$

也就是说，只要是完全竞争条件，均衡价格的存在使得等式 $RTS_{LK}^{C}=RTS_{LK}^{D}$ 就一定成立。而这一等式就是生产的帕累托最优条件（11.23）式。等式的成立也就说明一定就有生产的帕累托最优状态。因此，在完全竞争经济中，要素的均衡价格满足了生产的帕累托最优条件，实现了生产的帕累托最优状态。

（三）完全竞争经济中，生产和交换的帕累托最优状态的实现

现在的问题是要说明完全竞争经济如何满足生产和交换的帕累托最优状态，即在完全竞争条件下，产品的边际转换率是如何与边际替代率相等的。为此，先对产品的边际转换率再作一点解释。我们知道，X 产品对 Y 产品的边际转换率就是：

$$RPT_{XY}=\left|\frac{\Delta Y}{\Delta X}\right| \tag{11.29}$$

它表示增加 ΔX 就必须减少 ΔY，或者，增加 ΔY 就必须减少 ΔX。因此，ΔY 可以看成是 X 的边际成本（机会成本）；另一方面，ΔX 也可以看成是 Y 的边际成本。如果用 MC_X 和 MC_Y 分别代表产品 X、Y 的边际成本，则 X 产品对 Y 产品的边际转换率可以定义为两种产品的边际成本的比率；

$$RPT_{XY}=\left|\frac{\Delta Y}{\Delta X}\right|=\frac{MC_X}{MC_Y}$$

现在容易说明完全竞争均衡的帕累托最优性质了。在完全竞争中，生产者利润最大

化的条件是产品的价格等于其边际成本，于是有：

$$MC_X = P_X \quad MC_Y = P_Y$$

$$\frac{MC_X}{MC_Y} = \frac{P_X}{P_Y} = \frac{P_X}{P_Y}$$

再由消费者效用最大化条件：

$$RCS_{XY}^A = P_X/P_Y$$

即得：$RPT_{XY} = P_X/P_Y = RCS_{XY}$ (11.30)

其中，RCS_{XY}表示每一个消费者的共同的边际替代率。(11.30) 式即是生产和交换的帕累托最优条件。因此，在完全竞争经济中，均衡价格的存在使得等式 $RPT_{XY} = P_X/P_Y = RCS_{XY}$就一定成立。而这一等式就是生产和交换的帕累托最优条件式。等式的成立也就说明一定有生产和交换的帕累托最优状态。因此，在完全竞争经济中，商品的均衡价格满足了生产和交换的帕累托最优条件，实现了生产和交换的帕累托最优状态。

第九节

社会福利函数

一、效用可能性曲线

完全竞争经济在一定的假定条件下可以满足帕累托最优的三个条件，可能达到帕累托最优状态。但是，帕累托最优的三个条件并不是对资源配置最优的完整描述，或者说，它只是必要条件，而不是充分条件。事实上，存在着满足必要条件，而并不是帕累托最优的现象。

从生产可能性曲线 pp' 上可以找到点 e 同时满足所有三个帕累托最优状态。点 e 实际对应着一对效用水平的组合（U_A^e，U_B^e）。给定生产可能性曲线上的一点，可以得到一对最优效用水平组合。这样，我们就在生产可能性曲线和最优效用水平组合之间建立了一种对应关系。容易看出：在一对效用水平的组合（U_A^e，U_B^e）中，消费者 A 的效用水平与消费者 B 的效用水平的变化方向一定是正好相反的。

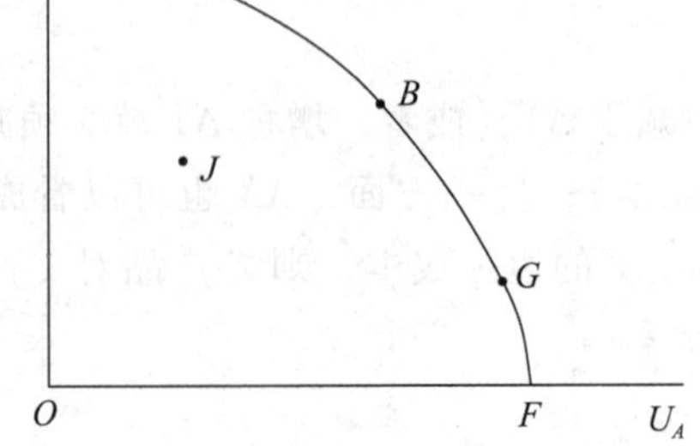

图 11－6 效用可能性曲线

由于在最优效用水平组合中，两个消费者的效用水平反方向变化，故它们之间的关系可以用曲线 UU'来表示。称曲线 UU'为效用可能性曲线。

效用可能性曲线 UU'将整个效用空间划分为三个互不相交的组成部分。

效用可能性曲线 UU' 即是效用可能性区域 $OUU'O$ 的边界。亦称效用可能性边界。福利经济学的目的就是要在效用可能性区域是寻找一点或一些点，使社会福利最大；帕累托最优条件仅仅告诉我们，社会福利必须在该效用可能性区域的边界，即在效用可能性曲线上达到，但并没有告诉我们，究竟在效用可能性曲线上的哪一点或哪些点上达到。

二、社会福利函数

要研究社会福利的最大化问题，首先一个前提就是必须能够知道社会福利函数，即能够知道如何由个人的福利来推导社会的福利，由个人的偏好推导出社会的偏好，遗憾的是目前经济学界尚无法就此达成共识。因此，这里只能作一些简单的讨论。

首先，社会福利 W 可以看成是个人福利的总和，以效用水平表示个人的福利，则社会福利就是个人福利的函数。假设社会中共有 n 人，社会福利函数可以记做：

$$W=f(U_1,U_2,\cdots,U_n) \tag{11.31}$$

为了使问题简单化，我们假定社会中共有两人 A 和 B，这时社会福利函数可以写成：

$$W=f(U_A,U_B) \tag{11.32}$$

虽然我们无从得知式（11.32）的具体的函数关系，但仍可以得出一些基本的结论：如果两个人的效用都提高了，社会福利必定是提高的；如果一个人的效用提高，另一个人的效用不变，社会福利也必定是提高的。在此基础上，我们首先假定社会福利水平是 W_1，那么当 U_A不断升高的时候 U_B必定是不断减少的，这样在图 11－7 中，我们便可以得到一条等福利线，也称作社会无差异曲线。同样，对于不同的社会福利水平 W_2，W_3，…，W_n等，我们都可以得出一系列的等福利线。

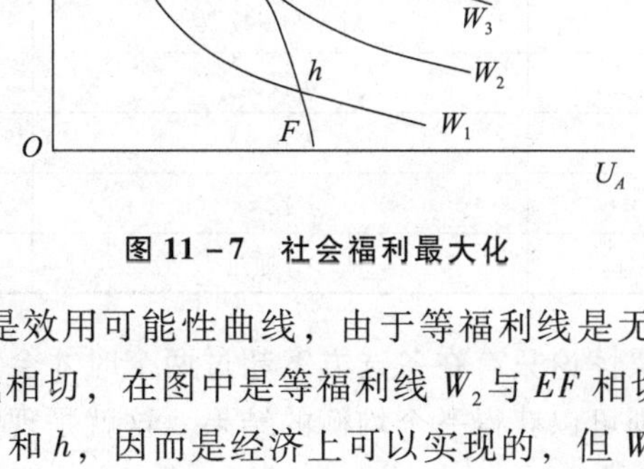

图 11－7 社会福利最大化

在图 11－7 中，EF 是效用可能性曲线，由于等福利线是无数条，所以必有一条等福利线与效用可能性曲线相切，在图中是等福利线 W_2与 EF 相切于 e 点。可以看出，等福利线 W_1与 EF 相交于 g 和 h，因而是经济上可以实现的，但 W_1代表的社会福利水平较低；W_3代表的社会福利水平很高，但在既定的资源和技术条件下是无法实现的，因而在等福利线与效用可能性曲线相切的 e 点，经济实现了社会福利的最大化。由于 e 点同时位于效用可能性曲线上，即它是满足帕累托最优的点，因此 e 点既是经济上有效率的，又实现了社会福利最大化，这一点又被叫作“限制条件下的最大满足点”。

看上去，找到了 e 点即找到了经济上有效率而又实现社会福利最大化的点，这正是经济学所苦苦寻求的资源有效配置的最佳点，资源配置的问题似乎已经得到圆满的解决。但是，问题要复杂得多。要解决资源分配问题，首先要知道社会福利函数，但关于社会福利函数，有两个重要的问题需要解决，一是社会福利函数的存在性问题，也就是说，能否从个人的偏好推导出社会的偏好，二是公平问题，经济学界对于公平的理解相差甚远。下面我们主要讨论这两个方面的问题。

三、阿罗不可能性定理

形成社会福利函数，就是在已知社会所有成员的个人偏好次序的情况下，通过一定的程序，把各种各样的个人偏好次序归结为单一的社会偏好次序。那么，按照民主制度的多数票规则，能否做到这一点呢？

现在假设有 3 个人 a、b、c 参加，对 3 个备选方案 x、y、z 进行投票。比如说现在投票的议题是税收问题，x 代表高税率方案、y 代表中等税率方案、z 代表低税率方案。a、b、c 三人的个人偏好如下：

a 的偏好：$x > y > z$

b 的偏好：$y > z > x$

c 的偏好：$z > x > y$

这 3 个人投票的结果见表 11－1。

从表 11－1 可以看出，如果只在两个备选方案中进行选择，其中一个必定能赢得多数票而获胜。但是如果是在三种方案中进行选择，投票的结果则是循环的。如果对 x 和 y 投票，结果是 $x > y$；如果对 y 和 z 投票，结果是 $y > z$；如果对 x 和 z 投票，则结果是 $z > x$。显然投票的结果是不相容的。在随后的投票中，任何最初被决定的选择都有可能被另一种选择所击败，任何均衡都不能达成。这一现象被称作“投票悖论”。投票悖论说明，在各个人的偏好不同时，任意加总或者总和这些偏好时，其结果可能是不相容的。

表 11－1　　投票悖论

对 y 与 z 投票	对 x 与 z 投票	对 x 与 y 投票
a 投 y	a 投 x	a 投 x
b 投 y	b 投 z	b 投 y
c 投 z	c 投 z	c 投 x
$Y > z$ 通过	$z > x$ 通过	$x > y$ 通过

需要指出的是，投票悖论只有在备选方案超过两个时才会发生，在只有一个或两个备选方案时，多数票规则可以获得一个均衡的结果。这就是现实中多数票规则是最常用的规则的原因。

既然多数票规则往往导致投票循环，那么是否存在一种政治机制或社会决策规则，能够消除这种投票悖论现象呢？美国经济学家阿罗对此进行了研究，结论是：如果我们排除效用人际比较的可能性，各种各样的个人偏好次序都有定义，那么把个人偏好总和成为表达社会偏好的最理想的方法，要么是强加的，要么是独裁的。

阿罗的意思是说，不可能存在一种能够把个人对 N 种备选方案的偏好次序转换成社会偏好次序，并且准确表达社会全体成员的各种各样的个人偏好的社会选择机制。阿罗的这个结论被称为“阿罗不可能性定理”。

阿罗的结论是对福利经济学的一个重大打击，因为福利经济学的任务是使社会福利最大化，但现在社会福利函数都不能得到，我们无法知晓社会需要什么，也就无法决定我们应该提供什么、怎么提供的问题。

四、如何看待社会公平问题

社会福利函数所面临的另一个问题是社会公平问题。对公平的不同理解必然会导致不同的社会福利函数。而恰是在这一点上，却是经济学界分歧最大的。如果归纳一下，至少有 4 种主要的观点：

（一）平均主义的公平观

这种观点认为应该将社会所有的产品在社会全体成员之间做绝对平均的分配，每个社会的成员得到相同的产品。但是由于消费者并不具有相同的偏好，所以这种平均的分配并不是帕累托有效率的。

（二）罗尔斯主义的公平观

罗尔斯认为，最公平的配置是使一个社会里境况最糟的人的效用最大化。罗尔斯主义并不意味着平均主义，因为对生产力较高的人比对生产力较低的人给予更高的奖励，就能使最有生产力的人更努力地工作，从而生产出更多的产品和劳务，其中一些可以通过再分配使社会中最穷的人的境况变好。

（三）功利主义的公平观

在经济学中经常用个人效用的加权求和来反映从社会来看什么是理想的。功利主义的社会福利函数给每个人的效用以相同的权数，随之将社会成员的效用最大化。所以功利主义的社会福利函数就是：社会成员的总效用最大化。

（四）市场主导的公平观

这种观点认为市场竞争的结果总是公平的，因为它奖励那些最有能力的和工作最努力的人。按照这种观点，可能会导致产品分配的极大的不均。

以上四种观点是按照从平均主义到不平均主义的顺序排列的。多数经济学家是反对平均主义和市场主导这两种极端的观点的。萨缪尔森认为，收入取决于继承权的随意方式、不幸、努力工作和要素价格。如果一个国家花费在宠物食品上的支出高于它花费在给穷人以高等教育上的支出，那么，这是收入分配的缺陷，而不是市场的过错。可以知道，市场竞争结果是有效率的，但有效率并不必然带来公平，因此，社会就必须在某种程度上依靠政府对收入进行再分配以实现公平的目标。政府可用的调节手段很多，比如个人收入的累进税、遗产税、强制医疗保险、低收入子女的免费教育和培训、社会保障计划、失业救济等。遗憾的是，效率和公平经常是矛盾的，政府的收入再分配计划会给经济效率带来某种程度的损害，厂商为了避税所采取的一些措施可能导致产量的减少。因此，政府要做的常常是在公平与效率之间做出某种权衡。

本章小结

一般均衡理论是微观经济学论证“看不见的手”原理的一个重要环节。一般均衡状态被西方学者认为具有一系列优点，一般均衡状态只是在一系列严格的假定条件下才存在的，因而尽管一般均衡被描述为一种理想的状态，但在现实生活中，这种状态是不会出现的。而福利经济学是微观经济学论证“看不见的手”原理的最后一个环节，其目的在于说明：完全竞争可以导致帕累托最优状态，而这一状态对整个社会来说又是资源配置的最优状态。分别从交换的角度、生产的角度、交换和生产的角度分析了帕累托最优条件、完全的竞争经济能够实现帕累托最优状态进行论证了“看不见的手”原理；并在本章最后一节运用社会福利函数告诉人们，并不存在一个能够代表全体公民的社会福利函数，因而，资源配置问题实际上并没有被彻底解决。

思考与练习

一、简答题

1. 一般均衡论的缺点是什么？

2. 为什么说边际转换率和边际替代率不相等时，资源没有达到有效配置？

3. 假如一个经济原来处于全面均衡状态，如果某种原因使得商品A的市场供给量减少，那么：

(1) A商品的替代品市场和互补品市场会有什么变化？(2) 在生产要素市场上有什么变化？

4. 为什么说即使两个厂商生产的产品不同，要达到帕累托最优状态，必须使任何使用这两种生产要素的两厂商的该两种生产要素的边际技术替代率相等？

5. 为什么说完全竞争的市场机制满足帕累托最优状态？

6. 论述一般均衡论的发展。

7. 说明福利经济学在西方经济学中的地位。

8. 论述生产和交换的一般均衡的条件。

二、案例分析题

阅读以下材料，联系实际情况，运用所学理论进行评析。

《汽油价格与小型汽车的需求》

如果市场对某几种产品的需求相互影响，可能出现什么情况呢？其中一种情形就是，导致一种产品价格发生变化的因素，将同时影响对另一种产品的需求。举例而言，在20世纪70年代，美国的汽油价格上升，这一变化马上对小型汽车的需求产生了影响。

回顾20世纪70年代，美国市场的汽油价格两次上升，第一次发生在1973年，当时石油输出国组织切断了对美国的石油输出；第二次是在1979年，由于伊朗国王被推翻而导致该国石油供应瘫痪。经过这两件事件，美国的汽油价格从1973年的每加仑1.27美元猛增至1981年的每加仑1.40美元，作为“轮子上的国家”，石油价格急剧上升当然不是一件小事，美国人面临一个严峻的节省汽油的问题。

既然公司和住宅的距离不可能缩短，人们只好继续奔波于两地之间。美国司机找到的解决办法之一就是他们需要放弃自己的旧车，购置新车的时候，选择较小型的汽车，这样每加仑汽油就可以多跑一段距离。

分析家们根据汽车的大小来分类确定其销售额。就在第一次汽油价格上升之后，每年大约出售250万辆大型汽车，280万辆中型汽车以及230万辆小型汽车。到了1985年，这三种汽车的销售比例出现明显变化，当年售出150万辆大型汽车，220万辆中型汽车以及370万辆小型汽车。由此可见，大型汽车的销售自20世纪70年代以来迅速下降；反过来，小型汽车的销售却持续攀升，只有中型汽车勉强维持了原有水平。

对于任何产品的需求曲线均假设其互补产品的价格保持不变。以汽车为例，它的互补产品之一就是汽油。汽油价格上升导致小型汽车的需求曲线向右移动，与此同时大型汽车的需求曲线向左移动。

造成这种变化理由是显而易见的。假设你每年需要驾驶15 000公里，每加仑汽油可供一辆大型汽车行驶15公里，如果是一辆小型汽车就可以行驶30公里。这就是说如果你坚持选择大型汽车，每年你必须购买1 000加仑汽油，如果你满足于小型汽车，你只需购买一半的汽油，也就是500加仑就够了，当汽油价格处于1981年的最高点，即每加仑1.40美元的时候，选择小型汽车意味着每年可以节省700美元。即便你曾经是大型汽车的拥护者，在这种情况下，在每年700美元的数字面前，难道你就不觉得有必要重新考虑一下小型汽车的好处吗？

第十二章

市场失灵和微观经济政策

【学习目标】

到目前为止，微观经济学的理论都是在论证“看不见的手”的原理的，几乎所有的理论都是为了证明市场神话的，本章则提出了市场失灵，并论证了市场失灵的表现与原因，并提出了相应的解决市场失灵的措施。通过本章的学习，要求学生掌握市场失灵的原因和表现，了解经济学家为解决市场失灵提出的各种措施。

【本章脉络图】

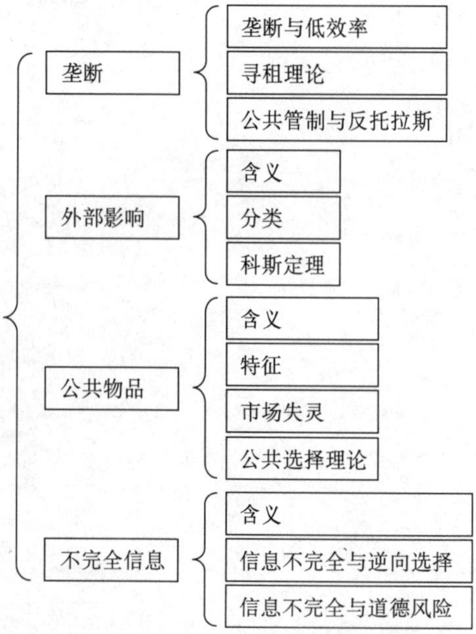

假定二手车交易市场中存在两类车，好的与劣的。买者不完全了解信息，他只愿意按二手车市场的平均价格来决定。但这时对于劣车的主人来说，以高于其内在价格出售其车，而好车的车主则只能按低于其内在价值的价格出售其产品。结果是更多的好的二手车车退出这一市场，二手车的质量平均水平下降。

第一节

垄　断

一、垄断与低效率

（一）垄断和低效率

1. 垄断厂商的利润最大化情况

垄断厂商实现长期均衡时，获得超额利润。

2. 垄断导致低效率的表现

与完全竞争厂商长期均衡时相比，垄断厂商在长期均衡时，产量低于完全竞争厂商，价格高于完全竞争厂商，导致整个社会净福利损失。

（二）垄断条件下，帕累托改进无法实现的原因

1. 垄断场上实现长期均衡时，仍然存在帕累托改进的余地

在垄断场上实现长期均衡时，并不满足帕累托最有条件，如果把产量提高到完全竞争厂商实现长期均衡时的水平，价格就会下降至完全竞争厂商实现长期均衡时的水平，这时虽然垄断厂商的超额利润小时，生产者剩余减少，但消费者剩余的增加大于生产者剩余的减少，存在着帕累托改进的可能。

2. 帕累托改进无法实现的原因

在实际中，由于垄断厂商和消费者之间以及消费者内部难以达成相互满意的意志的意见，帕累托改进无法实现。

（三）寻租理论

1. 什么是寻租

通常把非生产性的寻利活动概括为寻租活动。在这里只垄断厂商为获得和维持垄断地位从而得到垄断利润的活动。

2. 传统垄断理论大大低估了垄断的经济损失

传统垄断理论这种分析的是垄断的结果，而不是获得和维持垄断的过程。一旦把分析的重点从垄断的结果转移到获得和维持垄断的过程，就会很容易发现，垄断的经济损失被低估。

二、对垄断的公共管制

垄断导致社会资源配置缺乏效率，也导致不公平，这就有必要对垄断实行政府管制。管制是政府对企业的行为进行适当的限制，对垄断厂商的管制包括对垄断价格和垄

断产量的管制。

对垄断场上实行价格管制的方法有：

（1）边际成本方法：即规定产品价格 $P=MC$，这时，实现了效率原则，但可能导致垄断厂商亏损（在递减成本行业）。

（2）平均成本法：即规定产品价格 $P=AC$，这时，实现了公平原则，但这时，$P>MC$，导致效率的丧失。

三、反托拉斯法（反垄断法）

（一）美国的反托拉斯法

从1890年到1950年，美国国会通过了一系列法案，反对垄断。主要有：谢尔曼法（The Sherman Act，1890）；克莱顿法（The Clayton Act，1914）；联邦贸易委员会法（The Federal Trade Commission Act，1914）等。

（二）反托拉斯法的规定

1. 反托拉斯法规定的违法行为

美国的反托拉斯法规定，下列行为是违反反托拉斯法的：限制贸易的协议或共谋、垄断或企图垄断市场、兼并、排他性规定、价格歧视、不正当竞争或欺诈行为等。

2. 美国反托拉斯法的执行机构及对违法者的处罚

美国反托拉斯法的执行机构是联邦贸易委员会和司法部反托拉斯局。

对违法者的处罚包括：警告、罚款、改组公司直至判刑。

第二节　外部影响

一、外部影响及其分类

（一）外部影响

外部影响（externality）指一个人采取某种行为的后果没有被全部包含在其个人利益范围之内。

如果一个人的行为给他人造成了损失，但没有给予充分的补偿，或者说这些损失没有表现为行为者的成本，那么，我们说其行为有负的外部影响（negative externality）。

如果一个人的行为给他人造成了有利的影响，但没有得到充分的报答，那么，我们说这个人的行为有正的外部影响（positive externality）。

当单个经济单位的经济活动产生的私人成本和社会成本不一致、私人收益与社会收益不一致时，外部性就产生了。

（二）外部影响的分类

1. 外部经济

（1）生产的外部经济；

（2）消费的外部经济。

2. 外部不经济

（1）生产的外部不经济；

（2）消费的外部不经济。

二、外部影响和资源配置失当

市场机制是个体利益最大化的决策机制。当我们说让市场发挥作用时，那是指让个人利益最大化的决策机制发挥作用。一个人的利益最大化决策中仅仅考虑他的私人收益与私人成本。

$MR_{私} = MC_{私}$

关于一种产品生产的社会最优的准则是：

$MR_{社} = MC_{社}$

在存在外部影响的情况下，从个人的利益出发做出的决策就不可避免地带来资源配置的失当。

（一）负的外部影响资源配置的失当

在外部不经济的情况下，单个经济单位经济活动的私人成本小于社会成本。他们按照边际私人成本等于边际收益的原则安排生产，这时，从单个经济单位而言，由于他们不承担超过私人成本的那部分成本，因而，如此生产，实现了利润最大化。

但从全社会而言，最有效率的资源配置应该是边际社会成本等于边际收益。与最优资源配置的要求相比较，外部不经济条件下，通过市场配置资源时，产量超过了社会要求的最优产量。

（二）正的外部影响资源配置的失当

在外部经济的情况下，单个经济单位经济活动的私人收益小于社会收益。他们按照边际成本等于边际私人收益的原则安排生产，这时，从单个经济单位而言，由于他们无法获得自身经济活动带来的社会利益，因而，如此生产，实现了利润最大化。

但从全社会而言，最有效率的资源配置应该是边际社会成本等于边际社会收益。与最优资源配置的要求相比较，外部经济条件下，通过市场配置资源时，产量低于社会要求的最优产量。

三、有关外部影响的政策

如何纠正外部影响造成的资源配置失当，经济学家提出了以下政策建议：

第一，使用税收和津贴。对造成外部不经济的企业，使用税收；对造成外部经济的企业，采取津贴。

第二，使用企业合并的方法。

第三，使用规定财产权的办法。

四、科斯定理

只要财产权是明确的，并且其交易成本为零或者很小，则无论在开始时将财产权赋予了谁，市场均衡的最终结果都是有效率的。

第三节

公共物品

一、私人物品和公共物品

（一）私人物品

公共物品是与私人物品相对应的。私人物品在消费上有两个特点：第一是竞争性；第二是排他性。

正是私人物品在消费上的这两个特征，使得市场机制在私人物品的场合发挥了作用，私人物品的生产和消费通过市场调节可以达到有效率的结果。

（二）公共物品及其特征

1. 公共物品的含义

通常讲不具备消费的竞争性的商品叫作公共物品。

2. 公共物品的特征

公共物品具有两个重要特征：一是消费上的非排他性；二是消费上的非竞争性。

非排他性是指无法用收费或其他办法排除个别人的使用。如无法排除任何人享受国防、良好的生态环境等带来的好处。

非竞争性的意思是，多一个人使用这种的边际成本为零，既不增加生产成本，也不给其他人带来不便。如不拥挤的桥梁就是这种东西，因为多一个人通过既不影响桥梁的牢固，也不影响别人通行。

一般把同时具有这两个特征的物品被称为纯公共物品。如国防、灯塔等。实践中，同时具有这两个特征的商品是很少的，一般把具有两者之一的物品称为非纯公共物品。如教育、道路等。

注意：不要把公共物品与政府提供的物品相混淆。

二、私人物品和公共物品的最优数量

（一）私人物品最优数量的决定

回顾供求理论，说明单个市场上私人物品的均衡数量。

在私人物品市场上，从个别需求曲线到市场需求曲线是需求曲线的横向相加，这样就有了市场需求曲线，从而确定了私人物品的最优数量。

（二）公共物品最优数量的决定

公共物品最优数量的决定同样遵循边际收益等于边际成本的原则。与私人物品最优数量的决定相比，在确定公共物品的最优数量时，从个别需求曲线到市场需求曲线不是通过横向相加获得的，而是通过纵向相加获得的。

（三）公共物品最优标准与私人物品最优标准的区别

在私人物品场合，最优标准是每个消费者的边际收益与边际成本相等。而在公共物

品场合，最优标准是每个消费者的边际收益之和与边际成本相等。

三、市场失灵

（一）免费搭车与市场失灵

公共品的特点，导致任何消费者都可以不用付费而消费，在这种情况下，价格机制在公共物品的生产上就无法发挥作用，消费者强行免费搭车导致市场失灵。

（二）公共物品的提供

尽管上面用边际成本等于边际收益的原则说明了公共物品最优数量的决定，但在实践中，通过市场的办法是无法解决公共物品的供应的。原因是公共物品的需求曲线是虚假的，一方面，单个消费者不清楚自己对公共物品的需求价格，另一方面，消费者即使知道，为了少支付价格或不支付价格，也不会把自己对公共物品的偏好主动显示出来。

在这种情况下，市场提供公共物品的数量一定低于最优产量。政府提供公共物品就成为必然。政府提供公共物品一方面解决了公众对公共物品的需求，另一方面也避免了免费搭车。

四、公共物品和成本——收益分析

公共物品的生产和消费问题不能由市场上的个人决策来解决，必须由政府承担公共物品的任务，那么，政府如何来确定某公共物品是否值得生产以及应该生产多少呢？经济学家通常提到的一个方法就是成本——收益分析。

但实践中，成本——收益分析只是政府决策的一个参考，公共物品是否值得生产以及生产多少往往是集体选择的结果。

五、公共选择理论

（一）集体选择及其规则

1. 集体选择的含义

集体选择就是所有的参与者依据一定的规则通过相互协商来确定集体行动方案的过程。

2. 集体选择的规则

（1）一致同意规则。是指一项集体行动方案只有在所有参加者都认可的情况下才能够实施。

其优点是：能够保证每一个参加者的利益；可以避免免费搭车行为；协议若能达成，一定是怕累托最优的。

其缺点是：达成协议的成本太大；可能出现道德风险。

（2）多数规则。是指一项集体行动方案只有得到所有参加者中的多数认可才能够实施。这里的多数，既可以是简单多数，也可以使比例多数。

其优点是：协商的成本低，容易达成协议。

其缺点是：忽略了少数派的利益；可能出现收买选票现象；可能出现循环投票（投票悖论）。

3. 最优的集体选择规则

（1）成本模型；

（2）概率模型。

（二）政府官员制度的效率

按照公共选择理论，政府官员制度的效率是比较低的。原因在于：

首先是缺乏竞争；其次是机构庞大；第三是成本昂贵。

解决政府官员制度低效率的途径是引入竞争机制。其做法是：使公共部门的权力分散化；由私人部门承包公共服务；在公共部门和私人部门之间展开竞争。

第四节

不完全信息

一、信息的不完全性

（一）完全信息假定

完全竞争模型的一个重要假定是完全信息。我们此前学习的微观经济学理论也是建立在完全信息假定基础之上的。正是完全信息假定以及其他的假定保证了市场条件下帕累托最优状态的实现。

但完全信息假定显然并不符合现实，现实经济中，信息常常是不完全的甚至是很不完全的。那么，在信息不完全的条件下，市场竞争还能达到有效率的结果吗？面对信息不完全，经济学能给出我们什么建议呢？

（二）信息不完全的含义

1. 信息不完全的含义

信息不完全不仅指那种绝对意义上的不完全即由于认识能力上的限制，人们不可能知道在任何时候、任何地方将要发生的信息。而且指相对意义上的不完全，即市场经济本身不能够产生出足够的信息并有效的配置它们。

现实生活中大量存在着不完全信息和非对称信息。不完全信息是由普遍存在的不确定性决定的；非对称信息是指买主或卖主占有对方无法证实或对方不掌握的信息。

2. 信息不完全与市场失灵

在信息不完全的条件下，市场的作用受到了很大的限制，市场价格机制本身不能够解决或者说不能够有效解决不完全信息问题。

二、交易前的信息不完全与逆向选择

（一）交易前的信息不完全与逆向选择

1. 交易前的信息不完全和交易后的信息不完全

交易前的信息不完全是指在交易发生之前，交易双方对交易对象拥有不同的信息。一般情况下，卖方属于具有信息优势的一方，买方属于信息劣势的一方。比如商品市场上的销售者对商品的了解总是多于购买者。

交易后的信息不完全是指在交易发生之后，交易双方出现的不对称信息。比如在劳动合同签署后，雇工往往是具有信息优势的一方，雇主则成为信息劣势的一方。

2. 逆向选择

在信息不完全并且产品质量不确定的条件下，很容易出现逆向选择。“劣币驱逐良币”的现象就会发生。

（二）逆向选择例证

二手车车市场说明交易前的信息不完全是如何导致逆向选择的。

逆向选择的存在表明，在不完全信息条件下，在商品市场上，市场自由的调节不一定能够达到有效率的结果。

（三）解决逆向选择的方法

解决逆向选择的方法很多，比如信息优势的一方可以通过发布信息使信息劣势的一方相信自己的产品是质量上乘的，通常的商品“三包”就属于这种情况；信息劣势的一方可以通过信息的收集发现信息；卖方也可以通过对自己的商品制订较高的价格显示自己拥有的商品的质量信息等。

三、交易后的信息不完全与道德风险

（一）交易后的信息不完全与道德风险

道德风险也称道德危机或败德行为。由于机会主义倾向的存在，拥有信息优势的一方在合同签订以后往往不按合同的规定办事，而是最大化的追求自己的利益并危害信息劣势一方的利益。

（二）道德风险例证

保险市场的道德风险：如自行车参加保险后，投保人降低了对自行车的“提防”导致自行车被盗窃率的提高。

金融市场上的道德风险：如贷款者把借贷的资金用于合同不允许的高风险行业。

劳动市场上的道德风险：如雇工偷懒行为、经营者追求自身效用的最大化。

（三）解决道德风险的方法

解决道德风险的最传统办法就是加强监督。但监督是由成本的，有时监督由于信息问题常常是无效的。于是在不同的市场上，根据行业的特点，在实践中出现了许多解决道德风险的方法。

如保险市场上按保险率的高低决定发生保险事故后的赔付额；两权分离条件下的利润分成制、股票期权制等。

本章小结

本章从垄断、外部影响、公共物品和不完全信息 4 个方面分别指出了市场失灵的表现及其原因，并根据导致市场失灵的原因，提出了相对应的政策措施。尽管这些措施并不能保证解决市场经济运行中出现的问题，但对于正在进行市场经济体制改革的我国而言，这些措施仍然具有重要的借鉴意义。

思考与练习

一、简答题

1. 简述市场失灵的原因。

2. 为什么说垄断或不完全竞争会造成市场失灵？对垄断应采取什么样的对策？

3. 公共物品和私人物品相比有什么特点？

4. 能否说政府提供的物品都是公共物品？

5. 许多消费者把著名品牌的名称看作是质量的符号，并愿为名牌产品多付钱。品牌能否提供有用的质量符号？

二、案例题

1. 在居民住宅占去了一个城镇的东部后，有几家厂商定位在西部。每家厂商生产相同的产品，并在生产中排放有害气体，对社区居民产生不利的影响。

(1) 为什么存在厂商产生的外在性？

(2) 你认为私下讨价能够解决这一外在性问题吗？

(3) 社区可能会怎么样决定空气质量的有效水平？

2. 一个电脑编程人员游说反对对软件进行版权保护。他的论点是，每个人都应当从为个人电脑编写的创新程序中获益，与各种各样电脑程序的接触甚至会鼓舞年轻的编程人员编出更多的创新程序。考虑到由于他的建议而可能得到的边际社会收益，你同意该编程人员的主张吗？